埃米尔·布雷伊耶

(Émile Bréhier，1876—1952)

法国哲学家，研究方向为古典哲学和哲学史。

1945 年被选为巴黎大学（索邦）的唯二超级终身哲学教授。为亨利·柏格森（Henri Bergson，另一位超级终身哲学教授）的早期追随者——在 20 世纪 30 年代，学界一种有影响的观点认为柏格森主义和新柏拉图主义是联系在一起的。

被称为"法国历史上唯一对新柏拉图主义采取黑格尔式解释的人物"，但同时也是反对黑格尔的新康德主义者。

詹剑峰（1902—1982）

出生于安徽省徽州府婺源县（现属江西省上饶市），哲学史家、逻辑学家、哲学家。

1908—1918 年在徽州私塾，1918—1923 年在上海中学和中国公学中学部，1923—1926 年在国立西北大学和国立北京法政大学，1926—1932 年在法国拉封丹中学（又名沙多－吉里中学）和巴黎大学学习。1933—1982 年在安徽大学、暨南大学和华中师范大学等高校任逻辑学和哲学教授。

詹季虞（1955—　　）

出生于湖北省武汉市，物理学学者。

1960—1965 年在武汉华中师范学院附小，1965—1968 年在武汉华中师范学院第一附中，1978—1982 年在武汉大学，1984—1992 年在美国俄克拉荷马大学学习，获得物理学学士、硕士、博士学位。

约 1928 年，詹剑峰先生（右）和巴金先生（左）、桂丹华先生（中）在法国。

ÉTUDIANTS CHINOIS

THEN-KIN-FONG.
LI-YAO-TANG.
YUAN.
WAI-WING-CHOJ.

Classes Elémentaires

SEPTIEME

Prix d'Excellence

Prix offert par M. Couesnon, Conseiller général
Arlette BERTHELOT.

Prix de la Victoire

HERBEMONT.

Orthographe et Analyse

Prix offert par l'Association des Anciens Elèves

Premier Prix :   BAHIN Jeanne.
Deuxième Prix :   BERTHELOT, HERBEMONT.
Accessit :   MONESTIEZ.

Lecture Courante et Expliquée

Premier Prix :   BERTHELOT, HERBEMONT.
Deuxième Prix :   TELLIEZ, BAHIN.
Accessit :   BOUTRELLE.

Narration

Premier Prix :   BERTHELOT, HERBEMONT.
Deuxième Prix :   BAHIN Jean.
Accessit :   BAHIN Jeanne.

Ecriture

Premier Prix :   TELLIEZ.
Deuxième Prix :   MOYAT.
Accessit :   STENGER.

Calcul

Prix offert par la Ville de Château-Thierry

Premier Prix :   BERTHELOT.
Deuxième Prix :   MONESTIEZ.
Accessit :   BAHIN Jeanne.

1928 年拉封丹中学毕业季得奖名单，含詹剑峰先生（THEN-KIN-FONG）和巴金先生（李尧棠，LI-YAO-TANG）。

1980 年，詹剑峰先生。▶

詹剑峰先生补习法文的学校，
以法国著名文学家拉封丹的名
字命名的中学。▽

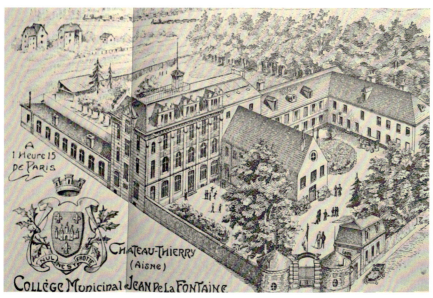

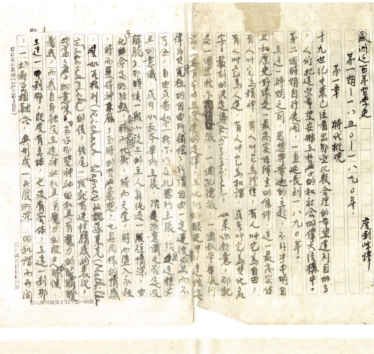

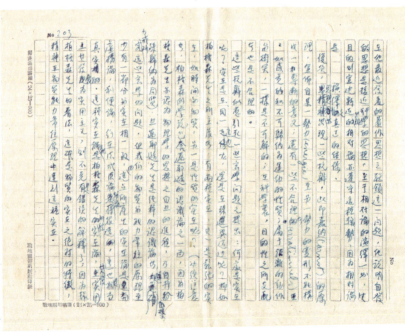

詹剑峰先生译稿手稿第一页及最末页。

大/家/译/丛
TRANSLATIONS

欧洲 1850—1930 哲学史

HISTOIRE DE LA PHILOSOPHIE

(TOME 7)

Émile Bréhier

[法] 埃米尔·布雷伊耶 ◎ 著

詹剑峰　[美] 詹季虞 ◎ 译

深圳出版社

版权登记号　　图字：19-2025-045号

本书原由三联书店（香港）有限公司以书名《欧洲近百年哲学史（1850—1930）》出版，现经由原出版公司授权深圳出版社在中国内地独家出版、发行。

图书在版编目（CIP）数据

欧洲哲学史：1850—1930 / （法）埃米尔·布雷伊耶著；詹剑峰，（美）詹季虞译. -- 深圳 ：深圳出版社，2025. 5. --（大家译丛）. -- ISBN 978-7-5507-4187-4

Ⅰ. B5

中国国家版本馆CIP数据核字第20259NE545号

欧洲哲学史（1850—1930）
OUZHOU ZHEXUESHI（1850—1930）

责任编辑　沈逸舟
责任校对　莫秀明
责任技编　梁立新
封面设计　花间鹿行

出版发行　深圳出版社
地　　址　深圳市彩田南路海天综合大厦（518033）
网　　址　www.htph.com.cn
订购电话　0755-83460239（邮购、团购）
设计制作　深圳市龙瀚文化传播有限公司 0755-33133493
印　　刷　深圳市华信图文印务有限公司
开　　本　787mm×1092mm　1/16
印　　张　18.5
字　　数　211千
版　　次　2025年5月第1版
印　　次　2025年5月第1次
定　　价　68.00元

谨以此书献给父亲詹剑峰先生，母亲查景云先生，父亲的好友及留法同学、原北平研究院会员、台湾省图书馆原馆长吴克刚先生，好友及留法同学、作家巴金先生，好友及留法同学、台湾"中研院"民族学研究所原研究员卫惠林先生。

献给留法同学、三联书店创始人之一和父亲在上海中国公学的世界语老师胡愈之先生，留法同学和父亲在上海中国公学的英文老师朱光潜先生。

献给留学法国拉封丹中学（Collège Jean de La Fontaine）的学长、中国外交部原部长陈毅先生，留法同学、最高人民法院原院长杨秀峰先生，留法同学、中国人民大学原校长成仿吾先生，留法同学、早逝的章伯韬先生。

詹季虞，2022 年 3 月 12 日
（詹剑峰先生逝世四十周年忌日）
于美国华盛顿郊区

序

剑峰先生是我在上个世纪40年代从哈佛大学研究生院毕业回国，在江苏学院任教时的同事和教务长。

1926至1932年剑峰先生在法国留学期间，师从巴黎大学著名哲学家布雷伊耶（Émile Bréhier），这为他日后在哲学研究方面取得丰硕成果奠定了厚实的基础。1932年回中国后，剑峰先生一直在高等院校教授哲学、哲学史、逻辑学等课程。他治学严谨，学贯中西，著述甚丰，且精通古汉语和包括法语在内的多门外国语，在中国哲学史、西方哲学史、逻辑学和哲学等领域造诣颇深，享誉国内外学术界。

《欧洲哲学史（1850—1930）》为布雷伊耶先生所作一套哲学史丛书中的最后一本。布雷伊耶先生师从哲学大师柏格森（Henri Bergson，为法国著名哲学家，其哲学专著《创造进化论》于1927年获诺贝尔文学奖），师生二人均哲学研究成果丰硕，在哲学界具有很高的地位。继柏格森之后，布雷伊耶亦于1945年被选为巴黎大学的唯二超级终身哲学教授。

布雷伊耶此著得以翻译出版，学术意义重大，具有填补空白的作用，有助于汉语哲学界对1850至1930年的西方哲学、思想史开展研究。同时，译作出版亦向汉语界推介了法国著名哲学家布雷伊耶。

剑峰先生的汉语译文行笔通达流畅，使深奥的哲学原理得以准确贴切地表达，本书是值得一看的好书。

夏书章 ①

---

① 中山大学教授、原副校长，毕业于哈佛大学肯尼迪政府学院，2024年逝世，享年105岁。

代译序

埃米尔·布雷伊耶（Émile Bréhier）所著《欧洲哲学史（1850—1930）》（*HISTOIRE DE LA PHILOSOPHIE*, TOME 7）的中文版，由詹剑峰教授 ① 翻译，历经多年终得以出版。

《欧洲哲学史（1850—1930）》从 1850 年叙述至 1930 年，以尼采和柏格森为分界，分两期叙述前四十年和后四十年哲学的梗概和发展。其中牵涉到的哲学家有五十多人，著作有上百部。除尼采、柏格森等哲学巨擘外，这个时期有些哲学家及其思想还不被汉语界所熟知。

今天，我们要怎么来理解那段时期的哲学史呢？

从背景来看，那是一段科学知识热烈发展的时期，不论物理学、数学、化学，还是生物学、天文学、地质学等，这些知识被应用于物质生产和社会生活，引发了第二次产业革命，包括电力的出现、石油的开采、矿石和钢铁的炼制、汽车的诞生、飞机的发展、电话和灯泡的出现等等。这些发明和创造不仅改变了人的生活方式，也改变了人认知世界的方式。原初，这种方式是形而

---

① 编者注：后四章由詹季虞先生翻译。

上学和神学的，后来是启蒙运动的理性范式的，但跟距此时已有一百多年的启蒙运动相比，这时候的认识论哲学则更为大胆。如果说从笛卡儿开始的科学运动还保持启示的意味，那么这个时期的科学已经完全冲破了神学或形而上学的束缚。孔德的实证论哲学，曾经将历史划分为三个时代，即神学的、形而上学的和实证的（科学的），就是要强调科学将主导人类的未来世界；因此，所谓的"实证性"，就是现象可以被精确确认的程度，这也可以当成实证主义下"科学"的定义。但是在科学主义的大旗下，神学或形而上学或许被驱逐于边缘，却也并未完全失去活力。这本短小精悍的哲学史，其中心论点就是科学与形而上学的交锋，或者可以更大胆地说，是宗教对席卷而来的科学浪潮的一种抵抗。因此本书除了讨论认识论的观点外，亦给出不少章节说明哲学家对形而上学和神学的思考。

这种思考在于重新看待科学与神学的矛盾和二者的不兼容。因为实证主义的双重基础在于——"自然法则有其不变性，故反对神学，因为神学引入一些超自然的干涉；思辨的世界有其限度，故反对形而上学，因为形而上学追求无限与绝对"。[①] 而形而上学或神学家希望在人类追求自然知识的理性之中，亦能寻找上帝存在的基础及其教诲。所以海克尔（Ernst Haeckel）主张："上帝与世界乃同一的东西。宗教即真善美的知识，即对真善美的崇敬，换言之，即一些自然的法则。"[②] 读者们可能从海克尔的这句话中已经感受到斯宾诺莎（Baruch de Spinoza）的风采。但是相反地，

----

① 参见本书第三章。
② 同上。

布雷伊耶提到塞克雷坦（Charles Secrétan）时却这么说："有限的事物中，看见一绝对自身提出的必然结果的学说，塞克雷坦皆把它包含在一个泛神论名称之下……凡视上帝乃一内在地必然的实有者，必以一同等地必然的动作赋予上帝。'当人从必然出发，他绝不会走到偶然。'如果人承认上帝是绝对自由，他才避去泛神论。"①其实，泛神论虽然还是有神论，但是上帝等同实体、等同自然的观点，就已摧毁上帝绝对无上的地位与自由，摧毁神超越性的基础。

塞克雷坦同样批评康德把思辨与实践分开："千真万确的，'意志是理智的基质；理性，离开了意志，常常是形式的'。"②这其实符合一般对康德的评价。康德认为形而上学作为一种理论性科学是不可能的，理智必须把它的权力让位给意志，意志的形而上学功能不再被视为世界的本质，而只是作为对善追求时的行动原则。但他又认为意志乃是事物的本性，是"物自身"，然而人类又无法借由意志去了解物自身。

如同现代东正教神学家恩格尔哈特（H. Tristram Engelhardt, Jr.）评论康德时所说的："康德放弃了去彻底辨明事物存在的本质（nature of being）。他欣然接受了一种形而上学认识论的怀疑主义观念：他承认人类依靠推理最终获得的理性（human discursive reason）不能够在理论上足以确定事物存在的本质，不能从理论上充分论证上帝的存在……超然的上帝变得与人类认知者（human knower）的使命毫不相干，他们必须在人类的可能经验所限定的

---

① 参见本书第四章。

② 同上。

范围内去研究实在。在康德之前，上帝扮演了一个哲学认识论角色，此认识论是以上帝为中心的。上帝提供了这样的视域，人们凭借这一视域，可以自由讨论有关实在的真正知识，即自在实在（reality as it is in itself）知识。上帝的神圣视域提供了人类认识论的金本位（gold standard），即终极的和唯一核心的认知元点（point of epistemic reference）。而康德本人，将其关涉人类知识的陈述脱逸了这一神性元点（divine point of reference）。康德的大胆提议，系统地引入科学究查范畴，以及由此可能经历的认识论反思。依据认识者有限的、可感知的、由推理方式获取结论的相关经验之可能性这一必要条件，重新设定与命名了一般知识与专向科学。"①

同样，亚瑟·德鲁（Arthur Drews）把科学知识与上帝的分离归结在笛卡儿。"在笛卡儿'我思故我在'（拉丁文，Cogito ergo sum）中看到有神论错误的源泉，因它把存在与意识同化；这是唯理论的基质，也是英国的经验论的基质，并且是冯特与狄尔泰（Dilthey）心理学的基质。当他们把内部经验的内容同化于给予（given）的总体，他们否认了灵魂。"②

主体性哲学是现代科学发展的根基，导致存在被意识同化，神灵只能是我们意识里的观念，那个曾经是人类和世界存在最终保证的上帝跌落下他的神坛，从而割裂人类与信仰之间的纽带。这个纽带有重新建立的可能吗？

---

① ［美］祁斯特拉姆·恩格尔哈特. 基督教生命伦理学基础[M]. 孙慕义，译. 北京: 中国社会科学出版社，2014.
② 参见本书第六章。

这个问题，在柏格森那里提供了完全与演化论不同的色彩。"所谓生命者，则指意识及它的一切潜在的可能性（possible potentiality）；我们之认识生命者，则在生命在物质中努力构成生物，当它在某一点上增加能量的储蓄，能够突然释放出来。复次，我们之认识生命，则生命通过一切动物，皆表现为一生命之突进（法文，élan vital）的形式，突进于更加完全的生命的形式；生命由植物，而动物，而人类，皆努力从物质中解放出来，以求自由，生命钻入物质，使物质活动，生命欲克服物质，不得不先顺服物质，故生命开始消失于物质之中者，则求克服物质而恢复充分的发展。"[1] 相较康德习惯从时间与空间角度谈论数学和物理学，生物学的作用在这一时期明显胜于前两者，而达尔文的演化论的机械观和非目的论，曾经是多么惊世骇俗。因此柏格森的创造进化论无疑是这一个时期最引人关注的学说。所谓生命，就是在物质中努力构成生物，光在这一点上，柏格森已经克服传统认识论在追求认识自然世界时所造成的二元论。我们能说生命在这一点上是带有神秘主义色彩的吗？

柏格森在其《道德与宗教的两个来源》一著里，谈到神秘主义时这样说道："在我们以其与生命动力的关系而界定神秘主义时，我们已经隐隐承认，真正的神秘主义是少有的。……神秘主义正处于这样一个位置，即精神之流在穿过物质时想抵达而又未能抵达的那一点。……假如我们所有人或很大一部分人都能够像那位神秘主义者那样高瞻远瞩，自然的进化绝不会停止在人类这

---

[1] 参见本书第八章。

一物种上面，因为实际上那样一个特殊的智者早已经超越了一般的人。同样的情况还可见于其他形式的天才，他们也都是举世少见的大智奇才。所以，神秘主义不是靠运气而是靠其本质才显得与众不同。"[①] 至此，柏格森的创造进化论算是和宗教的神秘主义有了某种一致的效果。这种效果至今依然提醒着哲人们在物质焕发的同时，不忘上帝对我们的爱。

《欧洲哲学史（1850—1930）》带领我们重新回顾了自黑格尔（Hegel）以降的哲学发展，尤其是科学大步向前行时，思想界所面临的道德与宗教危机，这种张力一直持续到今天。在此，我们由衷感谢詹剑峰先生为翻译此书所付出的心血，也希望在此书出版之际，我们能不忘前人在此精神家园的开拓耕耘，以砥砺我们继续前行。

黄国象[②]

---

① ［法］亨利·柏格森. 道德与宗教的两个来源[M]. 王作虹, 成穷, 译. 贵阳: 贵州人民出版社, 2000.
② 中国台湾学者, 毕业于巴黎大学哲学研究所。

目 录

第一期

一八五〇年至一八九〇年

第01章

时代概观

一八五〇年左右，所有人们寄予重大哲学和社会构建的、带着诚意的希望皆成泡影。这个时期就此拉开帷幕，一直延续到一八九〇年。

在这一时期之前，思想界普遍的主题，不外乎申明自然和历史是一最高实体降生的条件，这一最高实体有人叫它为精神、理性[①]、自由、人道、和谐，或者叫它为其他名字。严刻的决定论（determinism），如果你愿意，那就是一个黑格尔（Hegel）派，一个孔德（Comte）派，一个叔本华（Schopenhauer）派所认为万有中必然发展的定律，在他们的眼光中，这条定律为其终极的自由所补偿；所谓自由一定连接着必然而不可分，自由或者如黑格尔以及孔德所主张，殆为这种必然的意识，或者如叔本华所主张，殆为意识之否定及解脱；那时候一般小说上的主人翁纯是一往情深，由于他命定的狂热而奔放四溢，时而地狱，时而天堂，时而坠入永劫，时而获得神麻；当时的哲学思想，也具同样的情感，

---

① 编者注：原文作Geist。

譬如瓦格纳（Richard Wagner）致韦森东克（Mathilde Wesendonck）的信，结尾一段就有这种情感的表现，颇富文学的意味："当你那双神秘的和具有魔力的眼睛瞪着我，而我自身融没在这神秘和具有魔力的眼光的时候，在这一刹那，既没有主体，也没有客体，在这一刹那，一切都互相融合，形成一无限的深炯的和谐而无间了。"①

在这种无限而深炯的和谐中，现在感觉到一道裂痕了；人们似乎失去这种深远的统一之直观了；最朴实的思想发生一些转变，这种转变不再关乎各理论的统一，而是于这些转变中必有所选择了。例如黑格尔党的激进派，左派黑格尔主义，费尔巴哈（Feuerbach）及马克思（Karl Marx）的黑格尔主义，从他们的老师处抽取社会进步之必然的观念开始，而以唯物主义（materialism）告终了；泰纳（Taine）解释黑格尔哲学是一决定论的思想，在这种哲学中，所有精神现象归结到一国族精神（德文，Volksgeist），而此国族精神则归结于物质环境的影响。这毋须指责泰纳不懂黑格尔哲学，因为泰纳之理解黑格尔并不异乎他的同时代人之埋解黑格尔。与之相反者，此时期一方见到努力调和各派哲学的希望达到终局，一方则见自由哲学之产生。这种哲学表现在两个极相殊异的形式，一为雷诺维叶（Charles Renouvier）的自由论，一为塞克雷坦（Charles Secrétan）的自由论。尤其是在雷诺维叶的思想中，所谓意志自由，绝不是完成必然，也绝不是一自愿承受的必然，自由论必与决定论分家，毕竟要否定必然；人类历史上的成

① 参见伯勒尔（Burrell）夫人收藏的瓦格纳信件，由马勒布（H. Malherbe）译成法文并刊行于一九三〇年八月五日的《时报》（Le Temps）。

绩全凭个人的创意，不可预测，这种创意除了理性依个人的自由意志所与之法则外，并无其他法则。

照通常的情形而论，如果你从以前的学说中取消了它所有那些神秘的和幻想的性质，你就获得一些新的学说，它诚然带上一点怀疑的和扫兴的样子，反过来说，这些新学说期待人类之力量者多，而期待自然的必然者则异常之少。譬如马克思的唯物论，就是黑格尔的国家主义，不过剥去它的宗教意味而已，犹之乎利特雷（Émile Littré）的实证主义（positivism），就是孔德的学说，不过把孔德所创将来的教会以及宗教与世俗一定关系的组织，那些空想揭下而已。黑格尔曾费了很大的劲并几乎用蛮劲划分历史与语言学，认为历史乃描写精神的降生，而语言学则限于史料文献的批评的研究，从历史中除去那些直接史料所给予的史诗式传说①。这种历史与语言学的划分到我们现在所要研究的时代完全失堕了：勒南（Ernest Renan）、缪勒（Max Müller）、策勒（Éduard Zeller）、布克哈特（Jacob Burckhardt），以及其他学者，均自称为语言学家，同时又为历史学者；这种批评大致的结果，则使过去历史的状貌为之改观；这样一来显得神秘的成分则非常之少，而与现代则非常地相似；譬如博絮埃（Bossuet）、圣奥古斯丁（St. Augustine）认历史乃由各时代精神的结构而表出大相殊异的时期，这样意义的历史在勒南的著作中趋于消灭了；在勒南的著作中，犹之乎在罗德（Erwin Rohde）的著作中，我们可以见到遥远的过去，古人所表现的能力完全与我们的相同，而在遥远的将来，每

① 例如，黑格尔一再质疑尼布尔（Niebuhr）试图证明罗马历史的所有开始都是纯粹的传说。

一时代所作所为亦同乎现今；好像黑格尔曾经恐惧过的，那些带上过去与现在大不相同的感情的批评，使我们失去对将来所趋的预测，换言之，则失去历史引导我们所趋赴的目的；过去与现在相平等均可等量齐观，以及卢克莱修（Lucretius）"所有的东西都是一样的"（拉丁文，Semper eadem omnia）学说重显声威，诚然其冷嘲热讽的成分多于悲观的成分，但语言学家同样视此为研究法不可少的规条。库尔诺（Antoine Cournot）以碰巧的和偶然的观点构成历史的认识论，认为所有事件的产生均归功于无数彼此独立的原因之凑合，这样的史观把那些以单一原因解释历史的可能性排除了。马克思派的决定论与库尔诺派的非决定论确属相反，这是毫无疑问的；但我们在其间发现一致之点，那就是否认一切视历史是有目的跑道之神秘的学说。

自兹厥后，思想趋势十分奇特：一般哲学家对目的决定作用的探究深觉不可知，或取怀疑主义，他们的注意转向于研究认识的思想或行为的意志；以及研究这种思想之形式的条件，或这种意志之形式的条件，这一时期乃逻辑的探讨以及道德基础的思辨收获最丰的时期；人类精神厌弃想象的对象之研究，反躬自省，以观察精神本身活动的法则：一个孔德派或一个黑格尔派竭其毕生之力，反抗这样一种形式主义，与此形成了鲜明的对比。因此，哲学家的企图乃复归于康德的批判论，尤其是复归于康德之《纯粹理性批判》（*Critique of Pure Reason*）：这就是德国和法国新批评论（neocriticism）之发端；由于同一的精神，泰纳复去分析孔狄亚克（Condillac）的著作；穆勒名学（J. S. Mill's Logic）是这时期最大的成就，真正说起来，穆勒名学是超乎一种逻辑，超乎一种知识的经验论；因为我们可以看到，在这种运动之下，已萌生了下一个时期（一八九〇年至一九三〇年）大为发展的科学批评（criticism of the sciences）。

自兹厥后，产生了许多冷静的、严厉的或嘲讽的著作，表现一八五〇年至一八九〇年那个理智时代的根本特征，自应具有这些性质，换言之，则应具有无差别相（indifference to objects）。这种无差别相多么热烈地打动尼采（Friedrich Nietzsche）的心灵，以致他又多么严厉地斥责那些历史学家，不仅尼采一人如是，这可说是时代普遍的特征：哲学上的形式主义相当于法国诗坛巴纳斯诗派（Parnassianism）的艺术，尤有甚者，马拉美（Mallarmé）将诗推至极端，专务于诗歌之纯粹形式的条件；保罗·瓦莱里（Paul Valéry）说——"康德也许十分天真地自信看出道德律，而马拉美则无疑地觉出诗学的至上命令（imperative）：一种诗律"。还有，田园画派或自然主义派的小说亦类同这种无差别相。库尔诺在一八六一年曾说过："哲学上绝对真理的信仰是这样地冷淡，以致大众和法国的研究院也不再接受这类作品，除了广博的和历史癖的著作。"英国人的思想在欧洲久已失去其霸权，现在又重振其势力了；穆勒的名学、达尔文（Darwin）的演化论（transformism）、斯宾塞（Spencer）的进化论（evolutionism）标明这时代精神之自然趋势。

第02章

约翰·斯图尔特·穆勒（John Stuart Mill）

　　自柯勒律治（Coleridge）及卡莱尔（Carlyle）以来，诗人和分析者、先知和反省之士，这两种典模流行于英国人的思想中，两派互相攻击，势成水火，不可调和。詹姆斯·穆勒（James Mill）企图把边沁（Bentham）主义那种纯逻辑的和演绎的，严格的理智规律传给他的儿子约翰·斯图尔特·穆勒。小穆勒生于一八〇六年，他以过信的态度继承功利学派的原则，并建立一功利学社。但他在《自传》（一八七三年）中，讲述他患精神失常病的经过：这是一种苦痛的迟钝感，使得他对一切新的兴趣之努力，切觉淡漠；他认为他的父亲给他的教育养成他偏于分析的习惯，应负这种感情薄弱之责；那个时候，他已看出那种非反省而直接的感情之重要——"如果你要求你是幸福的，那么，你将停止存在了；唯一的机会，则把人生不为自己求幸福而为众生谋安乐作为目的"。当他读华兹华斯（Wordsworth）的诗，他写过下面的句子——"没有诗味的自然派诗人"；在一八三八年，他曾指出，边沁的方法是多么卓越，但生命的认识则多么有限——"他的方法是经验的；但这种经验论，对生命的经验又如何少"。在一八四〇年，他将边沁与柯勒律治相对比，后者的见解使其深觉有许多真理未被功利主义（utilitarianism）者怀疑。

尽管穆勒从他幼时所受的教育出发，陈述他的讲演和情趣含有聪慧的、明敏的及猜疑的样态，但是我们能够说，他的精神抱病给他一广阔的眼界，这是功利主义派所少见的。

I 逻辑

从现代哲学的全部以观，我们可以指出关于逻辑的研究是很少的，或者是居不重要的地位的；康德确信亚里士多德（Aristotle）所说逻辑乃普遍地同意的；莱布尼茨（Leibniz）在论理学①上所作的草案，诚有力量，但终留在试论的状态。然后，在十九世纪中叶，尤其是英国，发生了一次彻底的逆转。一八二六年，惠特利（Whately）刊布他的《逻辑基本》（Elements of Logic）；他很明显地区分论理学和认识论；他规定论理学的实用的功能，即论理学的功能并不是发现真理，而是发现一论证的谬误，例如谬论之减除（reduction）；他曾经有过一个观念，写了一本《拿破仑之历史可疑论》（Historic Doubts Relative to Napoleon Bonaparte），在这本书里他指出，那些攻击基督教真理的同一论证，必使我们怀疑拿破仑的存在。一八三〇年，赫歇尔（Herschel）发表《论自然哲学之研究》（Discourse on the Study of Natural Philosophy）；一八三七

---

① 编者注："逻辑学"的旧称。

年，休厄尔（Whewell）的《归纳科学史》（*History of the Inductive Sciences*）首先标举，科学的发现中，精神的发明居首要作用；感官观察所得仅供给一些张本（raw data），充其量也不过是一些经验的法则而已；唯有在假定的方式（hypothesis）之下，从精神而来的观念方能统一这等张本，亦唯有在这种观念中我们方能发现因果解释；这些观念是天才的智慧（keen perception of genius）之产物，世间并没有一种规律能够取代之；休厄尔从康德所主张之悟性的概念产生统一之范畴，领会观念具整理统一的作用。奥古斯塔斯·德·摩根（Augustus de Morgan）及布尔（Boole）完全从另一方面发展，即数理逻辑的矫正。德·摩根的著作有《形式逻辑；或推理的计算，必然与概率》（*Formal Logic; or, the Calculus of Inference, Necessary and Probable*，一八四七年刊行）及《逻辑体系大纲》（*Syllabus of a Proposed System of Logic*，一八六〇年刊行）。布尔的著作有《逻辑之数理的分析》（*The Mathematical Analysis of Logic*，一八四七年刊行）及《思想法则的分析》（*An Analysis of the Laws of Thought*，一八五四年刊行）。

　　传统的逻辑从概念之外延（extension）与内涵（comprehension）出发；但传统逻辑上的种、类及概念论，同穆勒自休谟（Hume）的经验论继承而来之普遍表象，并不一致；逻辑上的张本并不是一些概念，但为许多彼此隔离的印象，有如散沙，或如积薪。穆勒的逻辑则把论理学上那些传统的问题，逐一加以批评，将普通的解决方案翻译成一种语言，这种语言不再假设概念的存在，而仅假设一些印象，这些印象或彼此相联合，或彼此相暌离。这样一来，名词论、命题论、推理论均为之改观。一个主词，例如一个物体，不过某一样态之某种有组织的感觉罢了；它是存在于我们之外的，这就是说，它是感觉之一种永恒的可能性；精神亦如物体，不过是内心诸状态之一根纬线而已，不过是一串印象穿上感觉、思想、情绪及意志而已。一抽象的命题如同"一慷慨的人物是值得尊重的……，仅仅包含一些现象或精神状态，追随或伴着一些感觉的事实"。至于定义，或者它毫不传达事物，它只说明一字的意义，或者它与一普通的命题无异。

三段论式（syllogism）显然连附着概念，因为三段论式是从普通推到特殊，这是值得注意的。但在经验论者看来，所谓全称肯定的大前提——"凡人皆有死"，也不过与一串有限而确实的经验同其价值（"如彼得、保罗等有死"），全称的大前提亦如同这串经验的记号而已；我们为便利起见，把这些特殊的事情，合并而统一成一紧缩的公式，如果我们的记忆力很好，我们就能不经过这个公式，而推论到一相似的特殊的事情——"所以，雅各是有死的"。精神所成就的实际作为中毫不能插入一普遍的定理（axiom）。此外，所有的定理，自其本身来看，也毫不超出经验，这些经验或者是实际的，或者是被想象成连续的。譬如两直线不能包围成一空间这定理，反之则不能理解，人们则据此而构成一先验的证明，而其实呢，则想象两直线相辐辏乃不可能之事，人们向前推进，遂把它移植于思想之中了。

据此而论，所有结实的命题不过事实间一种联结而已。但在这点提出另一问题，则在这些联结内，我们怎样能辨别这种联结是一自然的法则，或是一因果的连锁呢？我们知道，培根（Bacon）曾用他所发明之有名的三表法，以解决这问题；但培根的三表法和休谟的因果经验论是大异其趣的。这种三表法假定我们所观察某一自然（nature）及我们所探求某一形式（form）之间，有一因与果不变的联结；这种联结被我们观察到的无数情景（circumstances）所掩盖；而三表法则删除这类情景的方法。而休谟所主张印象的共相（universe of impressions），则不知道这样一种联结能否存在于自然界；他以习惯与观念的联想，完全不加思索的冒险，说明我们因果连锁的信念。培根三表法的实际应用是与休谟之理论的经验主义无关系的；不管人们对于因果律给它一经验的起源，或不给它一经验的起源，但要想显露那些特殊事物的因果关系，譬如说，重量的变化乃依据地面的移动，则使用与培根三表法相似的方法是不可少的。

因此，穆勒所创的四种方法，乃用以识别因果的关系，识别这些关系构成的法则，纯属实际应用的方法，同他的经验论并不相联系，正如休谟以同样的企图给予的规律同他所立的因果原理并没有关系。复次，穆勒完全不是物理学者，他从休厄尔的著作中汲取他所研究的材料，而休厄尔乃康德派及赫歇尔的信徒，但赫歇尔对于认识的起源并没有特殊的理论。这四种方法的应用假设一因果的概念，在这概念上，经验派与先验派（apriorists）皆能同意：所谓因果，就是两现象间之无条件的和永不变的联系，所以若无第二种现象的显现，第一种现象不能存在。那么，这就是一纯粹技术的问题，当我们观察的时候，区别这种因果的联系是什么，这就是四种方法如何应用：所谓统同法（the method of agreement），则搜集所有欲观察之事例，在此等不同的事例中，唯有某一条件时时呈现，那么，此一条件为其原因或其结果；所谓别异法（the method of difference）则罗列欲观察之事例为两组，某一现象在此组中则见，在另一组则不见，就中其他各事皆尽相同，唯此一现象前后相异，则此一现象为其原因，至少亦为其重要的原因；所谓共变法（the method of concomitant variations），在其他条件不变时，则这一现象每有变异，另一现象亦随之而起变异，可知前者为后者之因或果，至少两者有相互的关系；所谓剩余法（the method of residues），则就同一现象中，已知其大部结果的原因，唯尚有余果，非已知的原因所生，则从此余果，求其余因［例如勒威耶（Le Verrier）之发现海王星，则用剩余法，因为他已知天王星之运行时有扰乱的现象，非由于已知的星体之吸引，故必有未知之行星存在］。审察这四种方法之应用于专门学术，与其属于哲学家，毋宁属于技术家；这四种方法的使用，与其说它是发现的技术（此则穆勒所深信不疑的），毋宁说它是检查与考核的技术；尤有进者，则这种方法的应用，并不允许我们对于两个互相联结的现象，判别何者是因，何者是果。

但经验论者穆勒仍然面临一个哲学问题：我们怎样能保证事物联结之不变的关系乃必然的因果律的呢？换言之，即任何现象，皆有其原因，如何保证呢？我们知道休谟对这问题有深刻的答复；穆勒不注意这问题，而且他的解决是另外一种的；我们由归纳法达到因果的原理，与我们由归纳而得到所有其他普通的原则，其所取之步序完全相同——这种归纳全非专门地应用去发现不变的关系或法则的方法；这是亚里士多德之单纯的枚举法（enumeration），我们曾见这种枚举的归纳在三段论式中大显其作用；我们从不可胜数的情形中，证实一事必有　因，全无例外，我们遂毫不迟疑归纳到——一新的事实亦将必有一原因。其次，这种归纳丝毫不给因果原理以绝对的价值，也丝毫不给所有其他普遍的原则以绝对的价值；在某些时间与空间内，也许那儿有无因而至之事，那儿二加二等于五，这也是可能有的。

II 道德与道德科学

穆勒在他的《名学》（Logic）第六卷中讨论道德科学的方法，和功利派的经验论有密切的关系；谁都知道，在经验学派中，研究道德学的方法是严密的演绎法，即使在洛克（Locke）的著作里也是如此；在这点上，功利的经验论者，似乎有很不近人情的态度，但当他们想求道德学的应用时，乃为之说明；他们假定行为之永恒的动机，如求乐避苦，再从这种动机演绎出行为的规律。至于穆勒本人，他见到演绎是道德科学之必需的方法，但这一种演绎不似数学的演绎，而偏于动力观的演绎，它依据某一法则，综合已知其结果的诸般原因；譬如在政治的行动上，我们能由先法的更改，预见其变动的结果。穆勒既不承认政府乃方便之门、人工的制造和纯粹人类的发明的那种说法，亦不承认柯勒律治那种浪漫派的说法，称政府乃有机的、有生命的、自发的组织；他主张政府建立在个人的行为上，特别是建立在信仰的行为上——"一个抱有一种信仰的人是一种社会的力量，它等于多数只知利益的人之力量"。穆勒本人是一自由主义者；但在他看来，自由既非表示浪漫派所谓内部的解放，亦非功利派所指事业上的自由。他反对浪漫派，曾经说："我觉得现代精神如是地奇异和如是地冲突，无有逾于歌德（Goethe）生活的理想者……这并不是调和，而是一冒险的和自由的伸张，完全由于现代生活的需要和现代精神的本能所激起的倾向。"这种自由建立在思想独立性之力量上。他对功利派亦深深地觉得经济上无限制的自由是与真正的自由不兼容的，因为经济的自由主义不允许劳动的结果有合理的分配；他对社会主义有些微的同情，并在合作中看到自由的方法。他同样主张政治上妇女需要解放。

这种理智与感情的均衡发展，在他的大著《功利主义》（Utilitarianism，一八六三年刊行）中表现得尤其明白；他在这本书里，为功利派辩护，反对人们指责功利主义是自私自利的，反对人们指责功利派对非感官的快乐以及艺术与科学的高级快乐毫无分别；然而这种辩护终于失败了。他停留在两种自相矛盾的理论中：行为的唯一动机在于自利主义（egotism），如果并非如此，如果人们不顾自己献身于他人，这种利他的行为，起始是满足自利心的方法，但终于此一方法成为目的，完全忘记了自己的动机；这种转变如同鄙吝的人，积聚金钱不是一享受的工具，乃为金钱而积金钱，方法变成目的。但另一方面，穆勒又同我们说，某些快乐，如艺术的或科学的快乐，是高于感官的快乐，其质的快乐和感官的快乐大相殊异，而量的快乐并无甚价值。根据第一种理论，道德的生活是间接和习得的，根据第二种理论，优美的道德是本质的和固然的。

在宗教方面，穆勒的思想亦表现出同样的一种矛盾，他在单调的功利主义内，找不出安心立命之所，他厌弃功利学派的完全不可知主义（agnosticism），尤其在晚年的时候；无论如何，他不愿意有超自然之独断的否定，在他死后出版的《宗教三论》（*Three Essays on Religion*，一八七四年刊行）中，世界上不圆满之存在使他归结到一有限的上帝之存在，如同詹姆斯（William James）后来所肯定的上帝。

参考书目

John Stuart MILL, *A System of Logic, ratiocinative and inductive*, Londres, 2 vol., 1843 ; *On liberty*, 1849 ; *Utilitarianism*, 1863 ; *Examination of sir W. Hamilton's philosophy*, 1865 ; *Autobiography*, 1873 ; *Letters*, 2 vol., 1910 ; *Correspondance avec Gustave d'Eichthal*, Paris, 1898.

Ch. DOUGLAS, *J. St. Mill*, Edimbourg, 1895.

H. TAINE, *Histoire de la littérature anglaise*, t. V, nouvelle éd., 1878, p. 331-419.

第03章
演化论、进化论与实证主义

I 拉马克（Lamarck）与达尔文

十八世纪及十九世纪初叶，自然等级（natural series）的观念风靡一时，因为时人凭直觉获得生物自一种形态过渡到另一种形态的顺序，而自然等级的观念足以安排生物的形态使之井然有序。生物形态继续演化的观念大不同于物种一经创造则不改变的观念，且与之不兼容。

引导拉马克（1744—1829）走到演化论者，非由生物形态之继续，而为生物之变型（anomalies）。一八〇〇年，他曾公开演讲所获之新观念。稍后，他把这观念写在他的大著《动物的哲学》（*Zoological Philosophy*，一八〇九年刊行）中：经验证明生物的变型与有机体之自然的类型（types）有关系，每一种类型包含若干确定的器官，其分配有一定的方式——例如脊椎类型（vertebrate type）包含一排牙齿，位置对称的眼睛，好像转运工具的脚；然而我们证明，在无数情形之下，它们的器官分配不尽相同，或者是萎缩的，或者是完全没有的；复次，每一变型有不同的方式；"动物的机构，在它的生长的组织中，从最不完全的起，仅呈现着一种不规则的进化，而其扩张的结果，更显得逸入歧途，以致它们的奇型异态是毫无条理的样子"。拉马克企图解释这种生物的分歧，他并不否认生物规则的演变，这是自然之平常的和自发的进行，他把生物演变归于极相殊异而又繁多的情景（circumstances），这种情景不断地伸展，竟破坏了正常的规律。所谓情景者即自然的环境，包含气候、食料等等。不同的情景产生不同的需要，而需要以及为满足需要而起之持久努力最终改变了生物的器官，且在有必要的情形下，甚至会使动物改变其器官的位置，例如扁平的鱼类眼睛的不等形（asymmetry）："它们的生活习惯强使它们在扁平的面上游泳……在这种情形之下，自上接受光多于自下接受之时，因此而有一特殊的需要，即常注意于向上，这种需要强迫它们的一只眼睛改变其位置，而单纯化之，那就是我们所见比目鱼、鞋底鱼及其他这类鱼的眼睛。"所以拉马克遵照圣伯夫（Sainte-Beuve）在小说《快感》（Volupté）所作之指示："以最少的元素、最少的变动（crises）和最大可能的时间的延续去构造世界。"变化借习惯而固定，保守的力量，由于满足需要的努力把草创的格式画出固定的形状。由此可见，要如何将生物的演变归原于环境的影响；环境的影响是生物变型的产生者。如同贝特洛（René Berthelot）先生所指示："环境的影响绝不如普通人所常说那样是进化的根本原因，而是一个破坏性因素。"

这是可注意的一点，即引导达尔文（1809—1882）到演化论（transformism）者，亦由于观察若干生物的变型而来。一八五九年，达尔文刊布他的《物种起源》（On the Origin of Species），他的出发点确切说是家畜饲养者为求于人有用的动物的变种，常施行人工的淘汰（selections）：这种人工的淘汰为何可能呢？因在动物中，一代复一代传下去，有许多偶然变异（accidental variations），然其原因则为我们所不知，而家畜的饲养者亦非偶然变异的主宰，仅能由饲养者之注意偶然变异而得到顺遂发展，由于饲养者认为有用，遂把那些变异固定化：这就是人工的淘汰，可见淘汰这个词仅表示一反省的和有意的方法而已。

　　据达尔文说，人工淘汰的方法亦即自然用以产生诸物种的方法；天地间有一种自然淘汰（natural selection），自发地扮演人工淘汰的主角。首先，在自然的物种中，如同在家畜的种类中，确实有一种变异的力量（法文，puissance），其力很小，这是无可疑的，但经过漫长的时间后，其作用增长，终能产生一些与他们的祖宗大不相同的后裔。其次，这些变异丝毫不是定向的，而道地是偶然的（accidental），所以这些变异在十足分歧的意义下而完成。最后，达尔文采用马尔萨斯（Malthus）的人口律（Malthusian Law），并把它推广到动物界，意想生存的资源增长之速度慢于动物数量增加之速度；因此之故，动物界遂有生存竞争之产生。马尔萨斯把人类间生存竞争描写得非常险惨可怕。我们由生存竞争的观念，体会出怎样能发生自然的淘汰了：偶然的变异发现某一部分的变异对于生存竞争是有害的，另外部分的变异对于生存竞争是有益的——动物的变异总是向有益的而趋赴之，这就是最适者存留（适者生存）的原则。因此之故，新的物种不断地形成，新的适应的方法把新的物种的特性愈加表现出来：这就是物种真正的起源。人类的起源亦非例外[①]：人类独有的特征，如理智的发展，精神的能力，甚至于宗教，在达尔文看来，均可视作对生物有用的变异，由于有用而被保存起来。

物种的逐渐固定性是一难于想象的事，或者是由于它们的变型非常缓慢，或者是由于我们观察的时间短，进化的特征更显得慢，而且这种迟慢与人类考察的方法有关系。譬如哥白尼（Copernicus）的体系曾经毁灭了世界的外环，演化论则展开一时代的远境，在这一时代中，传统可以理解的历史持续时间只是一个很小的部分——他的观点得到了地质学与古生物学的证明。

达尔文主义的精神和拉马克主义是十分地不同：达尔文认为变异乃粗朴的和不可解释的与件（法文，données；英文，data），而拉马克则认为变异与一内部的需要的活动有关系，而其结果则由习惯所固定。在达尔文思想中，变异在任何意义下都可发生，而在拉马克观之，变异则常在最好的适应的意义下发生。那么，达尔文主义根本是机械论的，且仅承认插入动物的生命中之偶然的结果，完全排去目的论（finalism）。这样的态度将重现于斯宾塞的进化论（evolutionism）。

达尔文主义，应用到社会的、道德的、精神的功能上去，人类思想为之改观；人种与起源的问题，在从前，或者把它扔在结构的问题之旁，或者把它排斥在宗教或形而上学之边缘，多少有点暗昧不明，现在这些问题似乎有了一个积极的解决，至少在原则上；产生这些功能的原因无殊于我们眼前所看到的，且想象这

[①] 参见《人类起源》（*The Descent of Man*），一八七一年刊行。

些功能经过很长时间的运用和它们的效能的增加，则足以解释最复杂的形态。尤有进者，就是更重大的变换，这些功能并不见得有本身的意义，但与它们对环境的适应作用有关；我们对于精神全体给予一生物学的意义。达尔文本人，在他的大著《人类和动物的感情表达》（*The Expression of the Emotions in Man and Animals*，一八七二年刊行）中给演化论的心理学一模范，他力求说明大多数伴有情绪的运动由适应的行为而来。因此演化论说明道德者，我们可以援引保罗·雷（Paul Rée）的著作《道德的感情之起源》（*The Origin of Moral Sensations*，一八七七年刊行）、《良心之建立》（*The Genesis of Conscience*，一八八五年刊行），这些著作是尼采思想的出发点之一：据尼采说，淘汰之于人类，其效果则是减轻人从动物继承而来利他的感情，而加强利己的感情。

II 斯宾塞的进化论

斯宾塞的进化论是一八六〇年至一八九〇年间有最大势力的学说之一，它不仅仅影响到英伦三岛，还影响于全世界；斯氏的进化论配合着达尔文的演化论，改变了哲学的精神甚多。

斯宾塞（1820—1903），本拟从事于工程界，自一八四二年至一八五〇年时开始研究政治的与经济的问题；他的第一篇文章《政府的适当权力范围》（*The Proper Sphere of Government*）于一八四二年刊行在杂志《非国教者》（*The Nonconformist*）上，标榜个人主义（individualism），反对政府的干涉，这种思想永久保存在他的学说中。在达尔文于一八五九年刊布他的《物种起源》之前，斯宾塞在他一八五二年至一八五七年刊行的《心理学原理》（*The Principles of Psychology*）及其他论文中，已提出进化（evolution）的观念了，然他拟具综合哲学体系的大纲的计划，则在一八六〇年。他从写第一个字起，一直到完成止，丝毫没有改变自己的观念，并丝毫没有改变自己的计划。《综合哲学》（*The Synthetic Philosophy*）包括一八六二年发表的《第一原理》（*First Principles*）、一八六四年至一八六七年发表的《生物学原理》（*Principles of Biology*）、一八七〇年至一八七二年发表的两卷本版《心理学原理》（*Principles of Psychology*, two volumes）、一八七六年至一八九六年发表的《社会学原理》（*Principles of Sociology*）、一八七九年至一八九二年发表的《道德学原理》（*Principles of Ethics*），以及其他论文，尤其著名者如《科学之分类》（*The Classification of the Sciences*，一八六四年刊行）、《教育学》（*Education*，一八六一年刊行）。他的《自传》（*Autobiography*，一八六四年刊行）很能显出他的著作的精神怎样：他发现了原理，就认为它绝对可靠，他武断地保持着这些原理，从不予以比较，亦从不予以审核（他说，他从来不读那些和他的出发点不同的书册）；一种批评的好奇心不断地觉醒他，使他尽其一生的精力，作详细的修正；最后，一种确定不移的非国教主义（non-conformity）使他本能地怀疑任何权威或已成的风俗习惯，不论那些风俗习惯是关于丧葬的仪式，是关于研究院的头衔，还是关于宫廷的繁文缛礼。

在斯宾塞的体系中，有一种形而上学，由于它的独特性及它的灵感，是独立于他的进化论之外的——这就是他的存疑论（Theory of the Unknowable）。他从哈密顿（Hamilton）及曼塞尔（Mansel）所已知的论证出发，以说明存疑论；他同哈密顿相同之点，在于从存疑论中找出调和宗教与科学的方法；但他与哈密顿相反者，则在他以为存疑的观念并不是纯粹消极的——如果删去一切可知的对象的积极性，然终留下一共通的基质（法文，fond；英文，substratum），这就是"有"（Being），"有"乃"无限意识"的对象，那是不可知的。但存疑论本身表现为不同的两面：其一面，标明若干界限，俾科学脱去宗教的羁绊，取得完全的独立；为进化法则所支配的实在（reality）举起科学的大旗，而宗教亦可一劳永逸，满足地安处于存疑论中，不染指非它所管辖的范围（这范围包含社会与道德）。但另一面，存疑亦指万事万物之基质，这就是"力"（force），力之实现，服从进化，乃成显像（manifestation）。存疑论之见于此方面者，亦如康德在《纯粹理性批判》中所指之"物自身"（自在物，thing in itself）系不可知者。斯宾塞是一实在论者（realist），相信我们感官的认识是不可知的事物之象征。物质是意识事实之不可简约者，他反对穆勒所维护之贝克莱的传统见解（Berkeleian tradition）。我们知道，存疑论的第二面，乃从他的进化论而来的必然性，因他的进化论来自力的恒久性（persistence of force）的观念。

这位进化论者既不是历史学家，又不是生物学家：赋予发展和生长之直接的知觉诸规律，只是很薄弱的部分；在德国的思想界中，从莱布尼茨起到黑格尔止，发展的观念或进化的观念特别流行，这些发展的观念是与生命的内部的直观不可分离的，有机的生命、历史以及宗教皆被赋予进化的想象。斯宾塞是一物理学家，或最好说他是一工程师，习于推究事物均衡的条件，他向宇宙进化论（cosmogonies）找支柱，如同拉普拉斯（Laplace）的宇宙进化论，仅输入机械律于星云的发展中；他又向演化论找依据，如同达尔文的演化论任环境机械地影响那些不活泼的有机体。这样，他终于想出一个普遍进化的公式，在这公式内，仅插入一些为机械律所支配之物质的移动，其解说如下："物质之凝积及与运动偕来的分散，经过这公式，物质从一未限定的不密结的同质性达到一限定的和密结的异质性；经过这公式，适当的运动亦表现同样的演变。"譬如同质的星云，由于热度的简单的发散作用，产生了太阳系和它的异质性。密结（coherent）这个词似乎能让这公式保存一目的性的痕迹，但如果我们想到斯宾塞的企图，这公式只单纯地表出力守恒的效果，力守恒乃最高而唯一的原理，那么，目的的意味将完全消失。复次，这种效果能够为一相反的效果所抵消，那就是分解作用（dissolution），或叫它为从异质到同质的过程。站在机械的观点，这是同一自然物的两种事实，有时候这一种占胜势，有时候那一种居上风，好像一个机器随动力的往来而上下。

斯宾塞的自物理学上力守恒律出发的进化原理，其所作的推论是被判为不正确的。如果我们承认机械的进化论，则为求说明这原理的普遍性，将留下许多和它显然相反的问题有待解决，那就是从前的进化论所提出的问题；在从前的进化论中，动力或生命力是原始的存在（reality），而机械观则为一尚待解释的名词；从赫拉克利特（Heraclitus）到普罗提诺（Plotinus），从莱布尼茨到黑格尔，都一致地决定机械观乃次级的存在，甚或视之为幻象。

斯宾塞之见解全与此相反，所有生物的进化、心理的进化、道德的进化以及社会的进化，全被装入机械的动作的公式中，这样的一种简约唯有凭借比喻及人为的比较才是可能的。所以在心理学上，不仅是物质与运动的问题了，人们一开始，则取休谟的方式，把意识简约为诸元素的要素之一种装嵌；但在分析中，我们将超越感觉，即发现感觉分解成许多元素的"冲突"（法文，chocs），每一元素的冲突相当于每一颤动，斯则物理学者分解感觉的属性成为事物的颤动——我们所有唯一真正的精神素材如是而已；精神素材的凝积（integration），则将由元素冲突的配合（感觉），以及这些配合（combinations）的配合而成立；这些配合逐渐凝积，逐渐异质化，我们乃给它以各种名词，以表示各种精神的活动——感觉、印象、概念、判断、推理；统一精神活动之联想律，则普遍的进化律之见于意识的事实者而已。在社会学上，也是一样的，譬如城市人口的增加，伴之而来者，则分工愈趋于细密，这亦可归原于物质之由凝而散，由同质趋于异质，因组成社会的个人可与物质等量齐观。

复次，斯宾塞的进化公式，当他开始发表时，纯粹机械观的意味或者较少；如果说第一部分［运动之凝积与分散（dissipation）］更适合专用在物质方面，那么第二部分（从同质到异质的过程）则很自然地指着一些高级的事实，如生物的事实、道德的事实，或社会的事实如分工等。斯宾塞曾企图统一这两部分，但似乎是徒劳无功的。

达尔文的演化论之基本观念，即统治物种进化那个最适者生存的观念，斯宾塞完全接受，并把它推到各部门去，不仅在生物学上引起重大的结果，还在心理学上、在道德学上、在政治学上引起重大的结果。精神和道德的高超，乃在某一动物对他的环境之反应，逐渐趋于最细微和最恰当的境界。如果我们愿意把这道德学上的枝词蔓语束之高阁，那么所谓善者（Good），则在环境条件的调整而已。这个定义之所包含，足以说明功利主义的要旨，因为快乐即有机体与环境间均衡的适合。那么，就是自然的法则亦自发地指导事物趋向于善。我们能够想象一种绝对的道德，将来终有一天可以达到，在那种道德的境界中，完全进化的人对于善与恶不再需要有选择了。将来必有一种尽善尽美的社会状态与这种绝对的道德相符合；动物的社会已有进化到这种境界的，例如蚁的社会，则足让我们一窥端倪。在那个时候，意识自身本伴着迟疑，伴着一定的反动（reaction）者，也将消灭了。

　　斯宾塞的自然主义和达尔文学说的关系这样密切，能够同他所立的进化论相调和吗？环境的观念对于进化所示生物之内部的发展完全是外来的。由同质到异质的进步就是生物对其环境最好适应的变异，颇不易证明；一种繁殖的复杂性，或者使生物更加易变、更加伤毁，且不断地使之产生新的不均衡。

　　斯宾塞的基本态度则在他的个人主义，觉得达尔文主义和进化论都同样使他满意；他由达尔文主义得到的信仰，即大自然使他认为，一切足妨碍最适者生存律之效力的人为干涉，皆属罪过，例如仁爱（charity）或其他使个人得以逃避其行为之自然结果的类似干涉。其次，进化的法则教导他，在一个社会里面，各种机关的作用是逐渐特殊、专门化的，而政府的作用则在防止外来的侵略，如果它越出这种范围，那就是反乎它的本性的。

我们看出那种异质的与不和谐的因素充满在斯宾塞的学说中。然他从这种学说发出一种强有力的志愿：不再追求宇宙的本体，而追求宇宙的音节（rhythm），尤其希望用庸俗的机械律，给宇宙的音节以科学的解释，那就是继起的学者所喜爱的观念。

III 英国的进化论者及实证论者

大约在一八五〇年到一八八〇年的时候，实在表现出道地的实证的精神；如刘易斯（G. H. Lewes）所说，当时所致力者，则把哲学上那些超经验（法文，métempiriques）的素质全行剥去，当时人的兴趣已不在十八世纪及十九世纪初年致力于实际的和社会的研究，只求达到一种科学地正确的知识之理想。刘易斯于一八五三年发表《实证科学之孔德哲学》（*Comte's Philosophy of the Positive Sciences*），使英国人认识实证派的哲学。他一八四五年所著的《哲学传记史》（*A Biographical History of Philosophy*）则曾为孔德所赞赏，他一八七四年至一八七九年所著的《生命与精神的问题》（*Problems of Life and Mind*）则充分代表实证派的精神。他企图把哲学的问题当作实证的解决者，此则意识与机体之关系的问题，他的解决方法则认身体之嬗进与精神之嬗进乃一实体之二面而已。

赫胥黎（Huxley）在一八六三年发表《人在自然界的位置》（*Man's Place in Nature*），一八九四年发表《论文集》（*Collected Essays*），以及一九〇〇年由他的儿子刊布《生平与书信》（*Life*

and Letters），此即其重要著作。赫胥黎很明白地标举科学的知识
应脱离任何形而上学的假定而独立。他说："我对思辨的哲学所作
基本的定理，那就是唯物论（materialism）与精神论（spiritualism）
全属荒谬的两极端，不问我们主张能认识精神，或主张能认识物
质，全属荒谬的想象。"就是最普遍的原理如因果律也全不是由科
学所提出；我们以过去的经验作向导，预测未来的事故，而其结
果又足以证实它，那么，所谓因果律者，则引起我们这样的信念
而已；它从不允许我们超出验证（verification）的范围。则以道德
而言，它也不关乎任何普遍的信条，但为自然秩序中之活的信念
而已，因为我们相信，不道德的结果将使社会解体。

另外一些思想家，他们的实证论建立于科学的成分较少，
建立于纯粹直接的经验者则较多；克利福德（William Kingdon
Clifford）[①] 则其一。他的精神物质论（法文，théorie de la matière
mentale）表现了这种实证论的特征：任何实体均是"精神物质"
（mind stuff）；这种物质的片段自相统一到可感觉时，我们就具
有一种意识和一种精神；多数精神能让各部互相符合，这则是
由于它们结合了"精神物质"之共同的分子，这就是我们所具
有的意识掺有别人的意识之由来，克利福德给这种意识一个特
创的名字——投出（eject）；最后，心灵的素材并不凝积在意
识，而是偕意识以俱进。这种连续的感情乃一宇宙的情绪（cosmic
emotion），宗教的感情之基础。克利福德从这些观点抽绎出一社会
意识（social conscience）的存在，抽绎出一部族的我（tribal self），
抽绎出一种统治各个体之人类共同的生命：从历史的黎明和每一

---

① 参见《演讲与论略》（*Lectures and Essays*），一八七九年刊行。

灵魂的深处起，我们的父亲的面容，人（Man），则以永远年轻的热情注视着我们，并说"在耶稣之前，我就存在了"。勒南的实证论的思想和这种思想颇相似，这种思想不再是纯粹实证科学的实证主义了。

瑞德（W. W. Reade）著的《人之殉道》（*The Martyrdom of Man*，一八七二年刊行）亦表示与此大同小异的思想："如果我们认生命为一单独的原子，则一切均显得残酷和混乱；但我们认人类为一人格，则我们立见人类逐渐变成尊贵的，逐渐变成神明的了。"

斯宾塞的进化论亦受孔德的人道教（humanitarianism）影响而有所改变；同样的影响下，进化论失去它与快乐的功利主义本有的联结。故斯蒂芬（Leslie Stephen）在一八八二年发表他的《伦理学》（*Science of Ethics*）时，则已见到个人的道德标准乃在社会的团体中，如同进化所实现的；这个社团的健康、权力、元气（vitality）是真正的目的，而不是幸福快乐；快乐的计算，乃依存于片时的印象，但并非必然地与这种目的相联。

复次，在许多思想家中，进化的观念很快地失去斯宾塞所主张纯机械观的特征。例如在费斯克（John Fiske）一八七九年所发表的《达尔文主义》（*Darwinism and Other Essays*）及一八八四年所发表的《人类的命运》（*The Destiny of Man Viewed in the Light of His Origin*）中，可以看出进化所隐藏一永恒不变的目的观念重新显现，因为进化倾向于意识与睿智之发展；经验亦告诉我们有一个永恒不变的上帝，他是世界的灵魂。《进化及其与宗教思想的关系》（*Evolution and Its Relation to Religious Thought*，一八八八年刊行）之作者勒孔特（Joseph Le Conte）亦在自然界中看见上帝之生命，在人类的精神中看见上帝能力之一部。罗曼尼斯（George Romanes）在一八七八年刊行《有神论之诚实的审察》（*A Candid Examination of Theism*），则给这种思想家一个模范，他从达尔文的适应观念转到理智的终局（intelligent finality）观念，唯有终局的观念能说明保存生命的环境之协调作用。

稍后，在颉德（Benjamin Kidd）的《社会的进化》（*Social Evolution*，一八九四年刊行）中，可以发现进化论与个人主义相分离。颉德好像旧的功利主义者，承认理智乃一计算的能力，且常为个人的利益效劳。达尔文主义使他向另一方面发展，在他看来，自然的淘汰作用唯在种族的利益中运行，且常常牺牲个人的利益，方有进步之可言。他从此抽出的结论，则认唯有一种非理性的大动力之干涉才足打倒理性之只顾个体利益的计算，方有进步之可言。然代表这种非理性的大动力何在呢？曰唯宗教；宗教所宣传的利他主义，绝不为生存竞争的障碍，实使生存竞争顺利进行，因为它企图打破阶级的界限，使得所有的人在生存竞争中一律平等。

IV 利特雷与实证主义

穆勒在《孔德与实证主义》（*Auguste Comte and Positivism*，一八六五年刊行）中论述孔德的实证主义时曾说："孔德的错误之一就是从不留下悬而未决之问题。"孔德很简单地把神学的问题认作过时之物，则其一例也。利特雷（1801—1881）所发展的实证主义则视实证为一确实的知识，以及孔德所否认的知识："自然法则有其不变性，故反对神学，因为神学引入一些超自然的干涉；思辨的世界有其限度，故反对形而上学，因为形而上学追求无限与绝对：这就是实证哲学的双层基础。"[①]利特雷曾在一八四四年、一八四九年到一八五一年，在《民族杂志》(Le National)上发表了许多文章，以传播他的学说。他尤其主张在实证的科学中找出社会的和思想的稳定之保证，在这种保证之下，保守主义将与进步的精神相联盟；他并大声疾呼，要想作社会的改造，必须有思想的改造(intellectual reform)为先，此则理所必至，势所必然的。[②]利特雷把他的实证的信仰，建筑在思想进化三期律(law of the three stages)上；在实证时期，能知的主体归结到它的形式和逻辑的条件；所有思想的内容是客观的状况[③]。利特雷在孔德的科学分类表中只发现一些缺点，而谋有所匡正，故他在科学的分类中重新建立政治经济学，建立哲学的心理学〔它研究认识的条件（批判）〕，以及道德学、美学和心理学[④]。

然而利特雷拒绝承认孔德晚年所建立的人道的宗教(religion of humanity)；但孔德遇到一位完全信从他的人道教者，他就是拉菲特(Pierre Laffitte, 1823—1903)。拉菲特在法兰西公学院

---

① 参见《保守、革命与实证主义》(Conservation, révolution et positivisme)，一八五二年刊行。

② 参见《哲学观点上的科学》(La science au point de vue philosophique)，一八七三年刊行；《实证哲学与现代社会学集锦》(Fragments de philosophie positive et de Sociologie contemporaine)，一八七六年刊行。

③ 参见《孔德与实证主义哲学》(Auguste Comte et la philosophie positive)，一八六三年刊行，一八七七年第三版，六五六页。

④ 同上，六五九页。

（Collège de France）教书时，传播人道教理①。实证主义学派从未停止对人道教的支持；而人道教亦流传到外国去，势力颇广，尤其在巴西。

在这个时期之后，实证的精神和拉马克的进化论相结合，代表这种思想的为生物学家和哲学家勒当泰克（Félix Le Dantec，1869—1917）。据勒当泰克说，决定论的信念并不包含确确实实的将来的预见："任何事物都是被决定的，这是确实可信的，即自然的法则也没有例外；但是有许多太细微而隐秘的事，没有人能一次就完全把握住它们，所以没有人能预见将来。"②因此之故，他的实证主义是偏于批评的；他认人类之道德的和理智的习惯不过是一些获得的和来自遗传的性质而已；甚至自然法则的信念也完全是人们的信念而已，而实体全为我们所不知。他的著作等身，我们现在只能举出几部：《生命新论》（New Theory of Life），一八九六年刊行；《无神论》（Atheism），一九〇七年刊行；《反形而上学》（Against Metaphysics），一九一二年刊行；《自利主义——一切社会唯一的基础》（Egotism, the Sole Basis of Any Society），一九一一年刊行。

自一八五〇年至一八九〇年，意大利学界受了孔德、斯宾塞及海克尔（Ernst Haeckel）等人思想的影响，实证主义的精神特别发达。首先应该举出的，则为阿迪戈（Roberto Ardigò，1828—1920），他的十一卷哲学著作陆续发表于一八六九年至一九一七年

---

① 参见《人道教的伟大的典型》（Great Types of Mankind），一八七五年刊行；《第一哲学讲义》（Course in First Philosophy），一八八九年刊行。
② 参见《认识的限制》（Les limites du connaissable），一九〇三年刊行，一八四页。

间。他竭尽全力以研究康德、孔德和斯宾塞。我们要特别举出的，则是他的哲学第九卷，其中重要的两章为"思辨哲学中的唯心论和实证哲学中的实证主义"和"实证主义的永久性"。

意大利的实证主义，在阿迪戈，尤其在菲利（Ferri）及龙勃罗梭（Lombroso）手上，专用在法律的问题，特别是犯罪学上。如果犯法是由异常的身体条件决定的，那么，责任的概念和惩罚的概念应当为之改变。[①]

V 勒南

据拉塞尔（P. Lasserre）说，所有布列塔尼（Breton）的大思想家都具两种特性——其意志任性而易变，其思想则强韧而有力；故不论是阿伯拉尔（Abélard）也好，拉梅内（Lamennais）也好，夏多布里昂（Chateaubriand）也好，勒南（1823—1892）也好，均兼具这种性格于一身；他们发现他们的环境不像十三世纪或十七世纪那样热衷于组织的时代，而像十二世纪或十九世纪的一个时期，"人类新的安排、新的知识充实了世界，旧的观念和旧的制度遭批评、攻击而动摇，但对这些观念和制度的虔诚运动同时并行"[②]。

我们要想在布列塔尼的大思想家中（不论是哪一个）求出一稳固的和坚定的学说，全是徒劳而无功的。但他们全体均有一

---

① 参见《犯罪人》（*The Criminal Man*），一八八七年法文版。
② 参见《十二世纪的宗教冲突》（*Un Conflit religieux au XII siècle*），一九三〇年刊行于巴黎，八五页。

种高超的倾向，即认精神是有价值的，而轻视那些使精神陷溺于物质利益之中者。他们全体一致追求一纯粹实证的存在体以为精神寄托——不安的探求可能达到失望，也可能达到讥讽的觉语（ironic disenchantment）。勒南，由于他所受教育的关系，开始只相信在天主教的信仰中发现这实证的存在体；但自从历史的批评学说告诉他传说（tradition）之虚无缥缈，他就摆脱了天主教的信仰。一八四八年之末，他在与化学家马塞兰·贝特洛（Marcellin Berthelot）交往以后写了一部《科学的将来》（*The Future of Science*），该作刊行于一八九〇年。在他看来，科学将成为宗教，故他说："唯有科学将给予人类以生命所不可须臾离的东西：一个象征和一个法则。"但怎样要如此？何以要如此？故勒南梦想历史的和语言学的学科能完成这项使命。在这个时候，他很接近黑格尔，接近赫尔德（Herder），因他刚刚看到黑格尔和赫尔德的著作：语言学是精神事业的科学；使人类认识自身之发展者，语言学之功也，引导人类从无意识的自发性而变成有意识者，亦由于语言学；科学家、思想家乃知识分子的精华，他们所展示出的一面是人类中最杰出的。而且，基督教若是最卓绝的精神的宗教，则其起源的探求是历史学家所应做的首要工作。

经过这种矛盾且几乎难以捉摸的议论后，勒南复被引导到宗教上去。据他看，自从宗教承认上帝之奇迹的干涉以后，宗教本身只可算是幻象，因为奇迹是不可能的；宗教的历史似应如十八世纪所见的一样，乃一幻想和一诈欺的历史。然而宗教亦有其功用，尤其是基督教，曾使人类脱免了卑贱的境位。故当勒南晚年发表他的《哲学的意识之考察》（*Philosophical Examination of*

Conscience，一八八九年刊行）时，他说：我们应当视上帝和灵魂为似乎存在者而行动，至于基督教的真理是否绝对，那是没有关系的；宗教亦在假定之列，如同以太（ether）的假定、电流的假定、发光体的假定、温度或神经的假定，以及原子的假定一样；我们视这些假定为一些象征、一些适宜的方法，用以解释事实，故把它们保存起来。

由此可见勒南的思想中存有一种矛盾，一方是实证科学的方法所表现的理智的意识，另一方为他的浪漫主义的心愿，两者互相冲突。他在《哲学对话录》（Philosophical Dialogues，一八七六年刊行）里说，没有一种真理不直接从实验室开始，也没有一种真理不直接从图书馆着手；因为一切我们之所知道者，皆由于研究自然与研究历史而知之。他取黑格尔的态度，认历史乃人间精神之一种启示：在这种启示之下，实证主义精神与灵性（spirituality）互相统一了。

然而勒南并不步黑格尔派的后尘，亦不追随青年黑格尔派的踪迹。施特劳斯（David Strauss）认耶稣的生年为初期基督教团自动地发明的一种神话，勒南开始的时候不无追随施氏的倾向[1]，但后来终于同施氏分离了。他在一八六三年所发表的《耶稣传》（Life of Jesus）是第一部企图于耶稣的环境及耶稣的历史个性中明白地认识耶稣这个"无可比拟的人物"的著作；据黑格尔派的见解，内在的辩证的发展统治着整个历史，而勒南则代之以精英之个人的行动——例如圣保罗（St. Paul）从犹太人固守仪式的拘迂

---

[1] 参见波米耶（Jean Pommier）《勒南与斯特拉斯堡》（Renan et Strasbourg），一九二六年刊行于巴黎，第五章。

中解放出一新的宗教，犹太先知们发现纯粹正义的宗教，既没有独断的教条，亦没有仪式。勒南把精神的价值寄托在科学家、思想家以及宗教家的精英身上；他的全部政治意见皆被保存精英的观念所支配着；他对全体人类能否实现正义，有时亦陷于失望中[1]；他梦想精英可以运用科学所给的那些行动上特异的方法，利用恐怖手段使群众畏惧而就范；在他一八七二年著的《思想与道德的改造》（*Intellectual and Moral Reform*）里，他反对民主政治，提出一种贵族的政体，即由精英组织的政府；勒南似乎感觉现代平等和工业的文明使精神趋于险境，但这仅是追怀古旧好梦的反动，或者是一听天由命的讽刺而已。

VI 泰纳（Hippolyte Taine）

泰纳（1828—1893）浸淫于斯宾诺莎（Spinoza）、孔狄亚克、黑格尔等人的著作，终于得到睿智（intelligibility）的观念，这个意想（notion）似与一八五〇年以来风靡全欧的实证派的潮流不相合：他赞扬日耳曼的形而上学家"已承认有若干单纯的意想，换言之，则有若干不可分解的抽象（abstracts），它们的组合产生其余的事物，它们的互相联合和它们互相反对之规律就是宇宙之基本法则"[2]。他以同样的兴味赞扬孔狄亚克的分析，因孔

---

[1] 参见《卡利班》（*Caliban*）和《哲学对话录》（*Philosophical Dialogues*）。

[2] 参见《英国文学史》（*Histoire de la littérature anglaise*），一八六四年刊行，一八七八年法文版，第五卷，四一二页。

氏于感觉中寻出单纯的元素，感觉的变易产生所有精神的能力（faculties）。他亦赞扬斯宾诺莎的伦理（Ethics），用他唯一的实体（substance），宇宙万物皆由兹而产出。从另一面看，很少的人具有对经验与件的无限复杂之最灵敏的感应性；"这华丽的世界运动着，这变故乱哄哄地混沌增长着，这不息的生命无限地变异着，繁殖着。因为我们是在无限的空间和无限的时间之边缘漂流着，我们自行发现被抛在这个可怕的宇宙内，好像一个老蚌被抛在沙洲的两岸边，或好像一个蚂蚁被抛在斜坡的旁边"[1]。在泰纳的思想里，这种感性如是地丰富，又如是地细致，而与可理解性的迫切要求之间，实相对立，创造了哲学的问题；这种对立使得他的笔调亦有这种相反的倾向，故他的笔调有时趋于枯燥无味，有时则显为丰富的想象。在泰纳看来，英国的哲学，如穆勒的哲学，德国的哲学，如黑格尔的哲学，曾把这种相对的措定[2]分开，似乎是可斥责的：穆勒把我们所有的知识全归并于事实及事实的集团；但是，每一事实"仅是一任意强切的薄片，我的感觉或我的意识可把它分割成存在物之无限的和连续的纬……一任意强订在一起的事实集团，同时就是一任意强行的裁割，换言之，人造的事实集团，就是把原来联合的分开，把原来分开的联合起来"；至于黑格尔那种"庞大的泥土建筑物"（gigantic edifice）则是在崩溃之中的，因为他企图抹杀精细的事实。

从混沌的世界到元素的世界，从复杂的事实到简单的事实，

---

[1] 参见《英国文学史》（*Histoire de la littérature anglaise*），一八六四年刊行，一八七八年法文版，第五卷，四〇八页及四一二页。

[2] 编者注：即假定，借用自日语。

这样工作就是泰纳所赋予哲学之分析任务。但这种分析存于何者，也是不易知道的。实在呢，在他的分析方法中，有一种浓厚的两可性（ambiguity），泰纳是愿意忠于实证派使所有知识皆从经验而产生的原理的，并且他全不承认理智的直观能知事物之本质。欲求达到本质之唯一的方法即抽象的方法，我们用抽象的方法，把那些人造的事实集团分解成许多元素：那么，所谓抽象者，就是一种类同作用、一种简约作用、一种组合作用；但同时它应该是普遍的属性，应该是本质（essence）、应该是原因，其他属性皆从此引出来。在这里泰纳困难了，而且怎样知道部分能产生包含它在内的整体，这也不易了解；他从斯宾诺莎借来的数学的例子（一个半圆绕着它的直径的旋转，似是球形派生的属性），也不是很好的证明，因为根据斯宾诺莎本人的观察，这种属性之有意义，则在人已经先有球形的概念。泰纳又把分析的方法和动物学者的方法相比较，动物学者把某一动物归入某一类型，或一互相依据的性质之综合[1]；在这点，抽象所达到者，并非一种元素，而为一种联结。但在联结着的元素之间，并没有睿智的关系，而且这种联结亦仅凭借经验的概括化，凭借无数相似的情形之证明，才为我们所认知，如果没有证明，抽象作用将毫无意义。

泰纳应用他的方法于人文科学，尤其是应用于文学的批评、于艺术、于政治的历史，为最适合。因为照他的看法，这不关乎一体系，但为一工作的态度；分析的方法包含两部分，一为依赖（法文，dépendances）的研究，一为条件的研究。一条通凡尔赛的

---

[1] 参见《历史与批评论略》（*Essais de critique et d'histoire*），一八五七年刊行，一九〇〇年第八版，序言二六页。

林荫大道，一条马勒伯朗士（Malebranche）神学的和哲学的推理，一条布瓦洛（Boileau）的诗学规律，一条柯尔培尔（Colbert）的抵押法，一篇马尔利（Marly）城堡门厅的颂辞，一句博絮埃王权神授的名言，在这类事实之间，其殊异是无限的和不可逾越的，这些事实表面上亦无联系；诸种事实既然这样地不相似，以致我们一眼之下，唯依它们如何呈现而下判断，换言之，则它们是暌离的、分开的。但事实彼此间互生关系，乃由于定义把它们组成一类①；在这点，其关系与其说是类似某类动物的器官那一种互相倚依，不如说是用抽象方法从十七世纪法国最不协调的事实中找出的一通性。至于条件的研究，就是永恒不变的研究，通过全部历史过程皆可发现它，如同民族性，是伟大而永久的势力之一。

　　泰纳的学说在他的《睿智之研究》（De l'intelligence，一八七〇年刊行）中自行确定了。这部著作造成一新时代，他给病理学的和生理学的研究以很高的位置，他的学说可以用下引的几句话完全概括："我们随处能观察一组合的事实的诸种元素，并能分解之，我们能够以元素的性质解释组合的性质，并能够从若干普遍的法则抽绎出一群特殊的法则，我们在这里亦取同样的作风；我们开始是一步复一步分析下去，直至知识之最后的元素，继则一级复一级上升，直至最为简单的知识，又从最简单的知识，直至最为复杂的知识。在这张扶梯上，每一梯级的特性由于在下各个梯级所显的性质而互相联络。"②我们直接见到病理学如何把现象单纯化，神经生理学如何使我们深入意识事实的详细条件，这

————————

① 参见《历史与批评论略》，一二页。
② 参见《睿智之研究》第七版，四二九页。

样才能允许我们的分析推进愈远，俾所观察的意识不再保存在非常复杂的现象之下。

所以，在正常状态下，我们觉得意象（image）是内心的；这种内心性（interiority）似使意象成为感觉中一不可简约的事实，而其实则应属于一反对的简约（antagonistic reducer），常禁阻意象外表化（exteriorized），这种简约，就是感觉的全体；意象的对象之存在是与感觉不相合的；但是如果"反对的简约"弱了，幻觉遂因之而产生；分离的意象，其外表性亦不下于分离的感觉；而且意象并不是一另外的性质。

因为泰纳的各种研究，尤其是因为他把心理的现象分解为简单的元素的研究，英国的心理学被输入学术界而成为主潮，这在很大程度上归功于穆勒和培因（Bain）；但泰纳的心理学由于他的解释而与众相殊异了。一切精神的事情（mental event），最后俱可分解为极小而完全相似的感觉，因为它们安排的殊异，自应产生一切不同的精神现象：在这里，仍可见到部分应当产生全体之原理。

这种抽象的元素和创造的力量的相同一（identity）是泰纳的形而上学之基础，在下面引的名句是表明之而无遗的："在万有最高的总体里，在光耀九天和高不可接的以太里，永久的定理宣布出来了，这个创造的公理发出洪大的声音，响彻云霄，声震四野，余音不绝，表明它组成无边的宇宙。一切形式，一切变化，一切运动都是它的动作之一。它存在于森罗万象之中，但它不为任何事物所限制。物质与思想，行星与人类，太阳系的排列与一个昆虫的跳跃，生与死，苦与乐，在宇宙万有中，没有一处不表现有它存在，并且没有一处不表现它完全存在。它充塞于时间与空间，终于超出时间与空间……玄同永存，不变，全能，创造，没有名词能穷尽它；当它显露出它那种卓绝的和爽快的面目时，它并不是人类的精神，因为人类精神对它顶礼膜拜之不暇，安足以屈辱它的面目；但同时人类精神重振之际，则享受它思及无限（infinity）之同情，并参与它的伟大无疆。"①在这里，想象的丰富刚好隐藏概念的贫乏，如同在他的文学批评中，莎士比亚或卡莱尔的活泼的肖像内，隐藏着他以环境与种族解释文学作品的贫乏与抽象。

VII 戈宾诺（Arthur de Gobineau）

一八五六年十一月二十九日，戈宾诺写信给托克维尔（Tocqueville）说："如果我说我是天主教徒，那正因为我是天主教徒……无疑，我是黑格尔派哲学家，是无神论者。我从不怕趋于极端，我由最后那扇门走出那些空洞无物的理论，以求进入有价值和很踏实的学说。"②一八五三年至一八五五年，戈宾诺继续刊布他的《人种不平等论》（*Essay on the Inequality of the Races*）共四卷。他企图把北欧的和日耳曼的种族之优越性建立在一个物理的和实在论的基础上，这种理想，黑格尔主义曾把它建立在唯心论的辩证法上：种族自身原具有一种人种的、精神的和身体的优

---

① 参见《十九世纪法国的哲学家》（*Les Philosophes français du XIXe siècle*），一八五六年刊行，三七一页。

② 参见《与托克维尔书》（*Correspondence with Tocqueville*），一九〇八年刊行。

越性；力求人类彼此平等的文化，相信人类精神很同一的人道主义，都是一种堕落，因为这种文化和主义使种族的混合顺利发展，徒有利于劣等种族。由他在东方直接所得的经验，竟使他相信同一的人类文明实不可能："自从最近三十年以来，在我们的国度里，常常听到人们说，使世界上其他民族进入文明之境，把欧洲文明输进这个民族或那个民族。我曾仔细观察过，一直到现在为止，我确未看见过有一次获得结果的，不论是在现代或者是在古代……当一地的人口数量较少时，无疑，我们使之文明，但实在是使之消灭，或与之混合而已。"①他认为种族的混合是高等人种的大破坏；从亚历山大（Alexander）起，西方人与东方人的混合是希腊—罗马文化消灭的真正原因。

戈宾诺曾叹息他不为其国人所知，在一八五六年曾大书："难道我必须等待我的理论由英国译本或德国的译本重新输入法兰西吗？"实在呢，还是在德国，尤其在尼采之后，人们才发现他的名声和成就。

VIII 海克尔

海克尔生于一八三四年，一九一九年去世。一八六五年他为耶拿大学（University of Jena）的动物学教授，一八九九年发表他的《宇宙之谜》（*The Riddle of the Universe*），在这部书里，人们若

---

① 参见《在亚洲三年》（*Three Years in Asia*），一八五九年刊行，四七三页。

考察海克尔所给的世界意象，则将重新发现爱奥尼亚（Ionia）哲学等最老的哲学流派：一无穷无际的空间，一无始无终的时间，到处有一普遍的和不断的运动之活的物质（matter animated），它按期恢复那种重复的进化；所谓进化者，物质之一种凝结而已，在每一点上，物质的凝结均产生无数极小而不变的中心；由于互相冲突，这些物体毁坏了，由于物体的毁坏，产生了无限量的热；这种无限量的热则为新的形成活力（vital forces），这就是由热力学（thermodynamics）借来的一些形态，亦可想象为苏格拉底以前（pre-Socratics）的哲学的残篇断简。这种致密的一元论（pyknotic monism）似不知道公元前六世纪哲学家已经提出的各项问题，若按其实，这种一元论（monism）乃攻击精神与物质并立的那种二元论（dualism）的武器，因为这种二元论的信徒很反对达尔文演化论的无限扩张；在达尔文的《物种起源》（*Origin of Species*，一八五九年刊行）之后，海克尔曾著《普通形态学》（*General Morphology*，一八六六年刊行），而在达尔文的《人类起源》（*The Descent of Man*，一八七一年刊行）之前，他已发表《自然创世史》（*History of Creation*），时在一八六八年，他在这部书中应用演化论以说明人类的起源，一八七四年所发表的《人类学》（*Evolution of Man*）亦取同样的见解。《宇宙之谜》一书中所主张的一元论对于宇宙的普遍的解释，必然要使上帝、自由、不朽等观念归于无用，因为上帝、自由、不朽的信念乃新的学说之根本的障碍；所谓人，乃仅仅一物质与能量的凝集而已。

其次，海克尔的一元论在《生命之卓绝》（*The Miracle of Life*，一九〇四年刊行）一书中发展开来，无意中他竟同爱奥尼亚派

（Ionians）的一元论者一样，成为精灵论者（animistic）；万物均有生命，甚至最粗朴的物质亦然，唯程度各有不同；上帝与世界乃同一的东西。宗教即真善美的知识，即对真善美的崇敬，换言之，即一些自然的法则；社会性乃人类本性的生活条件，《圣经》中"你应爱邻如己"的道德规律即从社会性引出。一元论最后的尝试，即拟将人类之社会的与宗教的生活建筑在单纯的自然法则的知识上。尽管德意志一元论协会（Deutsche Monistenbund）于一九〇六年在慕尼黑组织起来，一九一二年曾有国际一元论会议之加持，但这种运动使用科学的结果也不免太独断、太幻想了；我们看见这种运动消融于自由思想的急进主义之普通趋势中了。

IX 实证主义在德国

德国思想家的趋向虽极相殊异，然亦有其一致之点[1]，此即宣布自一八八〇年以来，德国哲学的探究是无效的证券，如拉斯（Ernst Laas，1837—1885）的庸常的实证主义，或正统的康德主义转向于形而上学的批评。照拉斯的主张，哲学思想的历史全为两种学说之冲突所支配，拉斯谓其一为柏拉图主义（Platonism），另一种为实证主义。[2] 所谓柏拉图主义，就是实在化的概念（realized concepts）、天赋诸观念、精神论（spiritualism）、目的因；这种哲学的体系，它应用演绎法如唯一的方法，它归并一切知识和一

---

① 参见德鲁（Arthur Drews）《现在的哲学》（*Philosophie der Gegenwart*），七〇页。
② 参见《观念论与实证论》（*Idealism and Positivism*），一八七九年刊行。

切行为于绝对的原理，它为绝对的原理找出一超感觉的和非物质的来源，它承认一与自然的机械结构相异的自发性，它指导生命趋向于超人世的永生；举凡柏拉图、亚里士多德、笛卡儿、莱布尼茨、康德、谢林（Schelling）、黑格尔都可包括在这种哲学体系之内，然而这是谬误的和幻想的学说。至于实证主义，则为承认主观与客观有交互关系的学说，客观之存在唯有凭借意识的内容，而主观则为客观的布景；它肯定概念作用之客观的永常变异性；最后，据他的看法，科学是与感觉同一的。在这里，我们几乎是置身于柏拉图的《泰阿泰德篇》（*Theaetetus*）中，又可以认出普罗塔哥拉（Protagoras）那三种主张，实在说，拉斯比孔德更接近普罗塔哥拉。所以拉斯的态度与尼采在《权力意志》（*The Will to Power*）一书中所表示的态度不远，他采用庸众所信有一自存的世界之信念，把普遍的机械观之科学的意象输入柏拉图主义中；我们得到这样的世界，即从所有非社会经验部分之实在（reality）淘汰去感情、忆念、意志的动作，剩下来的就是这科学的世界——虚拟的假定。

拉斯的道德学以社会的利益规定道德的价值，这样就免去全部柏拉图主义；这种社会道德学信从者颇多，如特奥巴尔德·齐格勒（Theobald Ziegler）在一八八六年发表的《道德学史》（*History of Ethics*），约德尔（F. Jodl）在一九〇六年至一九一二年刊行的《作为一门哲学科学的道德学的历史》（*History of Ethics as a Philosophical Science*）。约德尔亦如孔德保存宗教的仪范，以说明道德的价值："我们的理想，以及我们实现理想的信仰……信仰并不标示与超自然势力相联系，但标明在历史的过程中，人类成为上帝。"

　　杜林（Dühring）于一八六九年写了一部《哲学的批评史》（*Critical History of Philosophy*），旨在把读者从哲学本身中解放出来；他只承认孔德与费尔巴哈是十九世纪真正的思想家。他认为哲学乃精神的一种改造，有如尼采的哲学，偏于反对叔本华的厌世主义（pessimism），反对使人成为奴隶的基督教，以及反对犹太教（Judaism）。然而杜林的宇宙观并不是唯物的机械论，他随处看到一个起始，一些限度，一些终局：生命的（vital）是不同于机械的；生命有个起始，数的法则禁止我们承认无穷大，也禁止我们承认无穷小；在这种有限论（theory of a finite world）中，无上帝，无创造，无自由，但有一反对（opposition），不仅反对一切有神论（theism），并反对一切连绵的进化论。

X 阿芬那留斯（Richard Avenarius）与马赫（Ernst Mach）

　　在十九世纪中期以后，我们看到一个阔别已久的现象，那就是一些物理学家、一些生物学家专心于哲学的研究，且由于他们科学的倾向，他们致力于哲学问题之重新提出和重新解决，他们的观念紧附着物理学的观念，这种观念是孔德向物理学家傅立叶（Fourier）借来的，而我们叫他为法规主义（legalism）者。物理学家迈尔（Mayer）的观念也是如此，他发现能量守恒定律（law of the conservation of energy），他认为当物理学者把一种现象完全描写出来时，物理学者的任务就完成了[①]。朗肯（Rankine）在一八五五年刊行的《能量学概述》（*Outlines of the Science of Energetics*）亦取同样的见解，他把描述性的物理学和解释性的物理学相对立，唯描述性的物理学为真正的科学；大体上看，只描述变化之普遍进行的热力学是有利于这种看法的发展的。

苏黎世（Zurich）大学教授阿芬那留斯在他的《纯粹经验的批判》（*Critique of Pure Experience*，一八八八年至一八九〇年刊行）中，将这派物理学家的概念用到哲学的理论上去；他的经验批判论（empiriocriticism）是为保存（adhere to）事实而努力，但他所指的经验全非柏格森（Henri Bergson）所指的直接经验，却是一主体观的意识事实之普遍的动态。当我们以生物学者的态度估量这主观的机体与其环境的关系时，我们将主观的显示（enunciations）名之为（E），中枢神经系统的变化（central nervous system）名之为（C）；生物学家知道这些变化是为某一环境所制约的，这环境或关于营养的来源（source of nourishment），则名之为（S），抑或关于指令和刺激的物质（raw material），则名之为（R）。我们现在知道 E 之各种价值系依据 C 之变化，而且这些变化有时是 R 的作用，以 R[f（R）] 表之；有时是 S 的作用，以 S[f（S）] 表之。生物学指示我们 f（R）与 f（S）是一些相反的进程（contrary processes），换言之，即为刺激所接收者由营养相补偿；每次刺激作用与营养作用 [f（R）与 f（S）] 不相等时，故有毁坏的趋势；反之，每次刺激作用与营养作用处于平衡，故有保有的趋势。绝好的条件，

---

① 参见《热力学当量的观察》（*Observations on the Mechanical Equivalent of Heat*），一八五〇年刊行。

或两者全相平等，是从不会有的，此则由于环境所起变化之故；所有接近保有的变动之连续，即保证生命的连续。

在环境诸因素之中，换言之，即在物质的刺激诸因素之中，有的是常然的（constant）和再来的，有的是偶然的和不再来的：大脑愈加发展，则愈易为常然的因素所激动，愈不易为偶然的因素所激动。由此可知 E 的价值几乎全依靠常然的因素而完成。故主观的意识乃产生一永续呈现的环境，以代替川流不息的印象，天地间物质的环境及人类间社会的环境即由是而来：我们的意识久经某些刺激，积之成习，乃生安宁的感情，所谓习惯成自然者。由是，宇宙对于我们不成为一问题，因所谓宇宙之谜，即不惯（non-familiarity）的情感所产生。那么，认识的倾向即消灭这不惯的情感。故它总倾向于同质，倾向于"一异质的最低限度"。

由是，阿芬那留斯认为，批评论所不能解决的问题为之消灭了；这些问题的全部依据在叔本华的公式——万物为我的表象；这里的问题，即要知道我们怎样达到一非我的实体。这公式本身则是由一种动作所产生的，这一动作阿芬那留斯把它叫作投入作用（introjection）——人开始即将自身所生的事物的感觉与知觉输入他的同类中；在这刹那起，经验的事物即与我们同类所具有事物的知觉相分离——因此而有实际的世界，及此世界的一反射，一由事物所构成的外在的世界，及一由知觉所构成的内在的世界；继则，人依照他自己的意思构成知觉，于是与现象所藏的实相相分离，一种认识上的主观主义（subjectivism）则由此而产生，各种认识论力求超越这种主观主义，均徒劳而无功。批评的经验批判论置身于"投入作用"之前，且指出"我"与"物"均以经验的资格互相抱一。E 之价值〔即追随着环境的刺激（R 和 S）与大脑所起的反应之主观的显现〕恰好是事物，亦恰好是思想，谓之事物者，则当其依倚有机体周围的条件，谓之思想者，则当其在相反情形之下。[1]

经验批判论最大的努力则在避免批评的问题。马赫一八六七年任维也纳大学物理学教授，继则任哲学教授（一八七五年）。他的著作，如一八八三年发表的《力学科学》（*The Science of Mechanics*），一九〇〇年发表的《对感觉分析的贡献》（*Contributions to the Analysis of the Sensations*），与一九〇五年发表的《空间与几何》（*Space and Geometry*）均倾向于同一结论，虽然他依据生物学的论证较少，依据物理学的方法则较多。其根本的观点，则在物理学须免除因果的概念，而代之以数学上函数的概念，此一现象变，则他一现象亦随之而变，互相涵盖。还有一些概念，亦同因果的概念一样是无用的，例如物自身的概念（the concept of a thing in itself）、自我的概念、实体的概念：所谓自我，不过身体记忆情绪相联的一复杂的事实而已；所谓实体，可以感觉性质相对固定的一总集代替之。因此，我们可以用感觉和连接它们的功能来完整地描述经验世界；物理与心理之间并无不可逾越之鸿沟——一种颜色，当我们从与别的物理现象相联结时去考察，那就是一物理的实在；当我们从它与眼膜相关联时去考察，

---

[1] 参见德拉克洛瓦（H. Delacroix）《阿芬那留斯，经验批评纲要》（"Avenarius, Esquisse de l'empiriocriticisme"），刊载于《形而上学与伦理学杂志》（*Revue de métaphysique et de morale*），一八九七年刊行。

那就是一心理的实在。

在科学里，这种描写现象的规律是与一源于生物学的法则相联系的，那就是经济的法则：科学的法则为我们储蓄着无限的经验，以便应用，就像经济上的资本乃一种工具、一种储蓄的劳力，供我们自由使用——比如折光率与折光定律，只需我们对投射角已经知道，我们就可应用它去计算折光角，而毋须我们直接去测量，那是经济得多了。数学本身亦仅为节省计算的方法的总和。

科学即思想的经济，这个概念与热力学上的法规主义相联；所以我们在化学家奥斯特瓦尔德（Wilhelm Ostwald）《自然哲学讲义》（*Lectures on Natural Philosophy*，一九〇二年刊行）中亦可发现这种概念，那是不足惊奇的；这位唯能论者（energeticist）看见服从热力学法则的能力样态（modes of energy）在物质中、在灵魂中，甚至在文化中，如同其在热与光之中，故他认为科学的法则如同预见的方法，俾我们避免重行经验之劳，而哲学本身唯一的目的，则在于使思辨的工作更加容易。

柏林大学精神病学（psychiatry）教授齐恩（Theodor Ziehen），一九一二年发表《认识论》（*Theory of Knowledge*），一九二〇年发表《论理学教科书》（*Textbook in Logic*），他同阿芬那留斯的态度一样，力求实在的描写，主张应取消心与物之二元性。他把感觉（sensations）与表象（representations）划分开来，但他又把感觉区分为两种成分（components）：一为可还原的感觉（reducible sensation），它服从自然的法则，且形成我们通常所称为对象的东西——物理学家所研究的空间与地点之限定作用，则其例也；二为常识的感觉，换言之，即独立于第一种感觉之外，而自行变化的组合，例如距离或知觉的改变所引发的即应属于这种变化——这就是心理学的主题。齐恩在表象中亦发现同样的组合作用；例如我们所唤起的客观的事情，突入忆念（memory）之中，如同组合物。我们很难把这种实在的消极的认可推得很远，这种实在只可描写和命名，力戒输入其他问题。

在这种思想方式之下，实在论与观念论（idealism）间显出这样重大的殊异，然而这殊异终于消灭了，舒佩（Schuppe）的观念论和阿芬那留斯的实在论几乎一致，则其证也。一八七八年舒佩发表他的《认识论的逻辑》（*Epistemological Logic*），一八九四年发表他的《认识论与逻辑纲要》（*Outline of Epistemology and Logic*）。无疑，舒佩认为"我"或意识，乃意识状态之一复合物，而又不可再简约者，他承认所有实在物乃一意识的内容，那些不存于意识内的事物，唯有某些条件之下被知觉了，方能存在。在他看来，唯有这种意识才是事物出现的舞台，因为他完全不承认灵魂这样的作用或活动；如果他的内在主义（immanentism）不踏上意识的个人性所增加的困难，他的趋向将与马赫或阿芬那留斯的趋向相同，因为意识的个人性将引导他走上唯我论（solipsism）。舒佩之能免去唯我论者，仅由于他承认一抽象的"我"的假设，这种抽象的"我"是一切个体所通有者；时间与空间成为客观的与普遍的，因为"时""空"依存于普遍的"我"，而独立于特殊的"我"之外。"我"所显的作用既如是超越，以致舒佩的学说，到舒伯特－索尔登（Schubert-Soldern）的手里，遂成为一认识论上的唯

我论 [1]，它完全否认了"我"，只承认意识状态之奔流。

XI 冯特（Wilhelm Wundt）

在一八七四年至一八九〇年间，冯特刊行多种著作，无疑标明德国哲学界专门的哲学研究走入低潮。他生于一八三二年，去世于一九二〇年，一八七五年任莱比锡（Leipzig）大学教授。他从物理学出发，由实验的心理学走上哲学；他的思想的演变与其说是发展的，毋宁说是增加的；他的著作的特色在于他的渊博胜过他的深刻；他是第一个创建心理实验室的人；他的《生理的心理学》（*Principles of Physiological Psychology*）一八七四年发表，一九〇八年至一九一一年第六版；这部书所包含的特殊之点则依据他的老师亥姆霍兹（Helmholtz）的方法，作刺激之时间的反应研究；我们反应一外来的刺激之时间是随我们的心理状态而异的，即由注意、分心（distraction）、情绪等而异；当冯特计量它时，就想到赋这些心理状态以一定的特性。这种方法包含心理物理平行论（Psychophysical parallelism），这至少是为工作方便而立的假设，因为人所计量的仅为一神经的进程所经的时间（duration），而现在假定这一部分时间（进入大脑中枢的时间）与一心理现象所经的时间相符合。

他的《论理学》（*Logic*），一八八〇年至一八八三年刊布，

---

[1] 参见舒伯特-索尔登《人类幸福与社会问题》（*Human Happiness and the Social Question*），一八九六年刊行。

一九一九年至一九二一年第四版，是他的心理学真正的推广；论理学建在被动的联想作用（passive association）与能动的统觉（active apperception）间的区分上，所谓联想作用，则指表象作用的惰性，所谓能动的统觉，则指个人的表象与新的表象相同化的关系；我们知道冯特所指的统觉乃一心的动能（psychic act sui generis），伴着紧张的情感，且产生于我们的表象中一巨大的区别。逻辑思想之开始，即在统觉产生综合之际；心理学的综合所具这种特殊的姿态，即其元素的增加常多于其所包含者。所以逻辑的概念，并不如通常人所相信，乃一类表象之共同的外延，而是某一最有力的表象之能动的统觉所完成的综合，统括着一群附属的表象。由此观之，冯特的研究趋重逻辑的心理生活，过于逻辑本身的关系。说到这里，冯特的著作最奇特之点，就是他以移动的理论（英文，theory of displacement；德文，Verschiebung）说明亚里士多德的逻辑之心理起源——事实上，有许多判断，其中的谓词属于主词的不同的范畴，譬如它或指一状态，或指一性质（动词与形容词）；然而亚里士多德仅认识物象的概念（concepts of objects）及包容（subsumption）的关系；逻辑思想的特征，就在继续增加物象的概念，这样一直到终局为止；思想从极少数由感觉的直观所供给物象的概念开始，改变所有概念成为物象的概念，如同在语言中所见的，名词起始是一形容词，形容词原来是动词的表达——这样一来，所有的概念成为彼此可互相比较的，而形式逻辑亦因之而构成。

他的《道德学》（*Ethics*），一八八六年付印，一九一二年第四版，是一种据事实而成的道德学；它大部分内容在于现代道德的动机之分析，以及道德动机所依据的立场之研究；据冯特说，我们判断某一行动是好的，或者是坏的，即依据这一行动是援助精神力之自由发展，或妨害精神力之自由发展；这就是人类社会的最后目的。

他的《哲学的体系》（*System of Philosophy*），一八八九年印行，一九一九年第四版，认为哲学的任务，则在"将我们统观所得宇宙与人生各部门知识贯穿起来，以满足理性的要求与精神的需要"。他对哲学所下的定义："哲学是普遍的科学，应将各特殊科学所得的知识组成一紧密的体系，且应将科学中所用普遍的假定归结到它们的原理。"宇宙各部之密结性，理性原理要求总体的确实性，经验仅仅发现其一部分，那么，赋予哲学的唯一任务就在这里，即纯粹形式的研究。为求给这种形式一些内容，冯特还是用心理学：直接赋予我们之唯一的动作（activity）就是我们的意欲（will）；如果我们因一外物的印象而苦痛，我们仅能以意欲表达这外物，而意欲间彼此互相影响的动作即为全部之进化；一意欲对另一意欲所施之动作常振起后者一个动作，这就是表象。冯特似与莱布尼茨相同，认为意欲与表象就是"存在"之属性；但在冯特看来，这些属性构成一切实体（substance）；冯特的心理学，以及从他的心理学引申出来的形而上学，实在都是唯动作的（actualistic）——在灵魂中所有的实在无他，仅动作（即意欲）的进展（actual processes）而已。如此，它是和单子论（monadology）敌对的；在冯特的形而上学中，若干意欲的统一能够互相联结为一意欲的系统，以构成一最广阔的统一。由综合而生实在的理论使冯特完全与宇宙流出论的（emanationist）意象相反；创造的综合的观念（creative resultants）或是冯特的形而上学之最可贵的部分。

但是形而上学之于冯特乃一暂时休憩，他专心于心理学之另一范围——《民族心理学》（The Psychology of Nations），一九〇四年成两卷，一九一一年至一九二〇年第三版，共有十卷之多。民族心理学专从集体心理的现象之庞大的和永恒的心理部门，去研究语言、艺术、神话与宗教、社会、法律、文化等；众所周知，这是所有人文科学之综合，十九世纪已见其发展。他的语言研究就是语言进化的研究，从原初的摹拟语（mimicry）一直到它最后于抽象观念中的使用。神话从初民意识所特具的统觉而来，这就是万物有灵的统觉（the apperception that animates things）。艺术在他看来，不是美的创造，也不是美的愉快，也不是默想的结构；它是生命在其全体中的表现，详言之，则生命以他的庄严、他的快乐、他的卓越和他的卑鄙、他的散漫和他的和谐，表现于全体；伟大的人格凭直观把握住生命，产生了艺术的作品。

参考书目

I

F. LE DANTEC, *Lamarckiens et Darwiniens*, 1899.

G. J. ROMANES, *The scientific evidences of organic evolution*, 1882.

F. POLLOCK, *Evolution and Ethics*, Mind, I, 1876.

V

BRUNSCHVICG, *La philosophie de Renan*, Revue de Métaphysique et de Morale, I, 1893.

R. BERTHELOT, *Ernest Renan*, dans : *Évolutionnisme et platonisme*, p. 259-270, 1908 ; *La pensée philosophique de Renan*, Revue de Métaphysique et de Morale, XXXI, 1923.

P. LASSERRE, *La jeunesse d'E. Renan*, 2 vol., 1925.

J. POMMIER, *La pensée religieuse de Renan*, 1925 ; *Renan et Strasbourg*, 1926.

VI

V. GIRAUD, *Essai sur Taine, son œuvre et son influence*, 2ᵉ éd., 1903; *Bibliographie critique de Taine*, 1904 ; *Hippolyte Taine*, Études et documents, 1928.

H. TAINE, *Sa vie et sa correspondance*, 4 vol., 1904-1907.

A. CHEVRILLON, *Taine, Formation de sa pensée*, 1932.

D. D. ROSCA, *L'influence de Hegel sur Taine*, 1928.

X

W. NEF, *Die Philosophie W. Wundts*, 1923.

第04章
宗教哲学

十九世纪上半叶，宗教哲学要么迷失于施莱尔马赫（Schleiermacher）之暧昧的信仰心，要么倾向于教条对实在之同化或历史哲学之总体的解释。我们在前面曾经叙述到的忠诚派（fideist）的运动，显出一个大改变：宗教的思想变成最独断的，同时又是最内心的；教条的认可伴有对保持着宗教精神的内心信仰的反省——所以，实证的精神主宰着一切。

I 纽曼（John Henry Newman）与英国的宗教思潮

边沁主义，以及它的纯理智的权威，它们的精神与那时威权的、枯燥无味的、没有感情的宗教不十分相远。十九世纪中叶，皮由兹（Pusey）是这种宗教的典型人物。同时，功利主义衰落了，宗教的形式主义又受到纽曼（1801—1890）所领导的牛津（Oxford）运动最严厉的抨击：纽曼的学说是一种基督教的辩护，尤其是对罗马天主教会的辩护。自他皈依天主教后，他成为罗马天主教会的红衣主教。这种辩护的要点乃一反唯理主义（irrationalism），且有各种各式的表现，如柯勒律治，如卡莱尔，至少在某一情态之下，法国的雷诺维叶的思想也是如此的。他的出发点则认为由纯粹逻辑的推理，产生实在的同意（real assent）实不可能。他主张同意乃一承认的状态，不为任何疑念所动摇，而达到一具体的和个人的实在（reality）——这样的状态，它帮助我们生活，它使我们激动，且使我们动作，它趋赴于美，趋赴于英雄主义，也趋赴于真。理智的推理所达到的概率性多少是有点大的，而同意之明白清楚并无斯多葛派（Stoics）所说那种理解的表象；理智的推理既然有一定的条件，且能相移转，而同意乃一无条件的和全人格的动作，全部自我皆引入其中。纽曼模仿帕斯卡（Pascal）把数学家和敏锐精神相对立，把论理学者和以生活的总经验为前提之真的推想者（reasoner）相对立。

　　上述那种同意实现于宗教的信仰之中，产生同意之宗教的信仰唯有天主教的信仰，这就是纽曼著作中之护教论的主要部分："所谓信仰，就是接受一种真的学说，因为上帝说这学说是真的。"信仰是行动的原理，而行动则无暇作琐细的研究。理性既然建在明白清楚之上，信仰则为假设所影响。服从与皈依的幸福，由反抗而来的原罪，紧附着传统风俗习惯的确信力，这都是我们的义务所应接受、所应忍耐的。必由神方能得救的直接情感，以及具有同意的感触，唯在天主教的信仰之中，方有其力量。①

　　在沃德（W. G. Ward）《基督教会的观念》（*Ideal of a Christian*

---

　①参见《同意的规范》（*A Grammar of Assent*），一八七〇年刊行。

Church，一八四四年刊行）一书中亦发现同样的精神，不过他是用来反对新教（Protestantism）之顽钝、无精神、无动力及平凡的。莫里斯（F. D. Maurice）著《神学试论》（*Theological Essays*，一八五三年刊行）及《社会道德学读本》（*Lectures of Social Morality*，一八七〇年刊行），他将宗教视作一种生活，而非知识；这一点使得他既反对神学上烦琐学派的辩论，又反对《圣经》版本批评的研究，因为《圣经》是为祈祷而作，非为定义而作。在这个时候，德国和法国对于《圣经》和福音书的批评风起云涌，盛极一时，而在英国，宗教观念的发展对于这种批评不感兴趣；唯在一八六〇年，英国人发表一本《证论与批评》（*Essays and Reviews*），还是乔伊特（Benjamin Jowett）、鲍威尔（Baden Powell）及帕蒂森（Mark Pattison）三人所共著，仅把德、法二国学者批评研究的结果介绍一番而已。就是宗教的这种新需要引导西利（Seeley）在《试观此人》（*Ecce Homo*，一八六五年刊行）一书中说，达到一纯粹福音主义，要抛弃所有间接的传说，以求直达于耶稣的人格。

诗人阿诺德（Matthew Arnold）于一八七五年著《上帝与〈圣经〉》（*God and the Bible*），他用极大的努力和创见，从历史上的基督教解放出这种宗教的概念：宗教应当是第一手的材料，应当是一确信的经验；而基督教的信仰，一部分由《启示录》（*Apocalypse*）之物质世界的想象所构成，一部分由主知的形而上学推理所构成，二者可概括而无余。宗教的直接经验，就是正义（justice），正义是我们存在的法则，同时又是宇宙的法则，这种经验是正确无讹的；然而斯多葛派那种公式不足以成为道德

（morality）；斯多葛派只见人追求幸福是合理的；但耶稣与圣保罗在这里加上了神的使命。

II 勒鲁（Pierre Leroux）

勒鲁（1797—1871）很严厉地批评折中派（ecclesiastical）的哲学："这是死的和愚笨的哲学，是无理想、违背传统习惯的人的哲学。他们是一些饱学人士，但他们只研究哲学的材料。他们自称是哲学家，他们相信自己是哲学家，他们称自己为折中派；折中主义是拿破仑巴黎高等师范学校（École normale supérieure）的产物，在那里只养成一批辩论家和一批修辞学者；他们对于十八世纪，除了孔狄亚克和李德（Reid）之外，就完全不知道了。"如同莱米尼耶（Lerminier）在《寄给柏林人的哲学通信》（*Philosophical Letters Addressed to a Berliner*）上所说："他们（折中主义者）的特征就是不能从哲学本身发现哲学的实在，感觉哲学的实在；故他们必须翻译哲学，发现哲学，综合哲学；然后他们才懂得哲学，借用哲学，陈述哲学。"[1]勒鲁非难折中主义者，非难其学理与其方法者少，非难其思辨的态度者多；这种哲学成为一种逃避社会生活的特殊的知识，他们教授巴黎高师的学生以心理学，如同教授巴黎综合理工大学（École polytechnique）的学生以各种计算一样；这种态度反映在茹弗鲁瓦（Jouffroy）的理论中，茹氏把生活所统

---

① 参见勒鲁《折中主义的辩论》（*Réfutation de l'éclectisme*），一八三九年刊行，五一页及七一页至七二页。

一的东西分开来，从宇宙分出上帝，从自然分出人类，从人类分出各个人，从社会分开个体，最后，在个人中，又从感情分出观念。

勒鲁力反其道，认为哲学应追随人类的潮流，且应表现各时代的人生趋向："哲学乃人生的科学……它应给人生一些定义和一些说明，这些定义与说明又使每一时代的艺术与真实的启示、政治与真实的启示、科学与真实的启示、工业与真实的启示相一致。"哲学从不具有几何学所有的那种确定性，因为几何学是建在抽象之上的。哲学依人类的进步而焕发青春，"因为存于人类间的其他能力与思想一样，是创造的和丰富的"；纯粹的思想不会独立地存在于天国；纯粹的思想与实际接触而形成，至于其形式（form），亦由不间断的运动与反动而形成，"但一切进步，不论它是外在的自然界的知识，抑或是人类集体生活的组织，均需要（necessitate）形而上学的进步"；如果肯定一进步的宗教，那么，哲学和宗教并非彻底地不同；唯一使之不同者在哲学思想的根源——有时是集体的，当它为人类所采用时，"可以说它是传授予个人"，有时是个人的，当个人希望一系统化之时；也许在未来，它将降生于人类之中——所以勒鲁保留了弥赛亚（Messiahs）和集体评价的位置。

我们很容易看出这些观念的来源——既是圣西门（Saint-Simon）的，同时也是黑格尔的；然而勒鲁并不承认圣西门那种时代的区分，谓其一是批评的或否定的时代，另一是组织的时代；因为任何否定都趋向一肯定，且坚强有力地视它为必要；人类永远建设，从不破坏。但是十七世纪和十八世纪的哲学聚焦于认识的起源的问题，聚焦于认识批评的问题，究竟做的是什么呢？勒鲁对这点有一特别的理论：这种迷误的发展是从基督教所取的形式而来，这种形式是天经地义，且以严厉刑罚镇压一切讨论，宗教所认定的道理绝不许成为问题任人探讨；结果是哲学离开宗教，集中精力于心理学的问题。

要想好好说明这一时代的精神，则在打破那些强迫我们的精神专究于认识的起源与价值的羁轭，于是而得到解放的快乐，方足以说明之。勒鲁的哲学，既斥责这些不变者和固执者，又大体上肯定实相（reality）各部相互的内在性。如果你把灵魂界限在理智中？那么，你就拥有柏拉图主义和偕之而来的科学专制主义（despotism of science）。如果你把灵魂界限在感觉和激情中？那么，这就是霍布斯（Hobbes）的体系，他主张只能用国家的专制来约束粗暴的激情。如果你把灵魂限定在感情，如同卢梭（Rousseau）一样呢？你看，这里就是一种社会契约（social contract）的必然，消灭了个人。所谓真理者，就是实相的所有片段（fragment）被其与全体的关系说明与证明；一切存在物（all living beings）之互相连带性（mutual solidarity）在勒鲁看来，与其说是由文字所引起的纯外表的关系，毋宁说是一共同体（communion）。

社会的组织，如财产（property）、祖国、家庭，可视为媒介物（intermediaries），一个人用这些媒介物与他所属的大全（Whole）相沟通，照这样做，社会的组织才公正合理；譬如财产，若视为工作的工具，则由于财产，一个人与自然相连合；由于祖国，一个人被引入比祖国更广大更深远的历史的传统，这就是整个人类的历史的传统；由于家庭，一个人才有一姓氏，才有一特质，才有一人格。如果这些社会的组织失去个人与全体的媒介作用，那么这些媒介物意欲为其自身和为各个人而存在，必流于自利主义，因此，财产变成威胁工作的资本，家庭成为维持门第的特权，国家成为战争与统治的工具。勒鲁的全部活动则企图改正这些过度的妄用，并将这些社会的组织放在全人类的生命之中；他的社会主义乃使财产用于全体人民；后来他被选为法国国民大会的代表，一八四八年六月十五日在大会所作的演讲中，要求阿尔及利亚成为试验社会主义的地方，他说："让老百姓去试试，因为老百姓有这样的权利……否则，你们将勉强把一群蜂关在蜂箱里，那么，蜜蜂间怎样相摩擦的，在人类的社会中亦将怎样摩擦了：战争！不可和解的战争……怎样压制住这些意欲出来的呢？怎样压制住上帝法则让它们出来的呢？"所以，依据人类的精神改造这些社会的组织，人们将由此而创造出解放的方法。

个人由此而联系于全人类；但这种联系（link）何在呢？这种联系不在"仁"（charity），不在"爱"（love）（因为爱确实趋向于一个和人分开的上帝胜过趋赴人的本身），而在于连带性（solidarity）或休戚相关性，休戚相关性使个人感觉着如果没有人类，个人是空无所有的；感觉着人类使个人生存并使个人有所联系。勒鲁的性格和孔德大不相同，但在这点，他所表白的观念是和孔德的观念相接近的："受过教育的骄傲者相信由自己知道，由自己感到。好蠢的东西！要知道，你有知识，有感情，是由人类而有，是为人类而有呵。"人类自行延续于我们各个人之中，而我们又将延续于后来的人类之中。老实说，人类的延续和个人生命的延续并非大不相同；在个人中，记忆不留意细节，且仅视若永存；身体的、智慧的和道德的遗传就是人类的记忆呵。

III 雷诺（Jean Reynaud）

雷诺（1806—1863）于一八五四年发表了他的《地与天》（*Earth and Heaven*），未发表此书之前，他已做了许多预备的研究，如在《百科全书杂志》（*Revue encyclopédique*）上发表的《天体之无限》（*The Infinity of the Heavens*），及他和勒鲁在一八三八年所创的《新百科全书》（*New Encyclopedia*）——他们在其中做了很多词条，例如邦纳（Bonnet）、居维叶（Cuvier）、古生物学、地球论、孔多塞（Condorcet）、帕斯卡、圣保罗、琐罗亚斯德（Zoroaster）、起源、德鲁伊信仰（Druidism）的词条。这部《新百科全书》对狄德罗（Diderot）的《百科全书》做了更改。雷诺一八〇六年生于里昂，巴黎综合理工大学的学生，后在科西嘉（Corsica）做工程师，因改信圣西门主义（Saint-Simonianism），于一八三〇年来巴黎与安凡丹（Enfantin）会合；但一年之后，又与安凡丹分裂了，由于他非难那种取消人类的自由与人的高贵的学说，及非难那种歧视妇女命运的学说。

结果他所专心的与圣西门派所专心者离得很远，甚至与勒鲁的也离得很远了；他愈接近巴朗什（Ballanche）的天启论（illuminism）。他所欲认识的是每一灵魂个体的命运，而非全部人类的命运；复次，他不相信圣西门派或傅立叶派（Fourierists）的万灵膏药足以医治人类的百病；每一灵魂在超人世的命运中应自行改善。我们的生命自身即一从前的生命的延续，它忏悔从前的罪过；但是现在的生命是预备另一生命，在无穷的天国能够有所成就；不论是从这个地球到另一个星球，灵魂从来绝不自天上降生人间（雷诺同莱布尼茨和邦纳的见解一致，相信灵魂与肉体有不可分解的联结），灵魂经过重重磨难，百折不回，永远趋向于一个它从达不到的完善；神学意义的天堂是没有的，神学意义的地狱也是没有的，不可宽恕的永堕地狱是没有的，完成任务的无量幸福也是没有的，然而一条大路过程中灵魂永远地前进，可以投宿的旅舍是有的。

他抛弃基督教认灵魂为上帝所创造的定论，这一定论在他看来产生了革命的观念，他同神学家说："照我看，我们已经到了一个新时代了，现在，公共秩序必然以绝大的压力要求不平等的学说了……但是，如果万人平等的乌托邦风传当世，且逐渐变成很大的威胁，这显然是由于你们的信仰把它产生出来，并把它养得羽毛很丰满，你们没有看到吗？"

IV 塞克雷坦

塞克雷坦（1815—1895），洛桑（Lausanne）大学教授，他的教训就是要反对两种过激之论：第一种过激之论为唯理主义（rationalistic）的神学家，第二种过激之论为尊重权威的学说。他既反对那些自命自由说教者的乐天主义（optimism）——他们走上泛神论者（pantheists）的道路——又反对纯粹重权威的忠诚主义[1]。

---

① 参见《自由之哲学》（*Philosophie de la liberté*），一八四八年至一八四九年刊行，第二卷，四〇三页及七三页。

在这两者之间，塞克雷坦建立基督教的理性（Christian reason）论，这种态度代表一种宗教思想运动的精神状态，在瑞士，大家称这种运动为晨钟（The Awakening）。

所以，他的《自由之哲学》是一基督教之哲学的说教。他同我们说，必须区分"基督教的理性和异教的理性……从一方面看，理性不能理解基督教，除非受了基督教固有的德行之影响；从另一方面看，这种对基督教的理解是我们复兴的工作之一部分（这点是关于堕落后的人之复兴），我们不能舍弃这部分……那么，我们所有的工作，则在说明基督教之主要原理，我们审察这些原理如同它是属于历史哲学的，真正说起来，这些原理构成历史哲学之中心与实体。在事故之前，我们毫未想到自然的理性曾预言这些事实（如人之堕落与神之救赎）；但在事故之后，它却在教会中宣布了，我们想到基督教的理性应该要求了解这些事实，且想到基督教的理性能达到这目的"。

还有，这种形而上学乃基督教理论之一说明，原为道德学之引导而作成；所以它不受任何外部提出的教条的指挥，但为它自身的目的所支配；它应当宣示人类的自由，及一个为自由而用的规律之最高原则的存在。

凡主张在有限的事物中，看见一绝对自身提出的必然结果的学说，塞克雷坦皆把它包含在一个泛神论名称之下：他同雅科比（Friedrich Heinrich Jacobi）一样，认泛神论为存在统一实在的唯理的表达；他在许多神学家中发现泛神论的痕迹——凡视上帝乃一内在地必然的实有者，必以一同等地必然的动作赋予上帝。"当人从必然出发，他绝不会走到偶然。"如果人承认上帝是绝对自由，他才避去泛神论；塞克雷坦说："向着他的自由，那种自由，可放在普罗提诺的公式，自由仅为它愿意是自由的，自由乃它愿意是全是自由的，自由愿意它全自由者，即因为它愿意存在……一自然完善的存在之观念是自相矛盾的，因为这样一完善的存在较之自由地自求完善者要差一点。"[1]

那么，形而上学实在只是绝对自由之偶然动作的历史：第一次的创造，完全自由的产物，它所有的实相非他，神的意志所创造；上帝不降身于这种意志，亦不分而为二，允许人类独立者，乃是奇迹。上帝不为光荣的希望而创造，也不为任何其他本身的希望而创造，这只好归于必然的创造作用；那么，上帝非为自己而创造人类，乃为人类而创造人类，这是他爱人类；上帝视人类为目的，故他给人类自由——"上帝创造一自行产生的实有，那就是必须这样主张的"。所谓实有自行产生者，这或是在上帝中能自行成立者，如同天使，或是企图反对上帝而自行成立者，如同魔鬼；最后，企图脱离上帝而独立，乃自行成立者——这就是人类之所作为，人类之堕落即在于此。除了泛神论之外，人类堕落说，是人类现在的状态和一慈爱的上帝之存在，两者间唯一可能的解决，尤有甚者，一切人从他生下地就负有罪过，其间既然有连带性，故必须承认人类是一体，承认人类具有宿罪，此则可断言者；但确非以恶行的存在，证明人类之堕落，这是出于人类意志之所要求。上帝既然是人类的原理，故当人类意欲脱离上帝而独立，人类实愿意承认他自己的卑下；但上帝既然以他的绝对意

---

[1] 参见《自由之哲学》，第二卷，一六页。

志创造人类，故这种人类永居于卑下实不可能；由于一种复苏的力量作用，人类能从这种矛盾与苦痛的状态中跳出来——所有人类的历史就是人类在上帝的慈爱和人类的宿罪中求复苏的历史。

从人类分出各个人的个体，既是人类堕落的结果，亦是人类复苏的方法；亚当的子孙，代代繁衍，散布寰宇，若按其实，仅构成一体，而且人类的一体，在仁爱的法则里，亦有其确实的明证，所谓"民，吾同胞，物，吾与也"（视人民为同胞，视万物为同类），即表明我们实自一体而来；但是一体散为万人，足使人类趋于进步，故它是医治的方法；那么，个人化的原理乃神的恩宠，合乎人类的愿望，并和各个人的创造相一致，每个人的创造可以说代表实相之一程度，人类之一状况，所以它代表一进步的方法；这样一来，个人有一绝对的价值，而且个人是不朽的。塞氏主张自由的中心观念及救治形成（curative becoming）的观念，在这里可以见到塞克雷坦受谢林的影响很大。进步达到"完善的个人"，此即耶稣基督，在耶稣身上，复苏的力量与人类相连而为一体；个人的本性在耶稣身上与耶稣相联结而改变性质，这种改变就是救赎。耶稣之死并不是代人类赎罪，而是一模范。

塞克雷坦遇见这点，遇见个人救赎的观念与人类全体救赎的观念，两者之相对照；照他看，两者之联结造成绝对的组织的教会之恩宠，在教会中，全体为同一目的相协助，而各个人亦有其样态；个人之得救，唯有同全体及在全体中得救。

塞克雷坦表示他对形而上学有些不满，故他说过："我曾建立若干哲学的体系，但把它们毫无差别地放弃了。"实在呢，他的形而上学仅为道德学的导论，不久之后，这种道德学成为他的主要任务，且见之于行动。他认为道德乃自由之实现；用以克服自然，用以形成国家。所谓自然，则构成经济学的对象；所谓国家，则是从专制的权威所产生的，现在变成自由活动与操作之保障。然而他不主张自由的实现是在康德的方式之内的：照他看，义务的内容不能从形式推引出来；康德所有的大错误，则在把思辨与实践分开；千真万确的，"意志是理智的基质；理性，离开了意志，常常是形式的"；所以理性是必然的关系之知觉，不能树立道德的秩序，但实践的理性是意志与理智之综合；"就是这实践的理性，它在理论的范围表现为必然的相信，在实际的领域表现为行动的义务"。经验赋予个人与种族间以连带关系，引导其他人履行的义务由连带关系而来，全体所履行的义务也从连带关系而来，最后，所谓仁爱又是由连带关系而来的。①

V 勒基埃（Jules Lequier）

在这个时代，决定论（determinism）是最有势力的理论，是科学的理论，这种科学的决定论很明显地将因为达尔文、斯宾塞及泰纳的影响而确认其地位。但是勒基埃〔1814—1862，布列塔尼的隐士，雷诺维叶在巴黎综合理工大学的同学（雷诺维叶曾经出版了他的一些未完成的著作）〕说："这种讨厌的必然论的教义不能被证明，这是一个怪物，它内部包藏着绝对的怀疑，在严密的

---

① 参见迪普罗瓦（Duproix）《塞克雷坦及康德的哲学》（*Ch. Secrétan et la philosophie kantienne*），一九〇〇年刊行于巴黎，一五页及三六页。

和仔细的考验之前，决定论消失无踪了，如同灯光与阴影交织成的幽灵只能恐吓那些胆小的人，当你用手摸着它时，它就销声匿迹了。"① 决定论者是一些理论家，照他们看，只有外界是存在的：他们只在事物上去理会行动，所以人的动作好像一台机器。与他们相对，有许多精神主义者（spiritualists）主张以内心的经验去把握自由，但在行为中不觉得强制的感情没有自由的证据——经验能有的价值是，即使我发觉两次或多次相同的情景，产生情景的行动也每次各不相同，但这样的经验可说是没有的。然而人亦不能把自由建在自明②之上，因为有一些自明是幻想的。

勒基埃的著作最新鲜之处，则在他采用自由，认为自由是探求真理所不可少的一条件，"是一积极的条件，换言之，即认识之方法"③。自由只发现于内心沉思之际，即在沉思以求一最初的真理之际，这样的一种真理是本身自足的，且可避去一切悬念。勒基埃开始是用笛卡儿的方式以指导他的沉思，走上完全的怀疑，把所有的肯定一扫而空，但是他发出的声音是多么不同——"一个被迫的怀疑呵！一个反对自然的怀疑，一种想象的和凶暴的状态，一种精神的愤怒挑动了，衰歇了，一点快乐也没有"④；将近放弃这方法之时，他再采用《美诺篇》（Meno）的旧理，他说"不由科学而想到达科学，实不可能"⑤；于是，他很快地改变方向，遂把

---

① 参见迪加（Dugas）版《最初的真理之研究》（La Recherche d'une première vérité），一九二五年刊行，一三四页。
② 编者注：译者手稿中使用"不言而喻（じめい）"翻译此词。
③ 参见迪加版《最初的真理之研究》，一四一页。
④ 同上，一〇四页。
⑤ 同上，一〇六页。

握着一追求真理的最深入的条件；此一条件，就是自由——"在这种追求中，怎样踏上第一步，甚或只是一个摸索呢？只有用我的思想之自由运动的方法。怎样作成研究的计划？第一步确定目的，继则打破旧习与成见，再次，试安放我于一些独立的真实的条件之内……这样我的思想就自行准备，自行涌出，自行继起，滔滔不绝，相继而来，秩然有序，非我所能主，并且若非我所能有，每一思念，在每一刹那，很正确地安排成为它本来之貌，又不能成为它本来之貌"。那么，所谓自由，就是支配我们思想的能力，和给予思想一种非本性必然的秩序之能力；这里就是勒氏研究的答复——最初的真理，就是自由；发现这种真理的方法，勒基埃本人曾把它比作代数的分析——问题（最初的真理是什么）本身自行矫正后，则变成所要研究的科学，并产生了答案，换言之，即科学被自行发现了[1]。错误就是欲求出某些事物，譬如求一自明之理，它强制肯定真理；"然而还是自由的动作（即研究）肯定真理"。

　　要想十分懂得勒基埃，必须约略指出他的自由观念所出的道德环境（与雷诺维叶的很不同）。他是热心的天主教徒，曾勤勉攻读《圣经》和教父的著作，尤其是圣保罗和圣奥古斯丁的著作。在他的著作中可见到一种时常伸展的沉思，通过这种沉思可以很自由地接近诸种教义，如上帝创造世界，如全能的上帝，如救赎先定（predestination）：这种沉思没有一部分达到确切不移的理论。他很热心地再探讨所有神学的立论，并看不见神学教条互相一致

---

[1]　参见迪加版《最初的真理之研究》，一〇七页。

之点：一方面，我们的自由似是我们自己的创造，"自由就是行为，并非变成，而为行动，且行所欲行"①；但这点怎样与全能的上帝相调和——"创造一物，它是离上帝而独立，以严密的名词说，创造一实在自由的物、一个人格，上帝所有的艺术在此都用出来，而人不知何种技巧完成这杰作！……凡人（The Human person），一个无上帝而能做若干事的东西，多么不可思议的事啊！人讨论和思索着，而上帝期待着"。如果自由确是实在，绵延（duration）亦应有一显然不同于永恒的实在性。他在一眉批中写上"继续的实在性（reality of succession）"，并为之释曰："从事物的存在看，可认定事物实是逐一而来。"那么，上帝"看见它们继续而来，继续存在，这是必须的，在这里把一些似乎继续的事物输入给上帝"。由此，勒基埃有一以自由的观念组织上帝的学说（theory of God around the notion of freedom），就像雷诺维叶和詹姆斯稍后受了他的影响而形成的理论；然而还有救赎先定的教义要解决；救赎先定和当堕地狱之不可思议的辩证，并没有把勒基埃企图调和实际的自由与人类的行动之态度显得明白；然而自由并未意识到自我及其行动的结果，因此人更容易受到上帝的审判——"上帝通晓人之心事胜于人知上帝……所以在人类中须保存着无知之感，人是这样地无知，或不知道这样或那样的行动是自由的"。由于人的自由行动，各个人把若干今后永不能磨灭的部分事实输入世界的历史。"做这事的人自己忘记了它……但上帝知道它……在我们每一行动的将来中，我们知道这是显露的或这是隐蔽的吗？我

---

① 参见迪加版《最初的真理之研究》，一四三页。

说很少知道……如同我们自己的存在为我们所不能理解，到处皆然，又岂仅我们之存在为己所不知。"①因此之故，勒基埃所主张的自由与费希特（Fichte）的自由大不相同，它把我们放在一个我们自己及我们的命运之深切无知的境界。

参考书目

I

A. K. ROGERS, *English and American Philosophy since 1800*, p. 96 sq., 1922.

P. THUREAU-DANGIN, *La Renaissance catholique : Newman et le Mouvement d'Oxford*, 1899.

LUCIE FÉLIX-FAURE, *Newman, sa vie et ses œuvres*, 1901.

II

P. F. THOMAS, *P. Leroux, sa vie, son œuvre, sa doctrine*, 1904.

IV

E. BOUTROUX, *La philosophie de Secrétan*, Revue de Métaphysique et de Morale, 1895.

F. ABAUZIT, *L'énigme du monde et sa solution selon Ch. Secrétan*, 1922.

E. GRIN, *Les origines et l'évolution de la pensée de Ch. Secrétan*, Lausanne, 1930.

---

① 参见迪加版《最初的真理之研究》，一四八页及二九八页。

V

G. SÉAILLES, *Un philosophe inconnu : Lequier.*

O. HAMELIN, *La Volonté, la Liberté et la Certitude dans la Croyance*, Revue de Métaphysique et de Morale, 1920.

L. DUGAS, *La vie, l'œuvre et le génie de Lequier*, dans la réédition de J. LEQUIER, *Fragments posthumes*, 1924.

第05章

批评论的运动

形而上学的大体系失败后，继之而起者，除主知的实证主义，及宗教的思想之发展外，复归于康德的批评态度，成为哲学的主要潮流。

I 雷诺维叶

在法兰西，批评论的运动之始创者，为雷诺维叶（1815—1903），他是孔德的同乡，生于蒙彼利埃（Montpellier），一八三一年，他到巴黎，此后遂与圣西门派时常联系；一八三四年，他进巴黎综合理工大学，故孔德是他的老师；在这学校内，他亦认识了勒鲁。他第一期著作是《古代哲学概论》（*Handbooks of Philosophy, Ancient*，一八四二年刊行），及《近代哲学概论》（*Handbooks of Philosophy, Modern*，一八四四年刊行），稍后，在勒鲁所编的《新百科全书》编写"哲学"这个词条。法国一八四八年革命时他写了《法兰西共和国手册》（*The Republican Handbook*）及《法兰西共和国市镇与中央的组织》(*The Communal and Central Organization of the Republic*，一八五一年刊行)，还在《民报》(*Feuille du Peuple*)上发表了大量的论文。一八五一年复辟政变之后，他不得不专心于理论的工作。他的批评论发表在他的四大卷《批评略论》(*Essays in General Criticism*)中：第一部略论《认识的普通分析》(*General Analysis of Knowledge*)，一八五一年刊行，一八七五年第二版；第二部略论《人》(*Man*)，一八五八年刊行，一八七五年第二版；第三部略论《自然之原理》(*The Principles of Nature*)，一八六四年刊行，一八九二年第二版；第四部略论《历史之分析的哲学导论》(*Introduction to the Analytical Philosophy of History*)，一八六四年刊行，一八九六年第二版。此外，一八五七年发表《时态》(*Uchrony*)，一八七六年出了第二版；一八六九年发表《道德的科学》(*Science of Ethics*)。以上均属于他第一时期的著作。从一八七二年到一八八九年他在《哲学的批评杂志》(*Critique philosophique*)上发表了很多篇论文，自一八七八年至一八八五年《哲学的批评杂志》曾推出副刊《宗教的批评杂志》(*Critique religieuse*)，该副刊的最后一期登载了他的《哲学的理论之系统的分类试探》(*Outline of a Systematic Classification of Philosophical Doctrines*)，一八八五至一八八六年成两卷出版。一八九一年起，《哲学的批评杂志》为毕雍(F. Pillon)主编的《哲学年鉴》(*Année philosophique*)所代替。一八九六年至一八九八年他发表《历史之分析的哲学》(*The Analytical Philosophy of History*)共四卷；一八九九年与培拉(Prat)合著《新单子论》(*The New Monadology*)，一九〇一年发表《纯粹形而上学的困境》(*Dilemmas of Pure Metaphysics*)及一九〇三年发表《人格主义》

（*Personalism*），皆属于第二时期的著作；他与塞克雷坦有深厚的友谊，他们自一八六八年至一八九一年来往的通信，在一九一〇年刊布。

雷诺维叶的学说是与十九世纪初叶以来的体系相决裂的。凡是认人的道德的生活为一法则之必然的和暂时的表现，或为普遍的实相必然的和临时的显现之学说，不论它的头衔怎样，雷诺维叶皆深恶痛绝它：故科学的决定论、历史的定命论（fatalism）、神秘主义（mysticism）、唯物主义、进化主义，照雷氏看，在这点都是一样的，因为所有这些学说都消灭个人和吞噬个人。

雷诺维叶的哲学既不是他的宇宙的直觉，也不是一举而成的——好像有三个平行的理论，它们虽互相协助，但其来源与性质则很殊异：第一种理论即数的法则（law of numbers），这一理论的来源，还是他在巴黎综合理工大学学习数学时对微积分学的沉思；数学家如柯西（Cauchy），证明无限的虚数是不可能的；数的法则依据这种不可能，宣布实在的集合（real group）应为有限的集合。

第二种理论，就是意志自由论；他的朋友勒基埃告诉他，意志自由不仅是道德生活之根源，并且是理智生活的根源，没有它，就没有确实的知识，雷诺维叶对勒基埃所提出的论证，作了恳切的沉思。

第三种理论，就是观念论派的相对论（idealistic relativism），这是他从康德和孔德的思想吸取出来的——只有现象存在，而一切现象是相对的，我们仅能在这种意义了解一些关于其他的事物，这样构成或被构成。

在这三种理论中，并没有本质的联结：有限论（finite）可能完全和意志自由之否定相一致；数的法则所要求者，则当我们转而推究诸现象之顺序时，在这顺序中，要求有一最初的起始；但它并不要求这最初的起始乃一自由的动作；这可能是一纯粹的偶然。其次，有限论亦与相对论很少联系；康德认为精神的法则要求现象中有一无限后退（indefinite regression），而孔德拒绝提出此问题；如果我们在有限论之古代形式下审察有限论，我们将见它的两种形式，亚里士多德之有限的世界和伊壁鸠鲁（Epicurus）之原子论，实在论的绝对主义还是免不了。最后，相对论完全是与意志自由的否定论相并行的：不论是在康德体系还是在孔德体系，相对论均假设一现象之严格的决定论；如果一自由的动作是一绝对的开创，与先行事件毫无关系，则相对论甚至可能无法与自由的肯定相并行。

要想十分明白雷诺维叶的学说，对这些各自独立的出发点，及有限论与相对论的关系之难点，必须详加讨论。有限论通常对最大与最小，对世界与原子，假设一实相之有效的决定，或至少假设一可能的决定。但实证的科学很明显地告诉我们，人既不能从视世界为全体的观念出发，亦不能从最后一个不可分的元素出发；而观念论的相对论，当其将一切实相并作一关系时，给它一个说明的道理。雷诺维叶如何能坚持是一有限论者同时也是相对论者呢？唯一的方法，则他一方面承认全体的综合是一些已做的和完成的事，至少在综合本身说——这是有限论；但另一方面又承认它是非认识所能接近的——这是相对论。换言之，我既不能够吐露世界上诸元素的数目之真相，又不能吐露其广延的真相，也不能吐露其时间永续的真相，尽管这种永续、这种广延、这种数目自身是确定的。这种不能被直接地、经验地估量的知识，除非对于宇宙各种数量，有一最高与最低的定律（a law of maximum and of minimum for the diverse cosmic quantities），否则不能完成；但并无这样的定律。一些相似的论证（arguments）证明包含自最低的到最高的"种"之等级的一个总表是不可能的，证明全部宇宙化生（becoming）之观念是不可能的，证明上溯到诸第一因（first causes）之因果连锁这样的一个综合是不可能的，证明依照目的秩序之一种综合是不可能的，证明我们的意识限于一总体的意识或意识之总体，足以包含一切现象，这样的一种意识过程是不可能的。雷诺维叶很想要有限论，但不想要亚里士多德和经院学派的世界，亦不想要他们的宇宙论，直溯至根本的原始，并把握着普遍的目的和原因；这是自外的观点而来（拉丁文，a parte foris）的实相，而我们仅自内（拉丁文，a parte intus）把握着这实相。

那么，我们虽然很牢地把握着这三个基本的理论，但到现在为止，对于这三者在这位哲学家的精神上的联结，还没有把握得很牢。

复次，我们注意这三种理论各有其证实的理由——数的法则的证明是在矛盾律，它的证明是矛盾律的一种形式：数之存在是由于计算的行为；无限的数之存在既假定为完成的综合，因为有数存在，同时又假定为未完成的综合，因为数是无限的。自由的证明，全是从勒基埃那里借来的，做法是不相同的。在自由中，既没有直接的经验，也没有先天的证据，且仅为决定论之反对者：我们觉得自由与决定论之间必然有所选择，不准有智慧的理由使我们徘徊于二者之间，觉得无可无不可；故我们对于这必然选择其一的理由作深切的考虑；如果我肯定必然，这种肯定或者是很真的，或者是很假的，两者必居其一；如果必然是真的，我必然的确信是一必然的事实；但个别个人能有自由的确信同是必然的，既然两种确信都是必然的，故不准有选择的方法，那么，我堕入怀疑之中；如果必然是假的，而我还是肯定必然，我岂不是荒谬绝伦吗？结果，我总是留在怀疑之境。如果我肯定自由，这种肯定同样是真的，或者同样是假的，如果是假的，我无疑是犯了错误，但我得到许多实际的用处，相信负有道德的责任，信任将来的事业全凭我们的选择；如果这肯定是真的，既为真理又获实益，那么，我由合理的动机而行为、而选择，那就有了真实的人格、自由；换言之，即能反省地自行决定。

至于雷诺维叶的第三种理论——相对论，我们不能指出特别的证据：不过相对论是共通的精神状态，是实证科学的结果，此即康德主义与实证主义曾经共同主张的。

然而，在哪里找出这三种理论的联系呢？这联系即在一个关乎道德生活（moral destiny）的信念，亦即能在这三种理论中找出一些合理动机和依据理由的信念，但同时这一信念包含着这三种理论且造成它们的真实的基础——道德生活包含着这三种理论的全部，先从数的法则来讨论：实在说，由矛盾律而来的数的法则之证明，是如此难以令人信服，以致他著述生活一开始时，即当他写《近代哲学概论》的时候，他可说是数学家，因为他是无限的数之不可能的信徒，同时是哲学家，因为他承认无限论（infinitism）以及黑格尔的矛盾的统一的理论；在数的法则中，这不关乎矛盾律之抽象形式，而是关乎矛盾律之实际应用；所以在雷氏的精神中，矛盾律之实证的立论并非人自明的对象，乃一信念与一选择之对象；雷氏晚年的著作，如《历史之分析的哲学》，分析黑格尔主义后，他很明显地向我们解释，他如何相信在黑格尔的矛盾统一的原则与矛盾之无限制的应用中间，两者必择其一，以及他如何选上后者而弃前者，因为矛盾统一的原则不能用作提防神秘的形而上学，这种形而上学是尽可能趋于离心的 ①（必须想到一八五〇年间这种离心运动是很大的）。所以我想用近人解释雷诺维叶思想的两种见解以补充其理论，且断定他的有限论是从他的数学的思辨和他的道德学的信念共同产生出来的。

要想把他的自由论弄明白，也可依据以上所说，他的自由论紧附着同一信念；现象论的相对论（phenomenalistic relativism）也可由此而得到说明；但在雷诺维叶的思想中，并没有类似康德超越的演绎（transcendental deduction），根据经验之可能的原则，以证明诸范畴；照雷诺维叶看，这些范畴乃一些单纯的事实，一些普遍的事实，雷诺维叶同我们说"范畴以实相之本然的形式，为信念做预备"；相对论之相反者，那就是绝对论（absolutism），那就是本体和物自身（things in themselves and substance）的信念，它与我们道德的信念相反，因为它走上泛神论，换言之，即负责的和自由的人格之否定。

所以，从一方面看，是有限论、自由论和相对论，从另一方面看，则诸道德信念，凭雷氏的思想型范所构成的连环，遂互相

① 参见《历史之分析的哲学》，第四卷，四三四页至四三五页。

依倚而成一体。有限论与相对论却不是康德命意所在的道德准则
（postulates of morality），换言之，即一些纯粹理性所不能达到的肯
定，和从它们道德的必然抽取出它们唯一的价值；相反，这样一
些纯粹理性自身所定之立论，独立于道德的估量之外；它们之可
确信，则因它们依据一种宇宙观，在这宇宙观下，道德的生活是
可能的。雷诺维叶之合理的信仰的意念（notion）则由此而产生，
这一意念则建在理性与信念共同支撑的据点上。他愿这种信念是
合理的、反省的，和那种自发的信念极不相同，"盖自发的信念应
属于精神的昏乱，亦即无反省的主观冲动，由于这种冲动，以致
任何荒唐的想象的关系皆变成实实在在的关系"，好像在幻觉的情
形之中，相信先知，相信奇迹，那不是痴人说梦吗？

　　雷诺维叶的世界观呈现着两种特性，既有利于科学的发
展，又有益于信念的保障；这世界既由表象所构成或由现象所构
成，故世界是科学的对象，所以科学所探求者，是现象间的法
则，或现象间不变的关系，以说明其功用；雷诺维叶对于科学
的意见与孔德的相同，但超越了科学的"概括的批评"（general
critique），即求最普遍的关系或范畴。但从另一方面看，表象本身
所包含者，若以互相关系的名词表之，则为"呈现"和"被呈现"
（representative and represented），若以康德的名词表之，则为主观
与客观（a subject and an object），两者之综合即为意识或人格；因
此世界，是一意识的世界。人格的范畴，是我与非我的综合，所
以人格的范畴乃一切其他范畴之顶点，详言之，其他范畴中：第
一类为限定世界之永恒的结构的范畴，如形势、连续、性质等；
第二类为描写变化之普遍的法则的范畴，如化生（becoming）、因

果、目的等；而人格的范畴则为登其峰而造其极者也。

理论和实践之互相渗透，终于使雷诺维叶将所有已知的哲学体系分成两大类：第一类哲学体系，借口满足纯粹理性之需要，使道德生活成为不可能；第二类哲学体系，既满足理论的需要又满足实践的需要。所以前一种哲学肯定无限、必然、实体、物自身、泛神论、历史定命论，后一种哲学肯定有限、自由、现象、有神论。在这两派哲学之间，实无调和之余地；他们有如两难法中之两支，必须选择其一。理性，若照纯粹智慧人而论，乃非人格的理性，实不能有这种选择之力；"主知主义（intellectualism）是哲学走上的一条错路"；"故在哲学上必须有一种高尚意义的理性，它与信念联结而不分"。

一种本质的信念，支配着雷氏所主张的选择作用者，这就是个人道德生活的信念；哲学家不相信有死，那就是《最后的谈话》（Last Conversations）一书所表现的主要思想[1]；雷诺维叶的宇宙观，构成命运（destiny）的，非自孔德所主张的人类而来，乃自个人而成。道德的个人主义曾驱使雷诺维叶写《法兰西共和国手册》，在这手册中，他为每一公民要求道德生活发展所不缺少的经济状况；道德的个人主义又驱策他用尽九牛二虎之力，以排斥命定的和无限的进步之立论，因其牺牲个人于人类之中。

雷诺维叶的神学则从上述主义而来：照他看，上帝不是一实体或一绝对，但上帝是现存道德的秩序，是宇宙间有一要求各个人完成义务的正义法则之保证。雷诺维叶全不愿意在上帝与现象

---

[1] 参见《最后的谈话》，四页。

世界关系之外去认识上帝，他认为在上帝中除了道德的完成外，并无其他无限性。雷氏于著作生涯开始之际曾受了他的朋友梅纳尔（Louis Ménard）的影响，梅纳尔乃《神秘的异教徒之呓语》（*Reveries of a Pagan Mystic*）的作者 [1]——他倾向多神教，因为他主张道德的至上性超出一民族的和专制的一神教，例如犹太的一神教。

要想建立一道德的科学，须把正义的观念弄得很正确、很明晰，如同数学一样，须从一些明确的概念着手。纯粹的道德学即理性规律的定义，自由的道德实践者，不问他离群独居之际，或与他人相处之时，皆应以理性的规律控制他的情欲；正义之纯粹规律包含实践者的公善（英文，common task；法文，un bien commun），而公善的实现则在每一实践者视之为义务的工作——这种规律，在实践者中，创造一借与贷的关系，其所追随的部分多少取决于每个人在公共工作之所取的。由正义所规定的理想社会，就是"和平的社会"，在和平的社会中，有一种借与贷双方之永恒的均衡，一种各个人应做的工作和期待其他人士亦应尽责的平等，以及这种和平状态相续之保证。

但在这纯粹的道德学中应加上一应用的道德学，以表明这理想的训条该如何应用到人与社会之实际情形去。现实的社会怎样呢？据雷诺维叶评定，现代社会处在扩张战争的状态，而其所表现的特性则为人榨取人，以及人与人互相憎恶。这战争的状态认为自卫的权利为正当；自卫最有效果的方法之一则为财产权，在

---

[1] 参见由佩尔（A. Peyre）所刊行的他们二人的通信，刊载于《形而上学与伦理学杂志》，一九三二年第一期。

战争状态的社会中，财产权是正当的。财产公有仅为普遍的奴隶制；防止财产权的过度唯有用累进税的制度以限制。在一八四八年，雷诺维叶已有社会主义者的倾向，且为现代法国激进社会党提出过一个党纲。

实际的社会既然是在战争状态，于是提出一个极实际的问题，也就是原罪那个旧问题被重新提出：实际的社会不是正常的状态；它有它的来源，此则在社会上一切人中，自私自利的情欲压倒理性，也可说是一切人固有的恶性；这好像人一生来就在堕落的状态中，也就是神学家所说的人类原始的堕落；这种状态不应归属于世界的第一因，与道德的秩序相混同，但应归属于自由意志的决定，康德名之为根本的罪过者。

这种以自由意志和人类堕落说明原罪的神正论（theodicy），引导雷诺维叶将这些假定建立在人类之起源、历史和终局上，并由想象陈述人类命运的景况，情态逼真，足以说明道德的信念，虽这种假定染上基督教的信念的色彩，实际上未见得客观、正确。雷氏想象人类原始的社会是正义的、美满的，各人控制着自己的意志生活于自然之中。人既然是自由的，所以堕落是可能的；堕落应从自私自利的情欲点顺势而产生，但从人欲依其自由意志而行动的经验所产生的，更为可能。继之而来的社会则为一战争的状态，一切均凭暴力而定，个人之体力愈强者愈伟大。原始的世界崩溃，乃有星云及现在的太阳系之形成；所以历史上的人类生活于原始世界的废墟上，这支离破碎的世界中，各种势力互相冲突，互相反对。但是所谓人类则由原始世界堕落下来的个人所组成；个人命中预定了这种生活，其后必偕之而至。雷诺维叶同莱布尼茨一样，相信个人或单子之不可分解，当各种条件是顺利的，一新的结构可能从质的胚种而来。雷诺维叶的单子论就是莱布尼茨的单子论，但无限主义的意味较为稀少；故自然倾向于将实体当作它的状态相继的法则，把一存在当作一意识，以及否认传递性的因果关系，支持预先建立的调和。同样的道理，人之自由意志引起人之堕落，而在将来，人之自由意志是人类复活的主角，是恢复到以正义统治着那种原始状态的世界之主动者。这种终局论（eschatology）和十九世纪中期流行的乌托邦的不同之处，则在这种世界终局论是天文学的，假定太阳系复归于星云的状态，且在这无穷的世纪中，举凡物理的、精神的、社会的变化，我们不能知道一点点。这种人格主义（personalism）的普通的姿态是这样的：在这种人格主义中，自然仅对着个人而存在；在这种人格主义中，个人是实相之本质的元素；在这种人格主义中，仅存着冒险、创意，并没有那种人类进化之必然的法则。这如雷诺维叶在《最后的谈话》七十八页中所说的一样："不论是对现代的哲学家，或对将来的哲学家而言，人格主义所指示者非他，乃一好奇心之对象而已。进步的乌托邦用一块头巾盖着一切智慧，大家遂看不见罪恶，大家遂也觉不到非义。"

　　命定的进步之信念尚统治着思想界，但雷诺维叶的一生皆厌恶这种信念；在一八五七年，他反对当时的哲学史而提出时态（Uchrony），此即欧洲社会发展之历史的研究，他告诉我们何者是没有的，何者是可能有的，在这种发展中，他想象基督教的说教是失败了，此即造成中世纪时代的经济落后；不久之后，他的物理世界进化之观念明确与斯宾塞的进化论的自然主义相似。

大概从一八七〇年到一九〇〇年之间，雷诺维叶的思想对哲学界发生重大的影响。毕雍是雷诺维叶哲学之传播者。培拉和毕雍合著《新单子论》，曾写《实体的观念：批评与历史的研究》（*The Notion of Substance: Historical and Critical Investigations*，一九〇五年刊行），那是一部表述雷氏的体系之主要方向的著作。布罗沙尔（Victor Brochard，1848—1907），在未成为权威的古代哲学历史家之前，深受雷诺维叶派的影响，而写成他的名著《谬误论》（*On Error*，一八七九年刊行）；他的立论的主点即谬误并非彻底地不同于真理，"真理仅仅是一证实的假定，而谬误亦仅仅是一驳倒的假定"，一意志活动之审核作用规定了真理与谬误。多里亚克（Lionel Dauriac，1847—1923）在他的《实相与信念》（*Belief and Reality*，一八八九年刊行）中，企图作普遍的批评，他批评感情与意志如同批评认识。日内瓦的哲学家古尔（Jean-Jacques Gourd，1850—1909）[1]倾心于雷诺维叶的现象论（phenomenalism），但他主张在现象自身，有一种不可避免的二元性，一方面凭借因果律与坚固性，而有科学的认识性，但另一方面又有一殊异的、不固定的和绝对的元素，逸出科学的认识之外；在法则之旁，有创造（creativity）；在正义的规律之旁，有牺牲；在美的排列之旁，有卓绝；这些所谓法则之外（illegalities）相当于雷诺维叶的批评引入现象中之间断性（discontinuities）；据古尔说，这些与宗教对事物的看法有关。

同样的道理，布罗沙尔坚持判断之中，合理的自明之限

---

① 参见《现象》（*The Phenomenon*），一八八三年刊行；《三个辩证法》（*The Three Dialectics*），一八九七年刊行。

度和意志之部分作用。利亚尔（Louis Liard，1846—1917）在一八七九年发表的《实证科学与形而上学》（*Positive Science and Metaphysics*）中，表明自然主义者欲使实证科学转变为形而上学，实不可能，因为关于实相的肯定，有道德信念的部分，所以，绝对即道德生活使这种至善或这种圆满成为绝对的条件；在利亚尔的学说中，具有许多康德实践理性之假定（postulates）的方法。

叶夫令（F. Evellin，1836—1909）之有限论发表在他的《无限与数量》（*Infinity and Quantity*，一八八〇年刊行）中，其次发表在他的《纯粹理性与二律背反》（*Pure Reason and the Antinomies*，一九〇七年刊行）中。叶夫令的有限论，不似雷诺维叶的有限论之附属于信念；他认为在有限与无限之间，并没有真正的二难论；因为有限论显现为唯一可证明者，且在康德的二律背反中，无限的反措定并不是合理的确证。数学上使用那种数量之无限仅为一自想象而生的幻想。连续的要求，甚至于实际的时间和实际的空间，均是从不可分而构成的。这种有限论联结着精神论（spiritualism）：连续，由于它的不可分性（indefinite divisibility），包含着一切坚固的实在之消灭；唯有限论使这些含有自发性及智慧和自由的实在成为可能。

II 德国的新康德主义（Neo-Kantianism）

在一八六五年，李卜曼（O. Liebmann）刊行他的《康德与他的学生》（*Kant and His Followers*），这部书每章之末都可见到这句话："所以，必须复归到康德。"这种复归于康德既是康德以后那种思辨哲学之反动，又是似乎为相对论的兴味所支配，强调客观对象与人的意识的条件相关之从属关系：人的思想，人的表象，认识的条件与视觉印象条件之比较，物自身之完全不可知论，凡此种种都是李卜曼的著作之主要姿态，如一八七六年刊行的《现实分析》（*Analysis of Reality*），一八八二年至一八八九年刊布的《思想和存在的事实》（*Thoughts and Established Facts*）——这一种康德主义显然走上了费尔巴哈学派的道路。

将著名的物理学家亥姆霍兹完全视为德国新康德主义的先驱者有些不妥，他于一八五六年至一八六六年发表他的《生理学的光学概论》（*Physiological Optics*），不迟疑地写道："要求一个表象（representation）毫不走样地切合所表象物之性质，且具绝对意义的真实，另外又要求一个印象（effect）是完全独立于印象所生对象的性质之外，这是立刻见到的矛盾。因此我们所有的一切表象都是一些客观意象（images of objects），本质地从属于意识的性质，唯此意识呈现那些客观对象。"但这种相对论，十分庸俗地表现康德的思想又如此地少，以致它把我们的表象当作一些象征或一些符号，我们一方面运用这些符号以指导我们的行动，另一方面凭借因果律以确定外界对象的存在。必须要加上的是，亥姆霍兹对于非欧几里得派几何学（non-Euclidean geometries）的研究，引导他肯定我们的空间之殊异是可能的，但这一点很不利于超越的感性之先验论（apriorism of the transcendental aesthetic）；他写道："康德从几何定理而得的先验的起源之证明，建立在呈于直观之各种空间不能毫无关系上，这是不够的，因为赋予的理性是不正确的。"当亥姆霍兹否认几何定理之先验的起源，视之为形而上学精神的残渣，却又使几何学在诸自然科学居于第一位的时候，他在试图使康德的体系摆脱其内在矛盾。

把我们所有的知识都归于现象，形式与范畴之主观性，一切形而上学之不可能，直入灵魂之内部的观察之无力，凡此种种态度即朗格（Lange）自康德主义吸取而来，但朗格给予康德主义的解释，有时实远离康德的型范；他像亥姆霍兹一样，想在感官的生理学中找到康德主义的说明；他赋予范畴以主观性，同样赋予感性的形式以主观性，而且他空泛地以范畴赋予我们心理物理的（psychophysical）组织形式，在他的体系中，不让它留一点超越的（transcendental）演绎；他看出形而上学之作为科学，必然走向唯物论，因为当这种体系"不甚超出实际，就可满足理性倾向于统一的需要"①。他亦批评康德所用的物自身，认为物自身的存在全无证明；我们的精神这样做，以致视它为现象之因，而得到一个含义可疑的概念。这样一来，在朗格的体系，没有一点东西相当于康德之实践理性：在理智的世界，为实践理性所要求者，他以形而上学的和宗教的创造代替之，而且他看见它们的价值即来自从这种创造而出的精神的信仰。

黎尔（Alois Riehl）是主张哲学应紧缩在认识论且应放弃一切形而上学，最有力的一人。②他的康德主义自限于纯粹理性的批评；他承认康德的先验论，但其含义则略有出入，他的先验论诚

---

① 参见《唯物论史》（*History of Materialism*），一八六六年刊行，一九〇八年第九版。
② 参见《哲学批评及其在实证科学中的重要性》（*Philosophical Criticism and Its Importance in Positive Science*），一八七六年至一八八七年刊行。

然建筑在经验的可能的原则上，但他加上一新的因素，即认先验的因素自社会而来，所以他说，如果外面世界的实在是为感觉直接所给予的，一个最重要的证明还是社会的证明，从我们及我们的同类间共有的经验抽出的证据；他以这种态度，去看经验的形成，由于超出感觉之先验的概念的工作，但此先验的概念乃一社会的事实，不再是个人的事实。这些社会学的考察企图对康德的先验论作一新的解释，我们在涂尔干（Durkheim）的哲学中将再发现它。

III 英国的唯心论

斯特林（J. H. Stirling）著《黑格尔之秘密》（*The Secret of Hegel*，一八六五年刊行），将黑格尔哲学输入英国，而其意愿则在反对一八五〇年至一八八〇年间英国流行的唯理主义。如自然主义、经济的个人主义、社会的唯物主义，他都视之为寇仇，认为黑格尔哲学为革命最合适的武器，故他运用黑格尔之普遍的具体性（concrete universal）以攻击自然主义、经济的个人主义及社会的唯物主义，普遍的具体性使人明白上述各学说全属实相之低级者。但树立英国和美国的唯心论者还是格林（Thomas Hill Green，1836—1882），格林的唯心论上继康德，下至布拉德莱（Francis Herbert Bradley）、鲍桑葵（Bernard Bosanquet）、罗伊斯（Josiah Royce）及麦克塔格特（McTaggart），其流风余韵至今仍然存于英美哲学界。

格林的唯心论,尽管对康德的唯心论有所吸取,然由于他的精神和他的志愿,遂与康德的唯心论大相径庭:批评的问题并不使格林潜心苦思,而且他也不求说明批评的思想与实证科学之密切的关系;他的新康德主义后于法国的和德国的新康德主义,所以它又具有一种性质,从原则上说,它倾向于排斥经验论、排斥无神论、排斥快乐论(hedonism)。唯心论是一种学说,它将精神输入认识,将上帝输入宇宙,将德性输入行为,它是凡事皆有藉于唯一的原理之一种学说。

格林以休谟的经验论为模板,认为这种经验论删除认识中工作的精神,且把它打破成为意识状态的碎片,然后再把某种观念,如实体及因果的观念当作一条绳,把这些碎片的元素贯穿起来,然此等做法仅为不正当的构想。认识的理想是这样地消失了,但它反过来宣布认识为不可能的,因为世间肯定没有无关系的知识。所以,在事件的连续之外,必须有一统一的原理,完全是固定的和唯一的,如康德之所欲作者。这统一的原理构成客观,且使感觉加入一有机的统一中。

格林相信从这意识自身统一的原理,能抽出精神论、有神论和道德。先就精神论来看,精神不能如进化论所说乃一非智慧的机械之结果;因为自然以精神为前提,绝不能产生精神,而且它仅为认识,为超出"时""空"之不变的和不朽的我,才是实在的。其次,就有神论来看:感觉孤立的经验派的立论是与斯宾塞和哈密顿的绝对为不可知的立论紧紧联结着的;他们切断感觉与其他之一切关系,如同他们为绝对删去一切关系 —— 这两种立论是同等的错误:他们既然说绝对是不可知的,这就是表示他们知道一些事（知其存在），那么，第二项立论不是自相矛盾吗？［这种论证似从柏拉图之《巴门尼德篇》(Parmenides)而来。］如果第一项立论是可斥责的，那就是因为任何感觉皆与其他感觉有关系；每一感觉在其自身是部分的和不完全的，所以它须依据一包含所有感觉之总体的知识——没有一个感觉是孤立的，也没有一个感觉是在体系之外的，实相或真理就是普遍的具体性，任何部分都假定立在其内；但这种普遍由于普遍的意识或上帝而存在，上帝显现为所有知识之一假设。所以上帝对于人而言，他不是一对象、一事物、一在人心外的其他东西；人类的意识，若就其基质来看，并不异于上帝的意识；人之有限的元素是身体，身体好像是一永存的意识之媒介物。

最后，道德学亦从同一的原理引出，我们之自我参与普遍的我；道德的生活则在我们自身与普遍原理趋于同一的进步；但这种目的要想由各个人希望的满足（satisfaction）实不能达到，故必须有一个关系我们全体性的满足，才能达到目的。在这趋向普遍的进步中，个人乃在社会的组织内找出帮助而无抵抗：格林的唯心论，在政治上，有保守党的倾向——由于他的超个人的广大性，故任何权威的形式实在都是神的，而不论在何种情形之下，我们没有权利以我们个人的善与一社会的组织相并立。对个人主义的排斥在这个时期的英国是很流行的，或者这就是格林全部学说的秘密动机吧。

IV 库尔诺

库尔诺生于一八〇一年，殁于一八七七年，曾任法国教育部的总督学，他是以批评的态度研究科学上的基本概念之第一人。根据康德和孔德的思想，他继承了认识的相对性之立论，并继承了认识直达事物的本质之不可能。从另一方面看，他的第一部著作名为《机会论与概率论》（*Theory of Chance and Probability*，一八四三年刊行）；在这种理论里，一种认识的确实性显然有一限度，详言之，即概率的程度有高下之分，排列如梯，逐级相承，各有其限度。库尔诺的认识论之特征则化概率性（probability）于相对性（relativity）[1]：一个假定在物理学是可承认的，是因为这假定答应我们很合理地把以往观察过的事实联合贯穿起来，有如钥匙，例如开普勒（Kepler）之行星绕日的轨道为椭圆形之假定，包含一切已经观察过的行星的位置而无遗漏；有许多理论愈是这样简单的，愈加单纯地适合于这种条件。这样一来，我们就能逐渐接近实相，例如直接的知觉肯定：金是黄的，而物理学家则从黄金之固有色彩以及光线在金的表面所起的反射作用中，认识这种黄色，两者相较，前者的认识较远于实相，而后者的认识较近实相；但是如果物理学家能将黄金之视觉特性和黄金之分子构造贯穿起来，这种认识则愈加接近实相；虽然它不让我们达到绝对的实相（absolute reality）——"所以认识乃在我们能力的标准中，

---

[1] 参见《哲学批评的特性及科学的基础略论》（*Essay on the Foundations of Knowledge*），共两卷，一八五一年刊行。

它把我们从相对的和现象的实相之某一秩序上升至愈高级的实相之某一秩序，且逐渐透入现象的实相之基质的睿智里去"。

由于概率性与相对性之同化，库尔诺的概率论遂与康德的相对论大相径庭：故库尔诺所取的相对的概念实另有一意义，库尔诺所谓相对者（法文，relatif），实承认它有各种程度；事实上亦有这样的定律，例如万有引力定律，库尔诺认为这定律最接近事物的本质，胜过其他定律 ①——康德主义不能承认相对性有一丝不同，因为康德的相对性认为我们所有的知识应属于单一的原因，皆具我们之时间与空间的直观之感觉性，换言之，则一切认识须通过"时""空"的直观而成，故无程度之高下。但是库尔诺运用自他的概率论取出的论证，否认时间与空间之主观性：如果这些概念仅是一些主观的幻想，我们凭认识而知的现象，它们竟依据那些"时""空"乃客观存在的定律，而互相贯穿、互相连锁，岂非不可思议的偶然吗？例如牛顿的定律，它使得天文学的现象这样合乎道理，包含时间的存在、空间的存在、几何关系的存在，然皆存在于人类精神之外。②

继之而来者则为范畴论（theory of categories），库尔诺的范畴论与康德的范畴论是平行的，但其精神则甚殊异：库尔诺以这理论为研究对象而写成的著作则有《历史与科学中基本观念之连锁的研究》，一八八一年出版，一九一一年第二版；其次要加上《近代事件与观念之进展的考察》（*Reflections on the Course of Ideas and*

---

① 参见《历史与科学中基本观念之连锁的研究》（*Treatise on the Interdependence of Fundamental Ideas in the Sciences and in History*），一八六页。

② 参见《哲学批评的特性及科学的基础略论》，一四二节。

Events in Modern Times），一八七二年出版，以及《唯物论、活力论与唯理论》（*Materialism, Vitalism, and Rationalism*），一八七五年出版。《历史与科学中基本观念之连锁的研究》一书所探讨的对象，在《哲学批评的特性及科学的基础略论》一书第一二四节中，已很明显地被指出来："从一方面看，在安置了自然现象的各种各类的范畴间，以及在每一范畴的解释所适用的科学理论间，我们具有一定等级从属的观念；从另一方面看，我们知道，在某一范畴至另一范畴的过程中，可能会出现一些脱节，这不仅是由于我们现在的知识之不完全和我们现用的方法之不完善，也是由于新的解释之需要，有许多新原理必然加入（试举一例，因为化学的现象，仅用机械力的原理，不足以解释，所以必须输入亲和力的观念）……现代科学获得很大的发展，有为前人之所不知者，在这种情形下，必须由经验与观察，以决定何者是本原的观念，或本原的概念，我们为着睿智和为着自然的现象之解释，常常求助于这些本原的观念，而且，不论是由于事物之本然，抑或由于我们的睿智的构造之固有的条件，都应当提出这些本原的概念。"

在《历史与科学中基本观念之连锁的研究》一书内，库尔诺尤喜称范畴为基本的观念（fundamental ideas），所以范畴不是由一种内在固有的效能而证明，但由许多不同的和独立的缘由而证实：例如经验，这是一；简约的演绎，即引一新的观念到某些愈简单的观念之演绎，这是二；想象的必要，例如原子论的来源，这是三；观念及观念所规定的事实中所作的和谐，这是四；观念以及各有关联的科学之基本意念间之和谐，此其五。总之，一基本的观念要求"为它的成就所鉴定，换言之，即要求为基本观念把秩序与联结放在我们的知识系统中鉴定，或要求为它在知识系统中所散播的扰乱及它所引起的冲突而鉴定"[1]；例如，实体的观念，即由我们人格特有的同一性之经验而生，这一观念应用到可权量的现象是有功效的，此即经验告诉我们，在化学的分析中，重量有永恒性；但实体观念应用去解释不可权量的现象，如光线等，则毫无功效［库尔诺并不接受流体理论（theory of fluids）］。

因此，库尔诺的方法大大有助于各种科学的分界，如数学与力学的分野、天文学与物理学的界限、物理学与生物科学的疆界、生物科学与社会科学的划定，界限分明，不相逾越，但这种划分并非凭借相当于本质的实相之知识而达到，而基于必须把新的基本观念输入到每种科学之内。在这点上，库尔诺的态度完全与孔德的态度相类似，他同孔德一样，主张诸科学之不可简缩，而两人也有不同之点。库尔诺的态度不是独断论的，而为概率论的，他抱着概率论的态度，把各种情形分开来研究：他觉得把一力学的原理，如活力守恒的原理，推广到全部物理学，这是有效能的；反之，如原子的假定，尽管它很合于经验并合乎我们的精神的习惯，"但绝不足以说明事物的奥秘，因为它既不能有系统地综合已知的事实，又不能发现未知的事实"。库尔诺由是而树立自一观念至另一观念之不可灭缩性——并非建立在自第二个观念推演至第一个观念之不可能上，而是建立在演绎所具有之复杂性上：所以应用力学能够用在天体力学上，但此时需要一些很复杂的假定，故最好是立刻输入一新的范畴，比如机械功或者牵引力。

---

[1] 参见《哲学批评的特性及科学的基础略论》，一三五节。

如果我们现在审察从数学到生命科学一直到社会科学间基本的观念之连锁，我们将辨出这些基本的观念依照一对称的偏极性（symmetrical polarity）；中间的区域，是生命的区域，是暗昧的地方，对于这种地方，我们直观的方法或表象的方法亦不能了解它，然而在两极端的地方，一方面是数学，另一方面是最前进的社会状态，秩序与形式的观念明明白白地显现于其中，在这种地方，我们看见文明，"它倾向于以可计算的机械代替有活力的机体，以理性代本能，以逻辑与数学配合的固定代替生命的运动"[1]；观念的连锁，代替了自数学至生命的意义之连续，所以它转回于数学；社会在它的原始时代，是从属于种族，从属于生命力的，稍后，社会依照各时各地之理性，而自行固定；同理，在各个人中，人们思想条件之极复杂的生物作用，以及人们思想把握着的法则之极简单性，是这样地殊异，以致从生命到睿智，其间不能有因与果的关系；然而想象或情欲若无生命是不可解的，"论理学全不需要生物学的导论"。"高级的文明不是精神战胜物质，宁是生物之合理的和普遍的原则战胜有机体之固有的性质与活力，所有的障碍愈多，则获得的胜利愈大。"[2]罗马帝国及（库尔诺所想象的）中国，历史被缩成一总结，由是可预想到人类之最终的想象；最伟大的生命、最伟大的英雄、最伟大的圣者并非一些伟大的个人，而为一永久的确实的机构（mechanism）。

库尔诺的概率论不假设科学之基本的观念及耗尽了现实，他的超唯理主义（transrationalism）从此而出。人仅能在普遍的秩

---

[1] 参见《历史与科学中基本观念之连锁的研究》，二一二节。
[2] 同上，三三〇节。

序中了解自己；但宗教使人知道，有一个人的命运，但命运不归入普遍的秩序，且不能依据宇宙的类比（拉丁文，ex analogia universi）而被了解：因为宗教的生是无他物可与它比拟的。库尔诺在他的超唯理主义中，仍忠于他的理论的精神：没有一种基本的观念能要求其他观念应依据它而思维；由理性所思的自然，不能革除人们的宗教感情所要求的超自然。

参考书目

I

L. DAURIAC, *Les moments de la philosophie de Ch. Renouvier*, Bulletin de la Société française de philosophie, février 1904 ; *L'idée de phénomène dans la philosophie de Renouvier*, Revue philosophique, 1917.

G. SÉAILLES, *La philosophie de Ch. Renouvier*, 1905 ; *Le pluralisme de Ch. Renouvier*, Revue philosophique, 1917, n° 7.

O. HAMELIN, *Le système de Renouvier*, 1927.

L. FOUCHER, *La jeunesse de Renouvier et sa première philosophie*, 1927.

P. MOUY, *L'idée de progrès dans la philosophie de Renouvier*, 1927.

R. LE SAVOUREUX, *La conversion de Renouvier au finitisme*, Revue d'Histoire de la philosophie, 1928.

II

Al. RIEHL, *Helmholtz in seinem Verhältniss zu Kant*, Berlin, 1904 ; *Helmholtz et Kant*, Revue de Métaphysique et de Morale, 1904.

III

FAIRBROTHER, *The philosophy of Th. H. Green*, London, 1896.

D. PARODI, *L'idéalisme de Th. H. Green*, dans : *Du Positivisme à l'Idéalisme*, p. 9-47, 1930.

IV

E. MENTRÉ, *Cournot et la Renaissance du probabilisme au XIXe siècle*, 1908.

BOTTINELLI, *Cournot métaphysicien de la connaissance*, 1913.

A. DARBON, *Le concept du hasard dans la philosophie de Cournot*, 1911.

R. RUYER, *L'humanité de l'avenir d'après Cournot*, 1931.

第06章
形而上学

在我们所要研究的时代，形而上学尽管遭受实证主义和批评主义的攻击，却并没有销声匿迹。但它改变了形式，成为愈加分析的和愈加反省的。诚如泰纳谈及黑格尔时所说，这些庞大的泥土建筑物并未被再造。

I 费希纳（Gustav Fechner）

当费希纳（1801—1887）写他的《植物的内在生命》（*Nanna or The Inner Life of Plants*，一八四八年刊行），及他的《死后生命小书》（*Zendavesta or The Little Book of Life After Death*，一八五一年刊行），那时正在十九世纪中叶，德国人对于自然哲学的兴趣几乎消失了。但在费希纳的著作中，他重兴了自然哲学之主要的理论；凡植物均有灵魂，大地亦具有一普遍的灵魂，地球所有的创造物的灵魂是普遍灵魂的一部分；星宿乃上苍的天使，星宿的灵魂之属上苍，好像我们的灵魂之属于大地。但是这些妄想全不具有十九世纪初那些自然哲学之辩证的构造，反倒近似孔德的神话或雷诺的神话；在这类神话中，我们听到普罗提诺与斯宾诺莎的回声；尤其是他所创造的低级灵魂为高级灵魂所产生的意象、高级灵魂包含那些低级灵魂，似从心理层面进行解释的斯宾诺莎主义——大地上创造物的灵魂是属于大地的灵魂，如同起于我们的心的意象或思想是属于我们的灵魂；内心的反省使我们知悉上帝是存在的——"如果我们指挥我们的注意，直对着我们固有的意识，那么我们能够在什么东西上衡量意识的存在？这种意识不是从过去到现在再到未来的活动之一进程吗？它不是把遥远的和就近的相联结吗？它本身不是由万千殊异构成的一不可分的统一体吗？而世界的法则是一赋有同样性质之统一，除非这类性质以无限制的形态附属于这法则"[1]。还有一同类性质的意象，令人忆起普罗提诺：世界上仅有一唯一的意识，此即上帝的意识；每个意识，表面极不相同，但皆由一临界点[2]（threshold）表出其性质，仅神的意识之一有限的部分达到每一临界点的水平；灵魂愈加向上，临界点愈加降低；在上帝中，没有临界点，而意识是总体的；所以灵魂间的断绝仅为表面的。这种形而上学是与康德主义及认识论相敌对的；这种形而上学供给一大全的启示，供给一光明观（daylight vision），和物自身之黑暗观（nocturnal vision）对立——这种看法开始几乎全不为人所知，但在二十世纪初叶，获得人们很大的同情，尤其是在美国，得到詹姆斯的莫大的同情。在物理学上，费希纳亦反对康德与黑格尔，所以他不再是动力论者（dynamist），而为机械论

① 参见《死后生命小书》，一九〇一年第二版，一一七页。
② 编者注：译者手稿中使用"宿阈"翻译此词。

者、原子论者，唯一的特点，则他在机械论中，看见精神的表现或精神结构。

　　费希纳之《心理物理学基本》（*Elements of Psychophysics*，一八六〇年刊行），具有实证的和明确的特性，和他的形而上学妄想相反。韦伯（E. H. Weber）曾经实验刺激与感觉之关系，而费希纳阐述韦伯的定律，推出了感觉的强度与刺激的对数相称的定律[①]。

II 洛采（Rudolf Lotze）

　　洛采生于一八一七年，殁于一八八一年，曾任哥廷根（Göttingen）大学及柏林大学教授，在某种意义上，洛采反对康德主义和黑格尔主义，更新了莱布尼茨的体系。一八四一年，他著《形而上学》（*Metaphysics*）一书，即用目的论的唯心论（teleological idealism），以反对范畴论，他认为范畴仅关乎可能的东西，并不足以解释现象何以呈现，也不足以解释"善"是宇宙之真正实体。在他的《医学的心理学》（*Medical Psychology*，一八五二年刊行）里，他以自我之统一证明灵魂之精神性。他承认灵魂与身体间之相互动作，这是真的；但他认为这种相互的动作完全不包含两者彼此互相影响之过程；因为传递的因果律是不可能的；相互的动作，好像一事物之施行原因的势力，把这势力转移于被动物体，由是将实体与属性分开，这与论理学的原则相反；相互的动作唯

---

① 参见塞亚伊《费希纳的哲学》（"La philosophie de Fechner"），刊载于《哲学杂志》（*Revue philosophique*），一九二五年刊行。

有在一统一的大全中的不同部分之间，方有可能发生 ——"多元论应在一元论中完成，凭一元论之助，表面上是传递的动作，乃变成一内在的动作……这种动作表面上在两有限物中完成，然而实际是绝对，它影响于自身。"他的局部符号论（theory of local signs）是这类观念应用于知觉的问题者：一客观的对象不能影响能知的主体，以致对象的属性乃从对象中浮出，而被导入主体；外界的影响仅是一些符号，经过这些符号之请，灵魂乃依据若干不变的定律，在其自身产生一些内在的状态。

洛采所著《小宇宙》（*Microcosmos*，一八五六年至一八六四年刊行）一书为人的科学，如同洪堡（Alexander von Humboldt）所著《宇宙》（*Cosmos*）一书之为自然科学；他研究身体与灵魂、研究人类与历史，搜集了大量的实证的材料。他的兴趣是从全体的观点去联结科学研究的结果，显然引我们至一无上帝的自然，引我们至唯心论；这必须追随莱布尼茨弃机械观而采用精神实体的方法，因为时间与空间的世界仅一现象而已。就洛采所倡导的精神观的概念而言，他严格意义上是单子论者，他不同于费希纳之处，则在他全不承认灵魂自身能含一些低级的灵魂；依同样的理由，他不是泛神论者，而为有神论者；一具人格的上帝符合灵魂的祈望 ——"灵魂认自己是最高的实相之希望，而又允许实现这希望者，除了人格的形式外，并无其他形式可满足他的希望了……真正的实相，它是存在且应存在者，既不是物质，也不大是黑格尔的理念，但为上帝之人格的和有力的精神，以及上帝所造人格的精神世界：那里就是善的世界，和众善的世界"①。洛采承认三种叠加的实相（superposed realities）：第一，必然的与普遍的法则，它是一切可能的实相之条件；第二，诸简单的实相或诸种事实，它们不能从可能的推演出来，只为我们知觉所认识；第三，世界特有的计划或价值，它赋予我们对世界直观之统一。

所以洛采尝试重建一个多世纪以来已经被打破的哲学各部门之均衡。在他的《哲学之体系》（*System of Philosophy*，一八七四年至一八七九年刊行）一书中，他探求一纯粹的逻辑，完全脱离心理学而独立；在思想中，必须区分何为心理的动作，何为心理的动作的容纳式（法文，contenu）；逻辑仅审究心理动作的容纳式，换言之，即仅审究思想的形式；纯粹逻辑的源头可在柏拉图著作找出来，很不幸的是柏拉图的意典（Ideas）竟为亚里士多德所误解，把意典当作存在于事物的自身者，然而意典之存在非他，乃一价值的存在而已。同样的道理，他欲把形而上学从认识论中解放出来，因为当时已将哲学缩减为认识论，实甚不当。

III 斯皮尔（Africano Spir）

斯皮尔（1837—1890）原为俄罗斯人，但他后来生活在德国，继则住在瑞士日内瓦。他的全部学说可用下引的话表出本质："我们必须选择两目的：真实的认识，及对事物有形而上学的说明，

---

① 参见《小宇宙》，第三章，五五九页至六一六页。

两者必应选取其一。如果我们选第一个目的，我们就能够认识事物恰如其显现的那样，能够了解思想之基本法则，能够了解宗教与道德的基础。那么，我们就应当放弃事物之形而上学的解释，因为我们证明正常与反常间有一绝对相反在，结果是从正常推出反常之绝对的不可能。"①

从这两目的，而知树立宗教与道德的生活为可能，形而上学之说明为不可能，我们先来考察第二项目的："黑格尔所主张真正本质之自己否定自己，并变成自己的反对者，这是不能有的事；一个对象自己否定自己，这反倒是它没具有一正常的态度之证明，亦即它所含的元素异于它的真正的本质之证明。"所谓正常，就是同一的原理，所谓正常物，就是事物与自己同一者；斯皮尔以一个新的《巴门尼德篇》的确信肯定这同一的原理。思想以变换、以化生、以组合赋予实有，这是思想的自杀；大部分形而上学者亦都有一幻想，幻想由创造或散发的道路，自"绝对"引申出化生：这样的引申是自相矛盾的。斯皮尔在这点主张维持康德的思想，"从现象不能达到实有"，不幸的是这种思想为康德的继承者所扭曲。

化生（照《巴门尼德篇》的说法，即意见的世界）造成实有之影像，这也是真的；斯皮尔同休谟与穆勒一样，指出化生趋于变慢或复归于自己，它好像愿意与实体相仿佛，多数的感觉之并行，以及幻想我们的心灵状态构成集团的同质，两者互相结合为整体，由是而产生一永久的我之幻想。因此反常之存在者，则在用一个组成系统的欺诈，掩饰它自相矛盾的性质，一旦披上实体

① 参见《批评哲学略论》（"Essais de philosophie critique"），刊载于《形而上学与伦理学杂志》，一八九五年刊行，一二九页。

的外衣，反常由是而告成。①

但是，绝对与反常间所有之根本矛盾，除非是幻想的，实无法使之一致；这样，我们达到第一个目的，即达到真实认识的目的；这种认识不可简约的二元性建立了宗教的与道德的生活；这种生活存在于解放之中；自我舍弃了他的反常的个性，且超出自己，以求从意识上升至绝对而与绝对同一（因意识尚蕴含化生与组合故）；自私的放弃，自我的献身，这就是参与真实存在的不朽之方法。

IV 哈特曼（Eduard von Hartmann）

哈特曼生于一八四二年，殁于一九〇六年，自一八六九年刊行他的《无意识的哲学》（*The Philosophy of the Unconscious*），这本书是他众多著作的基础。哈特曼在他众多的著作中讨论到道德学、宗教哲学、政治的和社会的问题，最后讨论认识论②以及形而上学③。

他从各种各色的哲学汲取材料以构成他的学说，如黑格尔，如叔本华，如谢林的实证哲学，如莱布尼茨的个人主义，如自然科学，无不有所采用，取材如是繁多，以致要想在他的世界观中看出其密合无间是很困难的。他的出发点似乎是观察生物，尤其是观察生物的机体作用和生物的本能；这些本能意味着存在一睿

---

① 参见于昂（G. Huan）《斯皮尔的二元论》（*Essai sur le dualisme de Spir*），一九一三年刊行于巴黎，四七页。

② 参见《范畴论》（*Theory of Categories*），一八九六年刊行，一九二三年第二版。

③ 参见《形而上学的历史》（*History of Metaphysics*），一八八九年至一九〇〇年刊行。

智，由于它的知识、它的才能以及它的决断之迅速，它高于我们的理智，然而它是无意识的；那么，生命之显示我们者，乃一睿智的和具意志的无意识（an intelligent unconscious endowed with will）。这种无意识丝毫不是意识之低级程度者，也完全不如心理学家所冒称的无意识的事实，把它当作记忆中保存的意象；哈特曼一点也不承认这些冒称的事实，照他看，那些保存在记忆者，仅为一机体的状态而已。无意识之相反者为意识，意识发现是可分的，并似是冲淡的；人体组织中，无疑有许多意识之殊异的中心，并立在紧附着大脑的意识之外；不仅在动物中大概有意识，不仅在植物中大概有意识，而且在分子中也大概有意识。

所以，哈特曼由归纳法的引导把心灵的观念（notion of mind）自意识的观念分出来；心灵的意识旁边，有一心灵的无意识，无意识的崇高可由机体的功能显示给我们，亦可由艺术家的灵感显示给我们，最后由范畴的功能显示给我们，康德已见范畴的功能，是在一切意识之先告诉经验。概括地讲，哈特曼认为他在无意识中发现了一种原则，在某些方面扮充上帝角色，在另一些方面扮演叔本华的意志的角色。无意识，如同世界的创造者，他的动作全凭他的纯粹意志而行，不随理智而动，故其态度似属非理智的；这实体之显露亦不依据任何目的。但无意识亦似是睿智，故在创造的世界中，有一目的性，不仅倾向于事物之构造（如我们见之于有机体中者），并且趋向于世界的运行：世界的运行，由趋于不存在与毁灭的倾向，以补偿它的存在之非理——这好似叔本华的主张，意识不同的程度一直至人类，乃一达到终于消灭的方法。

在哈特曼的学说中，我们很容易认出一种哲学体系，它的厌世主义大不同于叔本华的厌世主义，然而大可归入谢林的天人合一说（theosophy）。哈特曼的上帝是一需要救赎的上帝，上帝开始是纯粹的意志、纯粹的创造力，由睿智的原理而获救赎，因睿智原理把赎回过失的意识输入人类——这是比千年国（millennium）还要新奇的神话，哈特曼何以重新发掘出来，这或不为人知觉；他厌恶基督教的人格神，厌恶新教之庸俗的理神论（trivial deism）和乐天主义（optimism），但他喜爱一非人格的上帝，"唯有他能救赎我们，因为唯有他在我们之中而我们在他之内"。那里就是这种精神状态之自然的反动。他的学生德鲁著《基督的神话》（The Myth of Christ，一九一○年至一九一一年刊行），否认耶稣之历史的存在，他以充足的论据得出这种宗教的理论具有日耳曼传说痕迹的结论，而利奥波德·齐格勒（Leopold Ziegler）对这宗教的理论所作的定义为"人类意识中，世界之无意识的精神之解放的过程"，给德氏以充分的理由。德鲁在笛卡儿"我思故我在"（拉丁文，Cogito ergo sum）中看到有神论错误的源泉，因它把存在与意识同化；这是唯理论的基质，也是英国的经验论的基质，并且是冯特与狄尔泰（Dilthey）心理学的基质。当他们把内部经验的内容同化于给予（given）的总体，他们否认了灵魂。

V 法国的精神论（Spiritualism）

自库辛（Victor Cousin）传下来的精神论，和在法兰西第二帝国时在野的自由党的影响，可见之于西蒙（Jules Simon，1814—

1896）的生涯中，一八五一年，西蒙拒绝政府强迫教授的宣誓。一八五六年，他刊行《自然的宗教》（*Natural Religion*），一八五七年，出版《信仰自由论》（*Liberty of Conscience*），一八五九年，发表《自由论》（*Liberty*），上述三书皆为政论家拉布莱（Édouard Laboulaye）在《自由党》（*The Liberal Party*，一八六三年第三版）一书中的思想作辩护，反对当时假借法兰西传统的名义而来的反动：这种运动的起点之一，则为托克维尔（Alexis de Tocqueville）所著《论美国的民主》（*Democracy in America*，一八三五年刊行），他维护公众的自由而反对民主的平等主义（egalitarianism）。西蒙的其他著作，如一八六三年出版的《工友》（*The Worker*），一八六六年出版的《学校》（*The School*），皆企图把他的政治原理应用到实际问题上去。

这时代的精神论仍依库辛的传统，致力于哲学史的研究，其成绩斐然。如弗兰克（Adolphe Franck，1809—1893）所编的《哲学辞典》（*The Dictionary of the Philosophical Sciences*），谢涅（Chaignet，1819—1890）所著的《希腊心理学》（*Psychology of the Greeks*），西蒙著《亚历山大学派史》（*History of the School of Alexandria*，一八四四年至一八四五年刊行）；瓦舍罗（Étienne Vacherot，1809—1897）著《亚历山大学派的批评史》（*Critical History of the School of Alexandria*，一八四六年至一八五一年刊行）的研究，及雷米萨（Charles de Rémusat，1797—1875）的研究，尤其令人注目的是奥雷欧（Hauréau）对中世纪哲学史的研究，以及布耶（F. Bouillier）著《笛卡儿主义史》（*History of Cartesianism*，一八四二年刊行），此上均为各哲学学派史的主要著作；还必须加上一部名著，那就是马丁（T. H. Martin）所著《〈蒂迈欧篇〉释注》（*Commentary on the Timaeus*），他企图将哲学史与科学史相联结。

　　另一方面，折中主义的原则或者已被放弃了，或者学者们以新的态度去解释它；瓦舍罗在他著的《科学与形而上学》（*Metaphysics and Science*，一八五八年刊行）和《新的精神论》（*The New Spiritualism*，一八八四年刊行）里，攻击一种哲学，它只让常识去挑选各体系而调和之；他并强调各哲学体系之相反，实不可归并；实在说，知识之源泉有三——一为想象，二为意识，三为理性。想象以可感事物之样态再现实相，由是而达到者则唯物论；意识使我们认知自己乃一能动的存在，并促使我们把实相的基质视作力量，由是而达到者，则精神的动力主义（spiritualistic dynamism）；理性乃原理的能力，指挥我们趋向一唯心论（idealism），有如斯宾诺莎的唯心论者，它于事物中看见一无限力量之必然的发展——所以要调和这三种趋势，绝不可能，就是要选择其一，而消去其他二者，也做不到。但瓦舍罗以另外一种作风去构成折中主义——把它建在理想的世界和存在的世界之分歧上：我们所能规定的存在之条件，就是这些想象所能表现如有限物之存在的条件；存在世界不能与无限的完善比拟，而瓦舍罗反以本体论的证据，于上帝的完善中，看见否认他的存在的道理。所以完善是理想的世界，而理想以它的意义和它的方针给予存在的世界。这种学说，从某些角度看来，是接近勒南的学说的，复次，这种学说亦与勒南的思想相同，乃出自黑格尔哲学的沉思，然而在同一学派中，引起卡罗（E. Caro）的责难，卡罗曾著《上帝的观念》（*The Idea of God*，一八六四年刊行）一书，以批评瓦舍罗、勒南及泰纳。

保罗·让内（Paul Janet，1823—1899）总是忠于库辛的折中主义，但他认为折中主义并不是一死板的选择，即把一切哲学体系所共有的选出来，而是作为一应用于哲学之客观的方法，以求建立诸科学之调和①。哲学不建在任何绝对的直观之上；而且只有由反省自己，去发现绝对、人格与上帝，这是毫无疑问的；但最有关系的，则哲学是一全属于人的绝对知识，偕同实证科学之发展而进步。譬如《最终原因》（*Final Causes*，一八七七年刊行）一书，全从科学取出他的材料。保罗·让内的《道德学》（*Ethics*，一八七四年刊行）地道表出了折中主义的特征，他致力于调和亚里士多德的幸福主义（eudaemonism）和康德的严肃主义（rigorism）；义务的完成仅仅是人性趋向自身完善之发展；完善的存在一方面是我们的至善（sovereign），另一方面又是我们的理想。保罗·让内之最后的著作《心理学与形而上学》（*Psychology and Metaphysics*，一八九七年刊行）发展库辛的精神论之基本原理，力主由自己的反省与内省（self-reflection and introspection），接近形而上学的实相。

---

① 参见《库辛和他的著作》（*Victor Cousin and His Work*），一八八五年刊行，四一八页。

VI 精神论的实证主义：拉维松（Jean Ravaisson）、拉舍利耶（Jules Lachelier）及布特鲁（Émile Boutroux）

当一八六七年之时，正是形而上学沉闷之日，但拉维松（1813—1900）作《十九世纪法国哲学的报告》（*Report Concerning Philosophy in France in the Nineteenth Century*），已预见"实证主义（positivism）之形成，或精神论的实在论（spiritualistic realism）之形成，它以意识为发生的原理（principle），精神在其自身取得意识的存在，并认识其他一切的存在均自它而来并依属于它，而所谓精神者非他，即它的动作（activity）罢了"。拉舍利耶、布特鲁和柏格森将于二十年后证明他的先见；拉维松可说是精神论的实在论运动的始创者，他的博士论文《习惯》（*On Habit*，一八三八年刊行）实开其端。这一运动区别于笛卡儿精神论的特点，在于它赋予生命观念（idea of life）的意义；笛卡儿曾把生命简约为机器，把灵魂与物质绝对分开，并肯定二元论，把实在的连续打断；但这种二元论在十八世纪大遭斯塔尔（Stahl）的精灵论（animism）的抨击，又遭蒙彼利埃（Montpellier）学派的活力论（vitalism）的攻打，拉维松很注意这些批评；另外，拉维松曾在慕尼黑大学课室里亲受晚年谢林的教育，获知精神与自然之密切联系的理论；故拉维松的实证观，与其说是孔德的，毋宁说是谢林的实证哲学——谢林以他的实在论和他的偶然论（contingency）反对黑格尔的唯心论，拉维松受了谢林的熏陶，自应引起一个精神论的实在论和实证主义之观念。

但由于拉维松的气质的不同，他完全不想仿效谢林创作形而上学的大壁画；他只就一明显的而又有限的事实——习惯，探索意识的内层，以求把握精神伴着物质的继续。清楚的意识必须以目的观念与它的实现之间的某个由反省而得的偏差（difference）为前提，但这种偏差在习惯中减少了，继则消灭了；那么，习惯停留在理智的而又非意识的动态——"在经过和计量相反的距离及对立的中间之反省里，一直接的睿智逐渐继之而来，这直接的睿智里毫无主观及思想的对象之分——习惯逐渐是一本体的观念（substantial idea）了。这种继反省而成习惯之模糊的睿智，这种主观与客观相混含之直接的睿智，就是一实在的直觉（real intuition），在这种直观里，思想与存在，理想与实际相混为一"[1]。那么，我们由习惯发现自然是什么："在灵魂的核心，如同在灵魂所激动的及非灵魂的低级世界内，出现欲求之非反省的自动性，出现自然之非人格性，好像是习惯重见于行动的进展的界限。"[2]那么，自然并不是盲目的和机械的潜能（mechanical power）；自然是一直接感觉到它的目的之欲求的全体；因此，自然与自由相联："森罗万象中，自然界之必须乃自由所织的锁链，但这是一运动和活力的锁链，欲求的，爱情的，神恩的，这是必然的。"[3]

拉维松在他的关于习惯的博士论文未提出之前，曾经写过一篇关于亚里士多德的论文，其后他在《试论亚里士多德的形而上学》（*Essay on the Metaphysics of Aristotle*，一八三七年至一八四六

---

① 参见巴吕齐（J. Baruzi）版《习惯》，一九二七年刊行于巴黎，三六页至三七页。

② 同上，五四页。

③ 同上，五九页。

年刊行）中给出了确定的形式；他曾竭尽全力解释亚里士多德对柏拉图意典论（Platonic Theory of Ideas）所作的批评，而其所得之收获，则以推动自然趋向睿智的欲求，以解释自然的运动和自然的生活，这是真正的实相，而非空洞的抽象的意典。而且拉维松以类似谢林《神话的哲学》（The Philosophy of Mythology）开始部分所表现的态度，看出亚里士多德主义为基督教的桥梁：亚里士多德仅从外部去统一潜能与显势（potential and actual），统一物质与思想；基督教以上帝对人类居高临下的爱情，代替自然趋向其所不知的善之欲求；这样一来，实际与理想，潜能与显势，不论两者如何殊异，竟成不可分离的连带关系。

"真的哲学将深究爱情之本性"[1]，康德与苏格兰（Scottish）学派的错误，在于仅使用悟性或抽象概念的能力，就以为内在的或外在的经验仅能达到现象而已；但我们可用活泼有力的反省，达到灵魂的实体，比朗（Maine de Biran）则为其好模范；如果灵魂，在第一次反省之下，显现为意志与努力（will and effort），那么蕴含在这努力中的欲求与趋势必然以与善相结合的感情为依据；这种结合非他，爱而已，爱实构成灵魂的真实体。

拉维松对于艺术曾作深切的沉思[2]，这种沉思引导拉维松在形式的阳刚（rigidity of forms）之下，把握着一切内在的统一与内在的和谐；在美丽（beauty）之下把握着神思，在柔和的线条之下把握着线条所作波状的和蛇形的运动，在形式之下把握着音乐。"学

---

[1] 参见拉维松未发表文章，为巴吕齐版《习惯》绪言所援引，一九二七年刊行于巴黎，二六页。
[2] 参见《米洛的维纳斯》（Venus de Milo），一八六二年刊行。

习图案就是学习把握造成形式的歌咏。因为音乐与歌咏是全世界所包含者之最大的表现。那么，学习音乐之所以起于一切者，则求万有所说者成为可觉的。"[①]一普遍的和谐乃若一散布万有之神恩，自然就是这样存在着。

拉舍利耶，一八三二年生，一九一八年辞世，他将反省方法的意念输入法兰西的哲学；但是要想从他的已刊行的著作，去透彻理解他的学说的真义，尤其是要想欣赏他的学说的风趣，这是十分困难的，因为他的学说大都在他巴黎高师的讲授中发展形成，唯有亲在课堂上受其熏陶者，方可心领神会；然而拉氏某种态度尚可从塞亚伊（G. Séailles）的著作《拉舍利耶的哲学》(*The Philosophy of J. Lachelier*，一九二〇年刊行）略窥其一二。拉舍利耶不大满意联想论的经验主义（associationist empiricism），照他看，联想论的经验主义显然走上了怀疑论的道路，但他也不大满意当时风行法国各大学的折中主义，因为"折中主义，一方面把思想同思想内部的和固有的决定作用相混，另一方面，思想的对象仅为意象而已，而意识既接触不着它，也包含不着它"，思想从它的本身既然显出暧昧和矛盾，而欲思维其自身以外的事物，故折中主义所要求的自然与怀疑论一致了。只有假定实相是在思想本身，是唯一可靠的。

拉舍利耶的这种立论与康德哲学相接触而愈加明显。但拉氏的立论表现出一些十分不同于康德模板的特性。康德分可能性为两类：第一类为经验的可能性，产生了建设的判断（constituent

---

① 参见拉维松未发表文章，为巴吕齐版《习惯》绪言所援引，一九二七年刊行于巴黎，二五页。

judgment），如因果之原则；第二类为思维一次所构成的对象的可能性，于是而产生了反省的判断（reflective judgment），如目的之原则。但拉舍利耶不作此种区分，他说："如果事物存在的条件就是思想可能的条件，我们就能决定这些条件是绝对先验的（absolutely a priori），因为它们乃从我们的精神本性而来。"复次，在他著的《归纳的基础》（*Foundation of Induction*，一八七一年刊行）一书内，他一方面用超越的分析（Transcendental Analytic）论证，以证明因果的原理，证明普遍的机械观；另一方面，他大量地依据判断力的批判（Critique of Judgment），以证明目的之原理，虽然他给两者以同等的价值。

这种分歧是拉氏哲学的特色：《归纳的基础》中的思想运动是大不同于康德的三批判（Critiques）之思想运动。在因果的原理和目的之原理间，拉舍利耶所见的一种区分不同于康德的区分，拉氏所作的区分在抽象与具体之分，所谓抽象，则机械观之贫乏的实相，所谓具体，则灵感与趋势之丰富的实相；拉氏所主张的思想是超过世界之客观的条件，而为实有向至善和圆满之一突进（a thrust toward the Good and toward fullness of being），结果，他所建立的机械观并非实相的结构，而为一超出的名词。

拉舍利耶于经验条件之康德的分析法外，尤爱综合的方法，而应用于其《心理学与形而上学》（*Psychology and Metaphysics*，一八八五年刊行），照上所述，这是不足惊异的；综合的方法更适用于证明存在的法则与思想的法则之同一；在《归纳的基础》一书中，他明白显示世界为何种法则所支配，但此与思想无关，而思想有一种绝对的和独立的存在；如果我们看见思想由一种综合的作用而产生它的对象，则我们敢确定思想之独立存在 ——"绝对的存在仅能直接地证明，由于思想从本身而自行创立，而自行赋予动作的原则等作用之发现，而证实"[1]。存在的或真理的观念从自身创立，而自行肯定，尽管有人否认它，却不因之而动摇；因为还有人肯定它不存在是真的；这种不断地再生的肯定有其象征，如时间，那里面显出无限刹那间，再如第一维（first dimension）或长度，最后，如机械的必然性，那里面同质（homogeneous）决定同质。由于第二种动态，这种肯定创造了感觉之异质的复杂性，创造了强度的数量（intensive quantity）并将其扩展在空间之第二维上，创造了松弛，然而它的各种程度之总体构成一生存的意志，一趋向目的之目的。最后，由于一自发的动作，思想反省自身如同存在之源泉，而思想成为自知的至高的自由，自由的本质，偕同它的必然和目的性，仅一片刻而已。

这些公式，无论它们的理由如何不充分，都能表明拉舍利耶的辩证法不同于康德的继承者之辩证法；每一思想的动态，并不必然地附属于任何一先行的思想动态，无论它是分析的或综合的；任何一先行的思想，不足以产生后起思想的动态，亦不足以预见后起思想的动态，思想动态之自相联络，唯有视之如思想总体的潮流，趋向于绝对的自由。

如是，思想在其运动中，不能以哲学所达到形式的绝对为满足。"哲学上最高的问题，即由形式的绝对，到实在的和活力的绝对，由上帝的观念到上帝之过程，然此问题，宗教的意味多

---

[1] 参见布特鲁《哲学史的新研究》（*Nouvelles études d'histoire de la philosophie*），二三页。

于哲学的意味；如果三段论式在这里失败了，信仰从这里冒一下险，宇宙论的论证让位于孤注一掷了"①；这活力的上帝，基督教徒信仰的上帝，拉舍利耶心目中的上帝，即此辩证的极端的结论。这点好像普罗提诺的思想，我们的真正的内心（interiority）永远高于我们把它放在过程的形式；它存于我们与活力的上帝之同化中，我们与上帝同化是我们的实相，且是唯一的真正的实相。我们的道德行为仅为我们与上帝同化的征象；拉舍利耶在他授课时说，"某些行为能够取得绝对的价值，因为它们象征性地代表着事物之绝对基质，这基质……从一方面看体现为人类灵魂在其纷殊的能力中绝对地统一，从另一方面看体现为人类的灵魂在纷殊的人格中绝对地统一；……推倒一切对意识与自由所作之障碍，……尽可能地把人类灵魂的纷殊引归于灵魂的统一，在上帝中统一起来"②，这就是道德学上的基本格言，它居高临下地指挥着仁爱；因此拉舍利耶将行为以及政治的行为建立在超个人的势力上，尤其是建立在传统的势力上，因为古老的法律常超出立法者，且如理性一样，有成为非人格的趋势；它是民权的敌人，详言之，即凭私欲的和无定的公共意志所生的民权之敌人；总之，一切稳固力（stability），一切共同体（communion），照他看，都是理性的象征。在拉舍利耶的思想里面，尤其是在他未写在纸上的思想里面，象征的观念扮演压轴的主角，这些动机也很容易看出来：在一种学说只赋予无限以特有的实在中，象征主义不是整饰有限之唯一方式吗？

---

① 参见《帕斯卡的赌注释》（*Note on Pascal's Wager*）。
② 参见塞亚伊《拉舍利耶的哲学》，一二四页至一二五页。

布特鲁生于一八四五年，殁于一九二一年，若以其影响及其大部分的著作而论，应将布特鲁的思想放在下一期（一八九〇年至一九三〇年）去研究；但他在一八七四年刊行的主要大著《自然律的偶性》（*The Contingency of the Laws of Nature*）——一八九五年发表《自然律的观念》（*The Idea of Natural Law*）加以补充——略在拉舍利耶的《归纳的基础》之后，故我们在这章叙述他的哲学。一八五〇年以后，我们知道雷诺维叶所称为科学主义（scientism）之世界观怎样发展，怎样传播于民间，那时候斯宾塞、毕希纳（Büchner）以及其他思想家皆主张现象的组成，皆为严格的定律所贯穿，如同成为连锁之相续，而所谓自由的观念、目的的观念，则一概否认：他们为维持这世界观起见，乃借口于科学的知识之要求。布特鲁著作最大的鲜明崭新之点，即足表出他无限的才干之处，则在他完全抛弃这些科学的结论，准确点说，则完全抛弃这些冒称科学的结论，并用对科学工作本身的分析去探求，"如果必然的和紧附着悟性的联结范畴实出现于事物自身……如果已知的世界显现一些真正不可约减的偶然性的程度是实有的，自然要想到自然律本身不是自足的，有统治自然律的道理存在：所以悟性的观点并非事物的知识之确定的观点"[1]。

布特鲁特别重视守恒的法则，曾作深刻的研究。决定论则树立在这些法则上：活力守恒律（Conservation of vis viva）、热力均等律（Law of equivalence of heat）、机体的相关与联系律（Laws of organic connections and correlations）、心理物理平行律（Law of

---

[1] 参见《自然律的偶性》，一八九五年第二版，四页至五页。

psychophysical parallelism）、心力总量永存律（Law of permanence governing amounts of psychic energy）；科学研究机械的、物理的、生命的、心理的事实之每一阶段，由是而构成各科学的定律，似乎是一些排去任何偶然性的原理。但是细加思索，这些定律的必然性不无问题。第一点，事实的阶段有多少，则定律亦将有多少，且在这些阶段中，从较不完全的至最完全的等级上，高等阶段对于低等阶段之关系是偶然的；这种偶性或不可再约性是一实证的与件，而且供给孔德的科学分类之出发点就是这种偶性。第二点，这些守恒之法则提出一个问题，该问题虽在其应用层面是殊异的，却在其普通形式里归于同一：所谓量的永存是必然的吗？在力学里面，力守恒的原理告诉我们，力之中，毫无超于经验之形而上学本质；这原理完全不是通过事物而被说明的，而是通过从经验得知的一有限的力学因素体系；复次，两继起的状态证明其为绝对相等，严格说，这是不可能的；最后，永恒乃一变化中之永恒，那么，永恒假设一它所不能解释的变化。人或许能够常说在任何实在的阶段有类似的观察，但必须是增加的，即证明每一阶段中，偶性时时增加。第三点，以生命的水平而论，不仅生命能量是几乎不能测量的事物——因为它具有无法用数字衡量的性质——而且我们于生物的演变中，证明过一历史的因素，证明过一进化或退化的变异。第四点，我们欲在意识中发现此种守恒，也是不大可能的事。我们愈加上升，"则定律愈加趋近事实。自此以后，整体的守恒不复决定个人的动态，而反依属于个人的动态。唯有个人成为定律所适用的一类，个人成为定律之主宰了。个人把定律当作工具来运用；当个人存在的每一刹那，他梦想他与定律处在相平等的地位"[1]。

依此而论，已彻底明了的实证性（positivity）是与精神相一致的。当科学完成时，我们绝不能被科学假定的演绎特性所欺骗。那么，必然是在科学的结论中，并不在科学的原理里。所以布特鲁认为实证科学的价值显然有问题[2]；凡科学所搜集者仅为固定的和不变的而已，故认识科学，"终究要在它的创造源泉中去设法"。为此之故，经验是不应该放弃的，不但不应放弃它，还应该扩大经验；凡科学所保有的与件，仅为应用于归纳，及定律的建立而已；凡科学忽略事物之历史的状貌，盖由历史可以知道实在中有不可预见的行动和不能推演的动作。这种偶性的经验使科学无法说明；完全的和圆满的解释，唯有见之于道德生活中，见之于向善的志愿中，"上帝实有，我们觉得上帝创造的动作在我们内心最深邃处，即当我们勉力以求接近上帝之时"，而一切实在的等级显示给我们，如同是自由的条件和自由的方法，相信逐渐能打破物理的定命而获得自由。

布特鲁对于哲学史的研究与他的学说有密切的关系；他的博士论文《笛卡儿派偶性之研究》（*De veritatibus aeternis apud Cartesium*，一八七四年刊行）是用拉丁文写的，一九二七年由康吉莱姆（Canguilhem）译成法文，这部书探究笛卡儿偶性的概念，这概念是上帝行动的关键规则；他译策勒的《希腊哲学史》（*Philosophy of the Greeks*，一八七七年刊行）第一卷，曾写一篇绪言，他趁此机会吐露他同意策勒，反对黑格尔和折中主义者，历

---

① 参见《自然律的偶性》，一三〇页。

② 同上，一三九页。

史进步的偶性是一理性的历史——理性并不致力于事物之科学的解释；历史以它的宗教、它的道德、它的艺术把全体人类团结起来。他曾研究历史上各哲学的伟大体系，特别是研究亚里士多德、莱布尼茨、康德，这许多研究的论文大都编在一八九七年出版的《哲学史的研究》（*Studies in the History of Philosophy*）、一九二六年出版的《康德哲学》（*The Philosophy of Kant*）、一九二七年出版的《哲学史的新研究》（*New Studies in the History of Philosophy*）、一九二七年出版的《德国哲学史的研究》（*Studies in the History of German Philosophy*）中。在这几部哲学史中，他很热烈地显示这包含全人（encompasses the whole man）的理性，说明诸家的哲学，这是很自然的，他注意于人类精神内部之矛盾所显出的不调和：科学与宗教。科学与宗教的冲突是他第一部著作立论的基础，并出现于他最后出版的一部著作标题中——《现代哲学中的科学与宗教》（*Science and Religion in Contemporary Philosophy*，一九〇八年刊行）；在这部著作之前，他在一九〇〇年著《帕斯卡》（*Pascal*），一九〇二年著《神秘主义的心理学》（*Psychology of Mysticism*），在这部著作之后，他在一九一一年著《威廉·詹姆斯》（*William James*），这些著作都表现出专门研究的统一性。他在《现代哲学中的科学与宗教》一书中切切实实提出下列问题[1]：科学精神是从理性对抗宗教精神的反动而产生，以及科学的胜利与宗教精神的消灭是唯一的和同一的事，这是真的吗？据他看，两者的调和不能从双方均停止攻击而来，亦不能从双方各守其界限而至，必须

---

[1] 参见《现代哲学中的科学与宗教》，三四五页。

有一极深刻的探研后方可调和二者；妨碍科学精神与民主主义何在，这对于宗教是不能成为问题的；但这点是很容易解决的，只需宗教解脱了政治的形式，解脱了人们对《圣经》的曲解，而回到宗教自身来，而成为纯正的存在，这就是说宗教是精神的和真理的上帝之崇拜。折中派的精神论认宽容（tolerance）是哲学家对宗教之正常的态度，但布特鲁的精神论则认"宽容的原则乃一来源很坏的观念，一令人讨厌的宽恕之表现"[1]；必须要超过宽容，一直到"爱"中去求 ——"宗教家与别人相处，相接触，并非只有别人同意他的立场才尊重他们，就是异于他的立场的人们，也同样尊重"。

---

[1] 参见《现代哲学中的科学与宗教》，三九二页。

第07章

尼采

　　当尼采（1844—1900）年青时候，偕同他的友人罗德［《精神》（*Psyche*，一九二五年刊行）的作者］，进过波恩（Bonn）大学和莱比锡大学。他在大学的时候研究语言学，语言学由于它的方法和它的结果，被认为是日耳曼文化的结晶。他研究叔本华的著作，深受其影响，对人对事均抱悲观的态度，故他很早就厌恶世人与俗事。"一个学者从不能变成哲学家，因为哲学只许研究观念，只许研究意见，只许研究过去的事，只许研究那些把他和物对立的书本，照最广泛的意义说，哲学家是为历史而生的，他从不自最紧要处去看对象，也从不视自己为一最紧要的对象。"[①]这种腓力斯丁（Philistine）文化的源泉则自黑格尔的哲学而来，照他看，施特劳斯就是这种文化的典型：黑格尔宣布说最后的时间已经到了；"而那些自以为最后至的人之信念，的的确确是风瘫病的，是引起坏脾气的特质，但当这样的一种信念胆大妄为地把过去至现在之一切的目的和意义都神化了，他的学究式的可怜相竟成为普遍历史

---

① 参见尼采《作为教育家的叔本华》（*Schopenhauer éducateur*），一八七四年刊行，一九二二年法文版，一○四页。

的一个实现，那么，这种信念显然是可怕的和堕落的"[1]。

　　然而尼采对语言的研究，引起他对希腊的默想，他在希腊民族发现"一反历史的文化之实相，这样一种文化尽管是反历史的，或者恰恰就是因为它是反历史的，所以有说不出的富厚和说不出的丰饶"。他著的《悲剧的诞生》(*The Birth of Tragedy*)，就是从他以叔本华的哲学去反省和解释希腊文化，以及从他的朋友瓦格纳(Richard Wagner)的歌剧而产生的，他在一八七〇年的战争之前写这部书，一八七二年才刊行（一九〇一年译成法文）；一八八六年版加上一副标题——"希腊主义与厌世主义"(Hellenism and Pessimism)；古典的批评［这种批评上溯至文克尔曼(Winckelmann)］仅认识希腊艺术的一面，即塑像的艺术，阿波罗(Apollo，日神)的艺术，形式的神；这是均衡的、标准的、知识的和自我控制的艺术，适合于痛苦的世界中所作安宁的和无感觉的默想；"实在的世界盖上一层面纱，然而一新的世界，一愈加光明的、愈加智慧的、愈加幻想的世界，在我们的眼底产生了，且不断变化着"。和阿波罗的默想对立着的，则是狄俄尼索斯(Dionysius，酒神)的狂喜，那是意志统一的认识，是叔本华的厌世的观点；希腊的悲剧中，合唱则代表狄俄尼索斯的伴侣；"它使思想为英雄遭受打击的不幸而不寒而栗；它表现这种不寒而栗之最高的和最大的力量的快乐"；它不寒而栗，因为极度的不幸不让它作阿波罗的默想；但这种极度的不幸引导它于生存意欲中把握不幸的原因，引导它否认生存意欲而获平静——这就是瓦格纳

---

[1] 参见尼采《不合时宜的沉思》(*Untimely Meditations*)，一八七三年至一八七五年刊行，一九〇七年法文版，二一五页。

所作《特里斯坦与伊索尔德》(*Tristan and Isolde*)的思想，照尼采看来，瓦格纳的歌剧即希腊悲剧的再生；这种歌剧，"引导表面的世界到自行创造的，愿返于唯一的、真正的实相之庇护的内心境界"。

I 上等价值的评判

这种失望的和暗晦的形而上学不再继续下去了；他于生命本能衰弱和减退中，发现否认生存意欲之生理的和心理的因由；厌世主义是一衰颓的征候。现在尼采与瓦格纳不和了，友谊也破裂了，他同叔本华一样，成为法国的道德学家，如拉罗什富科(La Rochefoucauld)、帕斯卡，以及十八世纪其他学人著作的读者了。一八七八年发表《人性的，太人性的》(*Human, All-Too-Human*)，一九〇九年译成法文，一八八〇年发表《旅行者和他的树荫》(德文，*Der Wanderer und sein Schatten*)，一九〇二年法译本出版。尼采在上述著作里，说明人群间基本的道德感情，如仁慈、自谦、利他主义，怎样从人的感情和人的行动之反科学的错误解释而产生；道德就是自舍(autotomy)——如果军人希望战死于沙场，"这是因为他具有为自己的一观念、一希望、一创造的爱，胜过其他对自己的爱，结果，他杀身以成仁，牺牲小我以为他人"；那么，相信自己能够走出自己，这是错误的。

一八七九年，尼采因病而辞巴塞尔大学(University of Basel)语言学教授之职；他居于罗马、热那亚、尼斯，及恩加丁之锡尔斯（Sils in the Engadine）等地；这种漂泊的生活，常常是孤独的，一八八九年突患全身风瘫，遂结束了这种漂泊的生活。此十年中，他写了许多情绪高涨的书册，书中的思想失去系统的发展，大部分表现为格言的方式，但有时亦有浪漫的先知者之态度，书中散布的想象，亦风起云涌，如《查拉图斯特拉如是说》（*Thus Spoke Zarathustra*，一八八三年至一八九二年刊行），即其例也。尼采所致力解决的问题，就是现代文化问题；一种文化的生活则在价值的信念；现代人生活着的价值，有科学、基督教、唯理主义、厌世主义、义务的道德、民主主义、社会主义，凡此种种都是堕落的征候，生命趋于贫乏和灭亡的征候。尼采的著作是对抗时代潮流而作的努力：探究现代通行的价值标准的来源，则在生命的厌倦，故必须推翻这些价值标准，另外以权力意志（will to power）为最高的标准，肯定生命之花和生命之果，而作价值之重新估定（transmutation of values），推翻旧价值和重估新价值，这就是尼采的两大努力。

这部著作最容易懂得的部分，就是那些愤激的批评；这种批评在《人性的，太人性的》一书中所表现的，尚未超出十八世纪的哲学的范围，但当尼采扩充他的思想，推尊权力意志把握着他号称为欧罗巴的虚无主义（nihilism）的那些坏东西之后，这种批评遂变换性质；现在，他不再向自利主义找道德的起源，而于深远的生理基础上，去找社会主义者所主张的平等主义，科学家所主张的客观性，宗教家所主张的怜悯，及他们所有这些共同的态度的起源。一八八一年，他发表《朝霞》（*The Dawn*），一九〇一年译成法文，在这书里，他提出与卢梭（Rousseau）相反的怪论，卢梭的怪论是"这种可怜的文明是我们的恶行败德的由来",尼采的怪论是"我们的美德善行是这种可怜的文明的原因。我们的社会上所谓善与恶的概念,是懦弱的和缺乏勇气的,是身体与灵魂莫大的负担,终于把一切人的身体和一切人的灵魂都弄柔弱了,把所有的独立的、自尊的、没有成见的人们都打倒了,把一种强有力的文化之真正的柱石推翻了"①。他在《快乐的科学》(*The Gay Science*,一八八二年刊行)一书里宣露的思想,可名之为尼采的实用主义(pragmatism),据他说,我们的真实知识是建立在生命的谬误之观念上,例如我们对于客观与物体的信念,我们的论理学"则自我们研究相似的事物时视之为相等的倾向而来",总之,我们的原因与结果的范畴:"理智视原因与结果为一种条件,或非一种条件;或以我们的方式,视之为一种强断的片段,看见事件生起如潮之汹涌,遂将否认因果的观念,将否认一切条件的观念。"②

尤其是在《善恶之外》(*Beyond Good and Evil*,一八八六年刊行,一九〇三年译为法文)一书中,我们发现他很严刻地作价值的批评:他分析哲学家、分析自由精神、分析宗教家、分析科学家、分析爱国者、分析贵族们,他凭这种分析,以决定每一个人对实际所下判断的要旨是使生命力上升,还是使生命力下降;例如残忍的感情是一切高级文化的根基;这种感情产生悲剧之苦痛的愉快,如同帕斯卡之理性的牺牲,"很秘密地被自己的残忍

---

① 参见《朝霞》,一八一页。
② 参见《快乐的科学》,一六九页。

性吸引，转而反对它自身"①。《道德学的谱系》(*The Genealogy of Morals*，一八八七年刊行，一九〇〇年译为法文)特别探究苦行主义(asceticism)的问题，视之为极端形式，道德与科学则表现其一面；"全部健康的，全部力量的，全是粗暴的，野蛮的放肆的默想者，是一个很容易轻视而不是憎恨的卓绝的人；他必须与那些野兽作战到底，不过这种战争是智力多于暴力的"②。苦行者的定义就是这样，我们看见道德的与科学的精神(spirituality)是从苦行者产生出来的。

我们从这些格言的结果，可看出尼采奠定基本概念的批评的方向，它后来大大发展于实用主义以及科学批评的运动中，另一方面，在尼采的思想中，我们发现道德家之心理的批判，下面引述的一段话，是尼采对科学家的批评："今日之科学是一切不满意的、无信心的、自疚悔的，以及坏意识的避难所；科学就是缺乏理想的悲痛，就是没有大爱情的苦楚，就是勉强自制的不满意……我们最渊博的科学家的才能，他们孜孜不倦的专心，他们日夜煎熬的头脑，他们每日工作的卓绝——凡此种种全是以任意地把明明白白的事物弄得糊里糊涂为目的。"③尼采觉得只有从来没有获得科学的知识，方能发展这两种评价，方能确定这两种评价；尼采于一八八二年就获得权力意志的观念，一八八六年开始发展权力意志的观念，这观念系统的结果可见于他的遗著《权力意志》(*The Will to Power*，一九〇一年刊行，一九〇三年译成法文，这部

① 参见《善恶之外》，二三三页。
② 参见《道德学的谱系》，二一八页。
③ 同上，二五九页。

书系由尼采的遗稿编辑而成）一书中，但这些观念在他的《偶像的黄昏》（*Twilight of the Idols*，一八八九年刊行，一九〇二年译成法文）中已约略指出，加以发展。尼采在这一时代已宣示他很反对那些达尔文的和斯宾塞的精神的大综合，并反对他们的定命和机械进步的观念；生存竞争也很不幸而得到达尔文学派所希望的反结果，达到他们所敢希望的反结果——"我意所指，则生存竞争说反害了强者，害了特权者，害了特别幸福者。种族绝不会进入完善之域，因为那些懦弱的东西常成为强者的主人，他们之能为主人，则因为他们的人数既多，而且是最狡猾的东西"[①]。现在，欧罗巴的虚无主义的定则构成了，他用这定则标明这种堕落是从苏格拉底和柏拉图开始的，"人类这种普遍的谬误吞噬了人类的基本的本能"；一切高等的判断，为一切人的判断，皆归于虚弱无力的判断[②]；全部理想，全部不存在的目的的宣布，则惩罚那些降低生命力的人和事。

II 价值重估（Transmutation of Values）：超人（The Superman）

所有尼采的著作照他本人看，都是趋向治愈的过程——"绝对的人格的存在，不用第一人称——记忆之一种（Be absolutely personal without using the first person—be a kind of memory）"，他自

---

① 参见《偶像的黄昏》，一八四页。
② 参见《权力意志》，第一卷，一二六页至一二七页。

己所造的格言就是这样①；价值的重新估定，其渊源并不在反省与分析，而在权力的肯定，它是唯一的，无须证明的；意大利文艺复兴时的人物，和他们的不道德的品性，那就是高迈不羁的人的典型，而以拿破仑为最好的代表，但卡莱尔和爱默生（Emerson）竟欲证明这种人的典型为观念的表象，那是很大的错误。所以在《查拉图斯特拉如是说》（第一及第三部，法译本第四部），或在他的遗著《瞧，这个人》（Ecce homo，一九〇八年刊行，一九〇九年译成法文）中，这种价值重估论自然采取先知者的宣布的形式，查拉图斯特拉所说的超人并非人类典型的完美化；尼采所见最终的人，有点同库尔诺的态度相似，人类所有的结构皆为避免一切冒险而有，确实满意他的平静而无风险的幸福；"但人是一些应当超越的事，人是一桥梁，而非一目的"②；爱冒险和爱危险，超人的特性就是这样；权力意志是与生存意志分不开的；因为生命仅当它控制它的环境时，方放出鲜艳的花朵。若非英雄冒大险的故事，若非我们的文明使天纵的超人冒莫大的危险，和超人豪迈不羁使他更加要冒险，以及他履险如夷，终于越出险境等事实，怎样说明查拉图斯特拉的散文诗的全部呢？第一步是用轮回（eternal return）的神话，即用诸天事件之周期的无限轮回的神话，这轮回的观念乃由叔本华提出，用以证明人生之无味、人世之痛苦、复生为人之可怕，此等非常恐怖的现象；查拉图斯特拉开始即感到人生的无味，其次，他不仅接受这神话，而且把这神话归属于他自己——一存在物之无限的和愉快的肯定，和存在物对于有限

---

① 参见《权力意志》，第一卷，一九页。
② 参见《查拉图斯特拉如是说》，二八六页。

的和规定的形式之抑制，就是权力的表现，那么，轮回岂不是奴隶的解放吗？轮回是价值重新估定的典型，"唯"与"否"对立着。另有一种企望，这就是高等人（higher men）的企望，而庸俗的人说到高等人时——"高等人嘛，世间并没有高等人，我们在上帝之前，我们都是平等的"；高等人，开头就是大疲乏的宣告者，他教训说"一切是平等的，没有事值得苦痛"①；其次，"精神之有良心者"，他宁可一事无知也不愿所知甚多，照他看，"真的科学中，既没有大，也没有小"②；"精神之赎罪者"，魔术家（瓦格纳本人），他追求爱情与苦痛③；"最丑的人"，他把同情他的上帝视为他要求报复的一个证人④；"意志的乞丐"，他讨厌"财富的苦工只知从一群污秽者的身上揩油，从镀金的矫伪的贱民身上揩油"⑤；"查拉图斯特拉的幽灵"，他的学生，他必须警惕屈服于狭隘的信仰⑥；这样多的高等人的典型，他们的高贵则在他们对人对己均感讨厌；厌世论者、语言学家、科学家、艺术家、财富的鄙视者，他们之中没有一个能超出他固有的厌倦。超人并不为这些人的责任而工作："你们，高等的人们，你们相信我愿再做你们已经做坏的事吗？……必须消灭你们的种类……这样唯一的人才能绵延。"⑦

---

① 参见《查拉图斯特拉如是说》，三四七页。
② 同上，三六一页。
③ 同上，三六八页。
④ 同上，三八一页。
⑤ 同上，三九一页。
⑥ 同上，三九八页。
⑦ 同上，四一九页。

尼采这样发出对知识贵族的宣言，他所见高贵的实际上包含这样多的堕落的痕迹；他最反对民主的和社会的理想，但称他的权力意志乃指粗暴的和破坏的力，则不是真实的——尼采最后数年的沉思，似乎关乎生命见于选择作用时丰富的表现，生命管理着元素之严格的和明确的秩序；"趣味的纯化只能是一种典型的加增力量之结果"，这是一种过度的力量自身之结果；"我们之中，缺乏伟大的集大成的人，在这种人身上，相似的力量抑制在一羁轭之下；我们所拥有的人，不外是芸芸众生，众多而懦弱的人"[①]；尼采这些思想，无疑打开了生命与存在概念之路径；尼采的宣传者，在二十世纪开始是非常之多的，但想到他晚年这些思想的重要者则很少，他们只看见尼采是个人主义，并没有看见自制与苦行使人壮健[②]。

III 居友（Jean-Marie Guyau）

居友乃一短命天才，生于一八五四年，殁于一八八八年，亨年仅三十四岁。他同尼采一样乃一超道德主义者；据居友看，道德主义者最大的错误，则不知有潜意识；人们大部分行动，由于反省的动机者，如由于求乐或避苦等者，是很少的，而由于一种生命力的推进者多，这种生命力是从人的内蕴而发出的，不得不

---

① 参见《权力意志》，第二卷，二四三页。
② 尼采的影响，可参考比昂基（Bianquis）《尼采在法国》（*Nietzsche en France*，一九二九年刊行）。

这样；行动进入意识，这也是真的，但这是由危险的分析而生的——"意识最终有所反应，并逐渐为明白的分析而破坏，这是遗传的混沌的综合所储藏者；它是一溶解的力"[1]。道德的目的是在反省与自发间建立和谐，实为为自发性辩护的动作。道德之能证明自发者，因为最强烈的和最伸张的生命联合着利己主义和利他主义；居友之视生命，与尼采的态度完全相同，则认生命是消耗的和浪费的，那么，利己主义是生命毁坏；我们的能力，我们生命的能力，规定了我们的义务。

居友的美学同他的道德学一样，在生命中发现美学的原理；照他看，所谓美，不外增加我们的生命力者，因为美学的情绪就是一社会的情绪，因为艺术企图扩张个人的生命，使之与普遍的生命同麻[2]。道德的情感如同美学的情感不为缺少一超越生命的规条而消灭，宗教的情感亦然，宗教应消灭独断的教条，而后存在；因为宗教是一依属于宇宙之社会的，道德的物理的情感，一生命的源泉散布在宇宙的情感。[3]

---

[1] 参见《无义务与强制的道德》（*Morality without Obligation or Sanctions*），一八八五年刊行，二四五页。

[2] 参见《社会学观点下的艺术》（*Art from the Sociological Point of View*），一八八九年刊行。

[3] 参见《将来之宗教》（*The Religion of the Future*），一八八七年刊行。居友的著作尚有：《哲学的诗集》（*Vers d'un philosophe*），一八八一年刊行；《教育与遗传》（*Éducation et hérédité*），一八八〇年刊行；《时间观念的起源》（*Genèse de l'idée de temps*），一八九〇年刊行。

参考书目

NIETZSCHE, *Gesammtausgabe*, 15 vol., Leipzig, 1895-1910 (vol. I à VIII, Œuvres, IX à XVI, Écrits postumes) ; *Lettres*, tr. fr., 1931.

研究尼采的著作有很多, 详列于UEBERWEG, *Geschichte der Philosophie*, 12ᵉ éd., t. IV, Berlin, 1923. 我们仅引用:

Henri LICHTENBERGER, *La philosophie de Nietzsche*, 1898.

Charles ANDLER, I. *Les précurseurs de Nietzsche*, 1920. — II. *La Jeunesse de Nietzsche*. — III. *Le pessimisme esthétique de Nietzsche*, 1921. — IV. *Nietzsche et le transformisme intellectualiste*, 1922. — V. *La maturité de Nietzsche*, 1928. — VI. *La dernière philosophie de Nietzsche*, 1930.

第二期

一八九〇年至一九三〇年

第08章

柏格森的精神论

I 一八九〇年间哲学的复苏

在一八八〇年间，什么是流行的哲学思想呢？那个时候，我们只见斯宾塞的禁令、叔本华的消极、泰纳的简约，三者均消毁了实有，消毁了睿智的或道德的价值；斯宾塞的禁令，把精神关在不可知的铁圈里，并想把一切形而上学驱逐出境；叔本华消极的厌世主义，在一切存在之下，发现个人生存意志的虚幻；泰纳哲学的简约，把精神的事实，归约为感觉，复把感觉归约为运动，结果看出一切实在，物质的和精神的实在，皆从一极小极小的跳动（infinitesimal pulsation）而涌出，复无限地自相组合；与三者对立的哲学，除了拉舍利耶和布特鲁的思想尚坚强有力外，其余只是一种瘦瘠的和无足轻重的精神论，继续维持自由与意识之不可归纳，并把自由与意识建立在一直接的内部观察上。

首先，当时思想界尚流行一种宇宙观，将一切实际的和直接感受到的生命之意义与价值，全行抹杀、全行消灭，这种宇宙观似是理智和客观的苦痛所导出的；意识与德性一样是幻想，是生命力的谎言而已，易卜生（Ibsen）的剧本、尼采的哲学，指出人类的懦弱是多么危险，而哲学的任务，则宣布新时代之将降临；这种情况极端的结果，则见之于勒南的精神，他为尊敬真理之故，不得不宣示这些幻想，遂走到高级讽刺的路上去，将这种义务视作幻想，且由于他的保守精神，或由于他惮于为恶的意念，遂接受这些谎言：聪明反被聪明误。

其次，在十九世纪之末和二十世纪之初，我们看见一些狂暴的和放肆的反动，这是由一生命的本能所推进而重建的均衡，故许多富有魄力的反唯理主义的（irrational）学说从此而出现了，如巴雷斯（Barrès）的民族主义，如忠诚派和现代派（fideist and modernist）的运动，如布吕纳介（Brunetière）大声呼吁宣布科学的破产和复归于信仰，如戈宾诺的日耳曼种族优越论大流行于德国，凡此种种都是同一的精神所表出的不同病症而已；这时代思想的开展，和前代浪漫主义的运动不是不相似的，以机会论，和浪漫运动是相似的，以混乱和丰富论，和浪漫运动是相似的，以伟大的优美文学的著作论，和浪漫运动是相似的，即以其太缺乏诚实性，或太过于庸俗而论，也和浪漫运动是相似的；而当时人易蹈的危机，则将哲学联系于某一集团的利益，有的将哲学联系于教会的利益，有的将哲学联系于民族的利益，有的将哲学联系于阶级的利益，总之，将哲学上真理的研究，改换为防御或攻击的工具了。

所以，一直到我们的时代[①]为止，欧洲哲学思想里，尚有一不可知论的潮流（a current of agnosticism），令人对感情的要求和理智的要求间，不得有所选择；故克勒松（André Cresson）先生出

---

① 编者注：本书作者生于一八七六年，殁于一九五二年。

版《哲学思想的病态》(*The Uneasiness of Philosophical Thought*，一九〇五年刊行)及《无法证实》(*The Unverifiable*，一九二〇年刊行)，发展了哲学的选择的必然性(inexorable alternative)，强迫每一哲学家依照他自己的气质，或追随实证主义之后，或发现"一种方法，足避免科学决定论的提示，因为它审定科学的提示是反对灵魂之精神的需要"。然而我们下面几章所要叙述的学说则远离这种不可知论，而且后起的学说根本否认这种哲学的选择的必然性。

科学主义的精神上最坚强的一个堡垒，即达尔文以后所提出的生命的机械论。但现代活力论(vitalism)的复兴，可说是精神论上最活跃的反应之表示，这种活力论特别流行于德国，杜里舒(Hans Driesch)的《生机哲学》(*Philosophy of the Organic*，共两卷，一九〇九年刊行，一九二一年第二版)，表明生物的领域中精神的强烈反应，如移植(transplantation)、遗传、再生，为个体全部过去所制约的机体动作，获得许多证据以反对生命为机器的理论：生物乃一"平等可能"的协和系统("equipotential" harmonious system)；换言之，是诸细胞的一总体，如果我们任意割去其一部分，此细胞的总体依然能长成同样的生物。由此观之，生命的意念取得绝对的意义，并成为现代多数学说的基础，俄国哲学家洛斯基(N. Lossky)的学说，则其一例也，洛氏于一九二八年发表《直觉、物质与生命》(*L'intuition, la matière et la vie*)一书，竟主张世界乃一有机体的学说。但所有这些研究皆于柏格森的学说之下，柏氏由于时代精神要求而改变方向，遂变换了我们这个时代哲学思想的条件。

II 柏格森的学说

当一八七〇年间，法国思想界尚为消极的学说所笼盖的时候，拉舍利耶和布特鲁的精神论的实证主义实为极坚强有力的思想，然此亦属例外。柏格森先生的学说，尽管其精神大异于拉、布二人，其实则继承精神论的实证主义，而加以肯定。布特鲁在《自然律的偶性》中，曾这样说："从外在的观点去看，事事物物显然是一些固定的和限制的实在，但应放弃外在的观点，以求返到我们最深的内部，并在它的根源把握着我们的实相，如果可能的话，我们就发现自由乃一无穷的能力（infinite power），我们有了这种能力的情怀后，我们每一次才实实在在行动。"[①] 所有否定自由的哲学则从一相反的观念出发：凡内心经验的与件皆和外界经验的与件属于同一的典型；两者都是一些可计算的"量"，而且心理的实在可归约为一些元素，并依正确的法则而互相联合；意识常以它的性质的微异作用（array of qualitative nuances）和它的表面无确定作用（indetermination）欺骗我们，心理学若除去这一幻想，则将成为自然科学。柏格森先生第一部著作，即一八八九年发表的《时间与自由意志》(*Time and Free Will: An Essay on the Immediate Data of Consciousness*)。他在这部书里宣布，如果我们从日用的语言所表达的意识的构造中，从科学的术语所标示的意识的构造中，解放出我们内部经验的与件，如果我们直接地把握

---

① 参见布特鲁《自然律的偶性》，一五六页。

这些与件，则我们在其中只见纯粹的"质"（qualities），而不见有"量"（quantities），只见质的复合（qualitative multiplicity），而并不容纳普通名词所指的殊多（plurality），而且我们可以说这种质是连续的进展（continuous progression），并非由"因""果"所连接着的事件之继起。柏格森先生正是在这里超越了精神论的老调，唤起内在的意识，他做得更好；实在呢，他告诉我们远离了这直接反省的理由，其次，则告诉我们实行这种反省的极端困难；他的学说的理路同乎贝克莱（Berkeley）的理路，或同乎布朗（Brown）的理路。但我们之远离这直接反省，不如传统的精神论所主张一样，乃关于精神的怠懒所造成的内心凝集的桎梏，而应属于理智的本性所造的障碍：我们的理智功能则在测量，而测量又必于同质的空间施行之，因为测量则使某一空间和另一空间同时并存；所以物理学家之测量时间，则采用一些测度空间的单位，时间的流动，竟成为物理条件所决定的流动。这样一来，我们趋向于把一种可测量的同质性（homogeneous）输入我们的意识状态中；我们凭借语言，给意识诸状态以各种名称，于是我们想象状态彼此互相分开，如同文字之各自分离；其次，我们想象诸意识状态可一个接一个地安排在一条长的直线上；关于意志自由的困难则从此而来了——我们之视动机，竟为彼此各自殊异的事件，并想象它们彼此合作，如同许多种力量专注在一点，乃产生了行为，所以自由被设想为一从无而生的力之增加；但实际的情形怎样呢，在自由动作的进程中，在我们一生所作决意的生长和消灭中，并没有这样一种通力的合作，这仅是意识空间化的比喻（spatial metaphor）。最大的谬误则在将时间译成空间，将继续译成并行；纯粹的绵延（pure duration）不是由同质的和并存的部分所组成的；纯粹的绵延是纯粹的"质"，是进展；纯粹的绵延并不是齐一的、无差别的，如空间化的时间一样，在我们内部生活之旁流过；从生命的生长、生命的成熟、生命的衰老来考察，纯粹的绵延就是生命本身。

"哲学，仅一反省的和意识的复归于直觉的与件（a conscious, reflective return to the data of intuition）。"[1]柏格森把自己应用在《时间与自由意志》一书的方法，推广到《物质与记忆》（*Matter and Memory*，一八九六年刊行）及《创造进化论》（*Creative Evolution*，一九〇七年刊行）里去。这里并未出现突然而来的一种特殊的能力，如神秘派的直觉一样，而宁可是唤起反省，要求我们"翻转思想工作之习惯的方向"[2]；这样一来，良识（good sense）的运用，就超出公式与概括，把握着它们所必须的屈折性（inflection），使它们适合于时时变化、刻刻翻新的情景。

记忆的问题供给这方法的应用以特别切实的机会：我们想象诸意象如同一些清楚的事件，每一事件消隐于意识之后，则保存在大脑的某部位中，若有其意象呈显于意识与之联合，则此一事件的意象后重新出现；这意象的后生与局部化是由另外的一些作用而完成的，这是观念联合论（associationism）所最可把握着的，可说毫无问题。但在柏格森这方面看，是不是有问题呢？柏格森的精神概念，若如他在《时间与自由意志》所宣布的，这似

---

① 参见《物质与记忆》，三页。

② 参见《形而上学绪论》（"Introduction à la métaphysique"），刊载于《形而上学与伦理学杂志》，一九〇三年刊行，二七页。

乎成为很难解决的问题了：一精神的生活维持着唯一的连续，与"忘记"所输入之显然的片段，两者是可调和的吗？"忘记"的问题，对于同一典型的思想家，如柏格森先生、普罗提诺或拉维松，是根本的问题；柏格森先生在《物质与记忆》绪言中曾经指出，这是他所要处理的基本问题。如果知觉与记忆是纯粹的认识作用，那么这个问题是不能解决的：如果知觉与记忆将间断（discontinuity）输入精神之中，这就表明，在这些作用的行动层面，存在着如《时间与自由意志》一书所描写的使事件碎片化的理智。但实际上，精神的连续要求某一意识生活之每一刹那里，全部过去的意识，呈现于当前；如果我们是一些纯粹的沉思的东西，是一些纯粹的精神，则全部过去显于当前是完全的和不灭的。然而我们有身体，换言之，我们全部器官，借神经系统之助，应以适合的反动应对外来的刺激：我们的注意为这种情况所支配，绝不能散乱和冲淡于遥远的过去里；若无当前的注意于每一刹那指导我们作适当的反应，则生活是不可能的；当睡眠的时候，当前的注意消失了，梦中的意象完全与当前的情势不符合，遂侵入我们之心境；人若没有身体，那就是永远做梦的人；那么，身体是阻止精神趋入歧途的法宝。身体乃最好的选择工具，于过去中挑选有用的意象，足供我们说明现在，或供我们当下利用；那么，记忆中的间断则由效用的原则而产生。普罗提诺说过："我们看守着一切所见过者的忆念，这不是必要的。"①

但是，这种有用的意象之选择并不显出机械似的观念联合的

---

① 参见《九章集》（Enneads），第四卷，第三章，第二节。

固定性：记忆对于一定的形势，能够提出各种不同的计划；不同的计划并不在被引起的意象之量，而在我们自行安排的意识水平。忆念（memory）在两极端的境界里进行：此即设定的忆念和做梦的忆念；所谓设定的忆念或习惯的忆念（enacted memory or habitual memory），就是已学过的运动的复习，例如戏曲演员之背诵他的台词；所谓做梦的忆念或纯粹的忆念（dreamed memory or pure memory）就是一过去事件的意象，伴着它具体的音调和它独有的特性，例如戏曲演员以前的背诵的意象。梦想与实行中许许多多的计划则安排在这两极端的境界里，在每一计划中，过去的记忆是全部出现的，但人若愈接近习惯的忆念，则过去的记忆愈淡漠，愈磨灭；若以意象为一些各自殊异的本质，于是我们选取某部的忆念而排去其他的忆念，真正这样的选择是没有的；所能有的，只是一自我的各种态度，多少总要离开当前，多少总是要伸入过去的。

这种理论自然要提出许多问题，尤其是失语症（aphasia）大脑的部位问题。一八九六年时，研究失语症的由来，显然意味着认为一些殊异的意象分别存在于大脑的各部。失语症中，所有的损伤非他，乃自输入带至输出带神经导路的中断而已（an interruption of nervous conduction from the afferent zone to the efferent zone），若此为真，我们就能解释口语意象的丧失，而毋须求助大脑某部位的损伤了。那么，运用某一种可能的动作，使已经消灭的某部意象复生，那也是大有可能的。

柏格森先生在《时间与自由意志》及《物质与记忆》中提出一个问题，在《创造进化论》中拟加以解决：理智不断地将“间断"输入我们对事物和对自己所具有的观点上,这样的理智的性质究竟是什么? 为解决这个问题,他着手研究生命与进化的本质。西洋的哲学,关于理智的问题,有两种传说(traditions)。最老的而且是最固定的第一个传说,则认理智为一纯粹沉思的能力,足把握着事物之永恒的本质;在这一传说里,要想表明理智及产生理智的生物这两者的关系,是非常困难的;亚里士多德把理智从外部输入生物之中,至于笛卡儿则认生物为一对象,和其他物质的东西一样,那么,生物就是宇宙这个大机器的一部分,这样,给"心""身"的联系造成一个很大的神秘。依据第二种传说,理智联属于生命,但第二种传说又包含两种大大不同的意义,对于生命(希腊文,βίος)的意义,此即实际的生命,或取生命力(希腊文,ζωή)的意义,此即生命力的原理:采用第一类意义者,如希腊的怀疑派,他们告诉我们,理智非为理论的知识而造成,但为实际的应用而造成,理智是生活的一种方法,而非达到实相的一种方法,我们在尼采的哲学里已经看见同样的理论,我们在实用主义者的思想里亦将发现这同样的理论;采用第二项意义者,如新柏拉图派(Neo-Platonists),认生命的含义,则表示一伸展与逆转的双料运动(dual movement),生命由于伸展运动,而循环,而散布,生命由于逆转运动,而凝思,而自返于它所生出的统一体(Unity)——理智指示伸展的第一项变象(phase)时,好像一种看法,它无力包举事物使之统一,徒把事物击成碎片,使成一纷然并存的繁多——那么,理智乃产生于生命力发达的内部。

上述第二种传说重现于柏格森的《创造进化论》,亦含有两种意义:《创造进化论》第二章指出,理智乃实用的功能,第三章指明，理智乃生命进化的产物——两者密切的联合造成柏格森学说的异彩。第二章的基本立论，则为能人（homo faber）和智人（homo sapiens）的同一；理智开始时的所有作用，则在制造结实的工具和使用结实的工具；因此之故，理智只能把握着静止的和间断的物，不能理解生命即在生命的连续，即在生命的进步；理智自然与死的物质相一致，并且是一机械论的物理学的创作者，理智努力把生物学拉进机械论的物理学，这是枉费气力的；理智仅认识物体，仅认识关系，仅认识形式，仅认识普遍的图形。但在理智的本性中，好像有一神秘的怪论：理智为制造工具而形成，然而理智竟不自量，要探求理论；理智不限定在它的对象，且不断越出它所完成的动作范围，似乎要去探求它所不能发现的东西；这里有一个和普遍问题相反的问题——人常自问，理智既然是实用的，那怎样能变成思辨的呢？这样的事并不见于动物的本能中，本能乃应付物质的直接动作，只凭天生的器官而无须人造的工具：本能被设想为认识它的对象之直觉的和完全的知识，但以此对象为限，至于理智所有的知识则是不完全的，但是进步的。

如果我们从理智与生命的关系去考察理智，则理智的本性和功能豁然显露。所谓生命者，则指意识及它的一切潜在的可能性（possible potentiality）；我们之认识生命者，则在生命在物质中努力构成生物，当它在某一点上增加能量的储蓄，能够突然释放出来。复次，我们之认识生命，则生命通过一切动物，皆表现为一生命之突进（法文，élan vital）的形式，突进于更加完全的生命的形式；生命由植物，而动物，而人类，皆努力从物质中解放出来，以求自由，生命钻入物质，使物质活动，生命欲克服物质，不得不先顺服物质，故生命开始消失于物质之中者，则求克服物质而恢复充分的发展。生命使用两种方法：一为本能，一为理智。本能没有成功，因为本能虽决定一完备的知识，但非常有限度；理智与之相反，然而理智成功了，因为理智从物质的压制下把精神解放出来，并为精神预备下一最完全的直觉——若用普罗提诺的术语表示之，则精神乃一预备逆转的伸展，这逆转就是宗教，圣者和神秘者的理智就是这样产生的。

　　进化的两条路线，在第一条线的末端有昆虫的本能，在第二条线的末端有人类的理智。实际上本能这条线达于蜂类的社会，那是完全的和固定的，理智这条线达于人类的社会，那是不完全的然而是进步的。宗教与道德则显现于人类的社会中，这就是柏格森先生最近著的《道德与宗教的两个来源》（*The Two Sources of Morality and Religion*，一九三二年刊行）所要研究的对象。这本书主要的论点，则在道德的义务和英雄的圣者的道德之对立，所谓道德的义务，为产生于我们所属的社会团体之规条而已，所谓英雄的圣者的道德，为苏格拉底和以赛亚（Isaiah）的道德，兄弟之爱与人权的道德。世人所有的错误则认第二种道德为第一种道德之简单的发展，则认自然的、固定的、互相冲突的，保守得如同蜂类的社会，可以扩大到人类的社会。生命创造了社会，生命一定要荫护和维持社会，于是给人类以举行宗教仪式和发明神话的功能，而仪式与神话之作用非他，保全社会的团结而已：这样产生了静的宗教（static religion），闭关自守的社会的宗教，和拘迂的灵魂的宗教。如果生命不重新突进于伟大的神秘的精神，生命则将陷入固定的形式之泥潭中了，因为伟大的神秘由直觉而上溯一切事物之源泉，这就是动的宗教（dynamic religion）的根源，基督与诸先知者的根源，一切把人类自社会生活所限的范围解脱出来之精神冲动则产生于此。柏格森的道德学根本就是宗教哲学，亦自成为一历史哲学，它并不取定命论的和乐天论的观点，但充满了冒险的情感，对于我们工业狂热（industrial frenzy）的文化所冒的危险，充满不凡的洞察力，这种工业的狂热与中世纪苦行的狂热（ascetic frenzy）遥遥相对。

新柏拉图派的形而上学，从包含万有的太一（法文，un）直至完全散乱的物质，实际唯一的区分就是统一的程度多少不相等而已。柏格森先生对于万有亦取同样的看法，但他的态度完全是新异的，因为他从绵延的直觉（intuitive awareness of duration）出发：照柏氏的看法，统一（unification）成为紧张，紧张的程度是一绵延的集中；散布在物质中每秒钟振动五百九十万亿（590 trillion）次的东西和在精神中钠（sodium）之黄色光的感觉，两者是同一的事。在实相之高点的是上帝，上帝是永恒的创造的和他充分集中的绵延之实有。宇宙不外松弛或紧张，松弛之极成为物质性，紧张之极成为精神性，这样就是万有之根本的实相。

在下面几章，我们将要指出柏格森先生在哲学上深刻的影响；从他的学说出现后，那种受斯宾塞、达尔文、泰纳的影响而构成，且极流行于一八八〇年间的自命为科学的宇宙观，不能存在了。直接受柏格森的影响而写成的著作，有塞贡（J. Segond）于一九一一年发表的《祈祷文》（Prayer）、一九一三年发表的《柏格森的直觉》（Bergsonnian Intuition）、一九二二年发表的《想象论》（Imagination）。然而柏格森主义尤其表现为一种理智的解放：他使下几章所述的各派运动成为可能的，或加强其运动，如行动哲学、实用主义、科学的批评；而且从柏氏的学说出现后，主知主义亦不能不大异于从前所主张的主知主义了 [1]。

---

[1] 柏格森的著作，除了前述《时间与自由意志》《物质与记忆》《创造进化论》《道德与宗教的两个来源》四书外，尚有《笑之研究》(*Laughter: An Essay on the Meaning of the Comic*，一九一〇年刊行)、《绵延与同时》(*Durée et simultanéité*，一九二二年刊行)、《精神能量》(*L'Énergie spirituelle*，一九一九年刊行)。

第09章
生命与行动的哲学：实用主义

I 奥莱-拉普吕内（Léon Ollé-Laprune）与布隆代尔（Maurice Blondel）

奥莱－拉普吕内，巴黎高师的教授，受了纽曼与雷诺维叶的影响，著《道德的确信》（*Moral Certitude*，一八八〇年刊行，一八八八年第二版），他表明由纯粹理智的路而无意志之参与，是绝对达不到确信的；他应用这观念到宗教的生活上去，他说，如果意志不借神恩之助，堕落的人类就不能达到超自然的生活。

布隆代尔先生乃奥莱－拉普吕内的弟子，在奥氏的观念里看见行动与思辨间关系之新的解决的出发点。一九〇六年，他在发表于《基督教哲学年鉴》（*Annales de philosophie chrétienne*）上的一篇论文里写道[①]：无疑，哲学对于灵魂趋向它的未来的神秘，常以顾虑供给它；哲学由于本能地反省，常转向于原因，转向于条件；哲学常留下一混淆的印象；尽管哲学有一点点科学的意味，一点

[①] 参见《基督教哲学年鉴》，一九〇六年刊行，三三七页。

点生命的意味，然而它既不是科学，又不是生命；复次，思辨与行动的关系又规定得很不好，因为人们常将行动与行动的观念相混同，常把实行的知识和想要实行的意识相混淆。布隆代尔先生在他所著的《行动、生命的批评和科学的实践》(*Action, Outline of a Critique of Life and a Practical Application of Science*，一八九三年刊行)中很明显地指出他的目的。此书研究的对象就是行动和它的真实的存在。行动生于能力与意欲间之不平衡，因为我们的能力是低于我们的意欲的；行动倾向于重新建立均衡，这目的一经达到，行动也就停止了。那里就是一种从内在的辩证到行动的原理，它在自身提出一目的。且当它感到无力时，它再追求一最易满足的目的，然而在我们所有具体的行动范围内从不会成功；人类的苦虑则由此不满足的意欲而来——科学、个人的行动、社会的行动、道德的行动以一未成就的和不成功的命运排在我们面前；布隆代尔先生看到，非道德主义(immoralism)、唯美主义(aestheticism)、怀疑的业余艺术主义(dilettantism)想解决这一问题的尝试都是徒劳无功的——广阔的虚空终留在我们之所欲求者及我们之所能者之中。

于是，意志发现一种选择：或者留在经验的范围，安于无能；或者解脱它所不满足的对象，抛弃了自身，其所专务者，则由传统的力量和经验的积蓄，换言之，则由天主教的权威，逐渐解放出来的人类行动，投向这道德规律的、感情的、观念的大潮流里；超自然的生活里，上帝显然是超越的，同时又是内在的，是我们的意志与满足意志的理想中所具有的无限的基础。①

把行动哲学等同于实用主义，这是完全不正确的：行动哲学认行动为接近真理的方法而已，但行动哲学将真理同化于实践的态度，和实用主义相似，这是不成问题的。提勒尔（George Tyrrell）一九〇五年在《基督教哲学年鉴》发表《我们对实用主义的态度》（"Notre attitude en face du pragmatisme"）一文，特别强调这种区别：行动哲学不同于实用主义，后者承认绝对不是一些精神摹写外界的事物，或与我们的经验毫无关系；但这毫不构成相对的名词；"与其从意念与概念去推演形而上学，毋宁从生命和行动去推演形而上学，这是第一次把形而上学建立在一稳固的基础上"②。

奚特（Alphonse Chide）先生著的《现代的活动主义》（*Modern Mobilism*，一九〇八年刊行），是一部这种内在哲学的历史，主要目的在于指出哲学与神学的历史的经过。

《基督教哲学年鉴》的创立人神甫拉贝托尼埃（Father Laberthonnière）潜心探索信仰的本性。信仰是附从外界的权威的吗？抑或为睿智的理性所校正呢？这不是一生命的经验，一善性的表现，一神恩的涌出吗？这不是上帝以他的恩宠与人类沟通，把他的神秘交与人类，俾人类能参与神的内在生活吗？外在性和内在性（extrinsicality and intrinsicality），这就是引起希腊哲学之抽象的唯心论和基督教的实在论两个最深刻对立的转变，抽象的唯

① 关于布隆代尔先生的思想，可参考布特鲁《科学与宗教》（*Science et religion*），二七四页；勒卡尼埃（Lecanuet）《教宗利奥十三世治下的教会生活》（*La vie de l'Église sous Léon XIII*），一九三一年刊行；于尔坦（Urtin）《走向现实科学》（*Vers une science du réel*），一九三一年刊行。
② 参见《十字路口的基督教》（*Christianity at the Cross-Roads*），一九〇九年刊行。

心论认实相为一些固定的和不变的本质，人类的转化不能改变它分毫，至于基督教的实在论，认上帝超乎自然，而为一人格，人由"仁""爱"遂能与其他人发生关系①。不可知论和主知主义均同样反内在性：不可知论即笛卡儿所开辟之路径，笛氏将上帝看成一不可超越的界限，一思想与行动的桎梏，遂把上帝驱入不可知之域；至于主知主义，承认自然与超自然之二元论，将睿智关闭在自然之内，由是而得的结论，故教条不能为我们所认识，仅被告知而已②。

　　勒鲁瓦（Édouard Le Roy）先生指出一新的趋势已从遥远的天涯发出曙光了："如果旧的学说试将外界实在建立于一不可能的教权上，如果十九世纪普遍的批评主义必然地达到为思想而思想那种学究的崇拜，那么照我的意见，新哲学之结实的真理和有力量的独创，则在重新认识从观念到实际及从实际到行动之从属关系，唯一的条件则在明白行动包含精神的生活和肉体的生活，而且全部实践的行动是依靠和从属于道德的和宗教的生活的。"③ 在我们上面陈述的柏格森先生的哲学里，理智与直觉对立，布隆代尔先生的哲学里，思辨与行动对立，勒鲁瓦的学说则将这双重对立同化而为一；于是，行动同化于生活的思想而为一。勒鲁瓦将邓斯·司各脱（Duns Scotus）和帕斯卡归于反主知主义（anti-

---

① 参考他著的《基督教的实在论与希腊的唯心论》（*Le réalisme chrétien et l'idéalisme grec*），一九〇四年刊行；《教条与神学》（*Dogme et théologie*），一九〇八年刊行；《教育论》（*Théorie de l'éducation*），一九二三年第七版；弗兰（Vrin）版《拉贝托尼埃选集》（*Pages choisies*），一九三一年刊行于巴黎。

② 参见《编年史杂志》（*Annales*），一九〇〇年刊行，九二页及二七九页。

③ 参见《形而上学与伦理学杂志》，一八九九年刊行，四二一页至四二五页。

intellectualism），所以他既不同意于一唯情的哲学，亦不同意于一唯意的哲学，但愿有一行动的哲学，因为行动，于情感与意志之外，尚包含理性。实际上，他认为行动亦见于科学之中，因为科学的发明就是一种行动，假定人克制理智专横的习惯，并假定人接受这矛盾，例如微积分之发明。[①]

一九二七年他发表《唯心的要求与进化的事实》（*Idealistic Exigency and the Fact of Evolution*），继于一九二八年发表《人类的起源与理智的进化》（*Human Origins and the Evolution of Intelligence*），他在这两部书里报告现代人类学与古生物学所知的事实，并在这些事实内，试探求生命的突进（vital surge），唯生命的突进足解释一切生物和人类的进化：他企图解释进化这个词，采用在斯宾塞之前这词所具有的意义，并赞同柏格森先生的解释，换言之，即为创化的意义。他的结论为，生命的历史告诉我们，它乃一思想之集中的历史。但思想当其企图取得身体使之确定的状态时已先存在了……一切从思想而来，思想绝不是从物质流出。[②]

我们在这两章里所描述的这种现代哲学潮流的全体，教皇庇护十世（Pius X）于一九○七年刊布《圣谕》（*Pascendi*）予以禁止，所加的罪名为时髦派哲学（modernistic philosophy）。据教皇谕所载，时髦派哲学渊源于不可知论，它禁止人类的理智升起与上

---

① 参见《形而上学与伦理学杂志》，一九○五年刊行，一九七页至一九九页。

② 勒鲁瓦的著作，除已引书外，尚有《直觉的思想》（*La pensée intuitive*），共两卷，一九二九年至一九三○年刊行；《上帝的问题》（*Le problème de Dieu*），一九二九年刊行；《教条与批评》（*Dogme et critique*），一九○六年刊行。研究勒氏的著作，则有韦伯（L. Weber）《发明的哲学》（"Une philosophie de l'invention"），刊载于《形而上学与伦理学杂志》，一九三二年刊行。

帝相接，时髦派哲学又渊源于内在主义（immanentism），它将宗教的事实附属于生命的需要，并认教条的真理不在说明神的实相，而在生命的动因产生了宗教的情操。

然而我们能够指陈每一行动哲学的基本姿态与任何宗教学说都有血统的关系，如果把行动认作实际的适应，或认作实际的适应之倾向，如在进化论里所描述，那么人将能从这行动细分知识，此即吕桑（Théodore Ruyssen）先生在他的《判断之心理的进化论》（*Essay on the Psychological Evolution of Judgment*，一九〇四年刊行）中所主张；伴有信念的判断常为适应自然的或社会的环境的行为之准备。认识与行动的关系构成实用主义的本质。

II 实用主义（Pragmatism）

实用主义这个词第一次应用为特具的意义，在皮尔斯（Charles Peirce，1839—1914）那篇有名的论文：《如何使我们的观念清楚》（"How to Make Our Ideas Clear"，刊载于《哲学杂志》，一八七八年刊行）。他在这篇文章里曾立下列的规条以说明我们使用的观念的含义——"现在让我们来考核实用效力所具有的结果，我们想它能为我们的概念的对象所产生：我们从这些结果所得的概念就是我们的概念之对象的全部"：一实用的效力（practical bearings）而已，换言之，则实验控制的可能性。①

----

① 参见埃马纽埃尔·勒鲁（Emmanuel Leroux）《英美的实用主义》（*Le pragmatism américain et anglais*），一九二二年刊行，九〇页至九六页。

詹姆斯（William James）生于一八四二年，殁于一九三〇年，曾任哈佛大学教授，他依据这种实用的理论作真理的定义。一命题的真，通常解说为对一定事物之妥当的肯定，以及为获得这种真理而应有的动作之全部，两者之间，照习惯说是有所分别的。然而实用主义反对有这种区分：照实用主义看，真理则在这些相继的动作里。一真的理论是什么？所谓真的理论即引导我们证明其实际有效的结果为可期。大体上可以说，当我切实地去做，或当我能够做的一串动作，由于继续的转变，唤起我已有的经验加入我当前的经验，我们才真正地认识一对象；真的观念并不是一对象的摹本，而是唤起对对象的知觉之观念。但另一方面，詹姆斯所作真理的定义又有所不同：如果人给予某一命题的内涵产生一些满意的结果，并且该命题想到满足个人的一切需要，不管这需要是简单的或复杂的，那么，此一命题就是真理。总之，詹姆斯之所谓真理有二：一为实际证明有的，一为能满足个人的需要。第一种真理的定义宁属于一对象之直接的知觉，如同唤起真理的活动之最后的变象，第二种真理，原则上，是独立于一切知觉的关系之外，它宁可属于一尝试的观念，一可实现的动作的计划；而所谓错误者，就是失败而已。在第二种意义内，所谓真理很接近生命的信念，如同纽曼所主张的；大概詹姆斯受了他的父亲亨利·詹姆斯（Henry James，与爱默生交好的神学家）的影响，故詹姆斯主张真理之所以为真者，则以其为善服务，"一生命的真理从不能纯粹地简单地从某一人的精神让给另一人的精神，因为只有生命是真理的价值的裁判者"。①

　　若照詹姆斯所说，可将上述两种真理皆界定为行动之进程，则此两种真理的观念都是实用主义的（pragmatic）；但第一种观念赋予真理以一客观的价值，因为人所获得之直接的知觉，乃全部行动进程之最后的裁判机关；第二种观念则赋予真理以一生命的价值，好像行为之鼓动的信念。这两种真理的观念彼此均是不得并约的（法文，irréductibles）；然而第一种观念似乎与詹姆斯的志向不完全一致，因为第一种观念，最低限量假定一种真理独立于全部动作进程之外的，那就是直接的知觉。在此两种真理中，何者道地是实用主义的呢？这是很难说的；因为在詹姆斯的思想中有两个詹姆斯。第一个詹姆斯是哈佛大学动物学教授阿加西（Louis Agassiz）的学生，阿加西指导他——"你直接到自然界去，亲手取出自然的事实，你亲自观察，亲自审核"，对于他，如果观念不能译成具体的事实，那么那种观念是不算数的；第二个詹姆斯是斯威登堡派（Swedenborgian）的神学家亨利·詹姆斯的儿子，他生长在这种超越论者（transcendentalist）的家庭里，从理论的见解去认识真理者较少，而从鼓动万物之神的生活的参与去认识真理者较多，潜移默化，所受之影响自然巨大。②阿加西的学生不求追究那些神秘的和深奥的宇宙之谜，而神学家亨利的儿子是探究这些神秘的和深奥的宇宙之谜的；詹姆斯如同穆勒，是经验论者，

① 参见瓦尔（J. Wahl）《多元论的哲学》（Les philosophies pluralistes），二六页；勒布勒东（Maurice le Breton）《詹姆斯的人格》（La personnalité de W. James），一九二八年刊行。

② 参见埃马纽埃尔·勒鲁《英美的实用主义》，三八页至四六页。

然而他追求大全，故他又是黑格尔主义者；英国经验论的枯燥无味违背他那种深厚的宗教的性格；但黑格尔的绝对主义将个人融没于大全，又反乎他对经验的尊重 —— 就对经验的尊重程度而言，詹姆斯或许不亚于科学家，甚至更甚于爱好个人、具体和不可归纳之物的艺术家。

周详的经验考察，冷静而客观，足指导对外界的行动；生命的生念，热烈而多情，那是行动之中心源泉；此两者即詹姆斯实用主义之两极端，他的哲学与爱默生的宣教，和卡莱尔及诗人惠特曼（Walt Whitman）之看法是有血统的关系的，且他唯一的错或者就是献身于一种哲学。然而我们若注意实用主义的第二种真理观，哲学要加上一个"但书"并不错误。一真的宇宙是什么？所谓真的宇宙就是满足我们的志愿的宇宙，在这宇宙里，我们能够行为，能够肯定我们的气质，还有：如果这宇宙显现为一可变化的宇宙，确非固定，如同我们的动能的信念是一修正的力量，那么，我们的信念就能改变这宇宙，正确地实现这宇宙，如同我们所信者，一个为我们的行动所改变的世界，那就是我们能够安居生活下去的世界；所以必须否认科学主义的决定论，必须否认那种视世界为机器而我们乃这机器上一齿轮的决定论，即便是唯心论的绝对主义也同样是要不得的，因为它甚至把时间和变化都否认了。时间是一规矩的行为的条件，惠特曼曾经这样说过："我绝对接受时间，只有时间是无裂痕的，只有时间完成一切，补足一切。"① 相信宇宙可为我们的态度所修正，就是理会宇宙包含一些

---

① 参见瓦尔《多元论的哲学》，三〇页。

与我们的行动无殊的创意与力量。但是，这些创意与力量是有害于我们的，抑或是有益于我们的呢？就在这点，硬心肠的宇宙观和软心肠的宇宙观（hard soul universe and tender soul universe）分开了：惠特曼曾高唱"硬心肠"是斗争的机会和敌人——"呵！多少危险的和可疑的事呵！多少事是离开了虔诚的和闲暇的生活呵！呵！排除大障碍而斗争，碰着了一些难驯的死敌呵！"[1] 有人曾经指出，这里或者是说加尔文派（Calvinistic）的厌世主义，它认为宇宙中只有腐化的罪恶和不可解的上帝之自由意志，但它反映了这种悲观主义，因为它以一种坚定的意志解释之；布拉德（Benjamin Paul Blood）亦这样说——"宇宙中的事物岂仅冲突而已，那是多么奇怪呵……宇宙是未开化的野蛮人，是一具有鹰翼味道的猛禽。同一的重来仅为带来殊异"[2]。我们知道布拉德对于詹姆斯的影响是很大的，至于"软心肠"则与之相反，这是一些足帮助我们斗争和有利于我们斗争的力量；"软心肠"不仅觉得有他的同类的友谊相扶持，并觉得有一个呵护我们的上帝来相助，或者像多神教一样有一群保佑我们的神。詹姆斯的人生观（personal vision）是摇摆于"硬心肠"的人生观和"软心肠"的人生观之间的；有一上帝——是的！——但是是一有限的上帝，在他的事业中我们帮助他，上帝，如同上帝之帮助我们；人生是一种冒险，一非常真实的冒险，没有人能预见这冒险的结局；宇宙的历史并不依照一先定好的计划而实现；宇宙充满了机遇，充满了偶然，充满了风波，充满了迂回，充满了变换。詹姆斯相信偶成主

---

[1] 参见瓦尔《多元论的哲学》，三〇页。
[2] 同上，一一一页。

义（tychism or fortuitism），照皮尔斯的表示，则有许多机会，足以让意志选择，这就是赋宇宙以目的的命运；成功仅是一希望而已，按詹姆斯的善世主义（meliorism）所作的定义，所谓善世主义并不是宇宙之自发的趋向，而是人类对自己所作的一法则；世界之救赎并不是一先已界定的名词，而是随各人所欲者而定的。

这样的宇宙观似乎是实用主义第二种真理观的结果，复次，它似乎为判定真理而设立者较少，为产生真理而设立者则较多。至于实用主义的第一种真理，恰与第二种真理相对立，第一种真理好像是概念的银行，在这真理的银行里能兑现的就是真的，不能兑现的则为假的，概念的真伪由它审定；人若应用这种真理观，他就具有詹姆斯之激进的经验主义（radical empiricism）、詹姆斯的多元论（pluralism）、詹姆斯的宗教经验，即如他对世界的看法所作的尝试。所谓激进的经验主义究何所指？若照英国近百余年来经验主义的传统见解，经验的组织物是由一群破碎的意识状态所构成的，这群破碎的意识状态自身间并不具有关系：这种关系（如因果、实体等）是由联想作用在精神中逐渐构成的。然而詹姆斯是反对观念联合论（associationism）的，因为他是心理学者，故他提出与观念联合相反之"意识流的连续与统一"（continuity and unity of the flow of consciousness），这些关系完全没有一超于直接经验值的高级存在，如同经验主义以及先验主义（apriorists）所承受者；同时、仿佛、行动（simultaneity, resemblance, activity），凡此均为经验，同实而异名；比朗相信努力（effort）是一种特别的和不可归约的经验，以致说努力仅是由肌肉的反应而有的输入的感觉，这是错误的；所以必须在情绪中辨认共同的经验，即有机状态变化的经验。那么，所谓关系并不是从天上掉下来的原理以统一这个世界，也不如布拉德莱所相信，关系在它们所联结的名词中有其基础，因为经验表明关系在名词之外，有时与名词相联，有时与名词不相联，非名词所可冒充。激进的经验主义认关系为经验的事实，如同其他经验的事实，所以激进的经验主义达到多元论，认宇宙为一由各自分离的大块所构成的混沌，这些大块自行结构和自行分散，如同原子或分子，常加入其他的组合中。我们由此可以见到这经验的多元论在哪一点是适符行动的要求，适符变化的可能，适符充满着冒险的创意的自由，适符时间的实相给予创意自由的确信的。

激进的经验主义 [①] 接受这样子的宗教经验；这样的宗教经验非唯物论者把它视作精神病的心理状态的解释所可接触，也非神学及建立在这种经验的直觉所可接触；宗教经验唯在圣者、神秘者、苦行者中取得其具体的殊异性，它显然带来极乐和安宁，是一切精神创举的创造者；科学认为人死之后，即行消灭，并无灵魂的存在，然而宗教经验借到处见到有灵魂存在的精灵论（animism）以补偿科学之所不及。詹姆斯是超自然主义的信徒，甚至是愚俗的精神论的信徒，当这种精神论取消了习惯上分别意识的界限，且使我们有限的意识沉没于一愈广大的全体意识（a greater whole），这样一来，精神论遂使我们与不可见的鬼神意识（invisible spirits）相通，它给我们的帮助不下于神秘主义（mysticism）。詹姆斯的心理学中所指示的边缘（fringes），即意识

---

① 关于这点，可参考勒韦丹（H. Reverdin）《詹姆斯的经验观》（*La notion d'expérience d'après W. James*），一九一三年刊行于日内瓦，第四章特别重要。

里环绕着十分明朗现象的暗昧地带，保证意识间这种连续的可能。在这里所陈的事实回答了我们在上面所指出的问题。

我们知道，詹姆斯对真理所下的定义，很少超出他的全部宇宙观所具有的意义，他的真理的定义引起他的宇宙观，他的宇宙观又引起他的真理的定义；我们不易看明白他的真理的定义如何能以正确的意义应用到科学的和非个人的真理上去，这些科学真理是以情感（passion）去淘汰一切情感的。他的哲学，乃一意欲的诚实的复归到自然显现为全部情绪（emotions）的扩张状态；他的哲学乃一说教，主张哲学依据实相之本性，但事实上呢，他依照自己的需要的意象赋予大宇宙而已。①

牛津大学教授席勒（F. C. S. Schiller）先生热衷于一种学说，和詹姆斯的实用主义很接近，但他名之为人本主义（humanism）。自从人们欲将唯心的绝对主义（absolutism）移用到实际，他发现这是唯心的绝对主义的危险：相信行动、变化、进化之具幻想的性质，自然要走上寂静主义（quietism）。绝对主义建立在一谬误之上 —— 思维每一实在乃大全的部分，而妄称之为必然，任何真理是紧附于本身的，并紧附于其他真理的，这仅为托辞而已。实用主义标明它是为达到真理之人类的方法，它认识真理乃一具体

---

① 参见埃马纽埃尔·勒鲁《英美的实用主义》，九〇页至一〇九页。詹姆斯主要的著作：《心理学原理》（*The Principles of Psychology*），一八九〇年刊行；《心理学简编》（*Psychology*），一八九二年刊行，一九〇三年译成法文；《信仰意志》（*The Will to Believe*），一八九七年刊行，一九一六年译成法文；《宗教经验的多样性》（*The Varieties of Religious Experience*），一九〇二年刊行，一九〇四年译成法文；《实用主义》（*Pragmatism*），一九〇七年刊行，一九一一年译成法文；《多元的宇宙》（*A Pluralistic Universe*），一九〇九年刊行，一九一〇年译成法文，法译名为《经验的哲学》。

的和个人的事业而已；唯有概括性是紧附的，然而，我们若进一步与经验相接触，细节就变得更为精确，我们即将失去这种紧附性了。复次，在我们的经验里，有许多世界，彼此各不相紧附：直接的和日常的经验不认识科学家所贡献的世界，而物理学者也不知道生物学者的世界概念。从这许多世界里，能找出一个世界是真的，如柏拉图所主张的理想世界吗？半个也没有（在这点，实用主义倾向观念论），每一世界是依我们人类的兴趣而构造的一个世界；普罗塔哥拉说的比柏拉图所说的要真实点——认识无须假设二元论，无须参考一规定好的实相。席勒先生有的时候好像很接近唯我论（solipsism）。但他的学说不如说是一种进化论的形而上学，他所赋予进化的意义大不同于斯宾塞的进化的意义，他所谓进化者，似是一不完全的世界之实际的和不可逆转的进程，它为个人的和偶然的创意而补满，而完成：这种进化论（这就是他有时候用唯我论的意趣以说明世界的由来）是单子论的（monadological），它唤起自由的和活动的精神之交互动作（interaction）；但这是一无连续论（without continuisms）的单子论；一些新的交互动作能偕不可知的世界而自行产生。复次，席勒承认一种终极的救赎，一总体的调和，一人格的和唯一的上帝。[①]

与席勒先生一起，牛津大学的其他七位成员发表了《个人观念论》（Personal Idealism，一九〇二年刊行），其中包含一个共同纲领，其两个主要原则是：每一个想法都必须与现实接触；所有的行动都是一个人的行动。

---

① 参见埃马纽埃尔·勒鲁《英美的实用主义》，一九二二年刊行，第六章。

当实用主义承认间断（discontinuity），如实际的标记，承认不紧附性（incoherence），如个人与自由的条件，实用主义表面上是与绝对主义相对抗的。但是，或者另外有一种统一，完全与绝对的总体不相同，这是实用主义所要研究的统一：这点就是哥伦比亚大学教授杜威（John Dewey）先生所表现的思想①。据杜威说，哲学欲想从它已把宇宙分割成块的片段中，再去发现统一，那是白花精力的探究；人们努力重新发现这种统一，其所得者，或是物理科学的宇宙，一切是机械的和褫夺去精神的，或是共同知觉之质的宇宙，一切是意识的；唯心论所见的物理学乃一精心的结构而已，唯心论将物质消融于精神之中；但在这种精神里，存留下感觉的与理性的二元性，存留下有限的意识与总体的意识之二元性，所以人不能说明绝对的思想如何自行剖分，为什么自行剖分。唯物论则反其道而行之，使意识融没于自然，但是没有说明为什么，它用意识的附随现象（epiphenomenon）那个怪东西，显出一价值的世界，异于存在的世界。

据杜威先生说，这两派的错误，则从人们将认识看成沉思而来——所以提工具主义或功能主义（instrumentalism or functionalism）和这种认识对立着，工具主义恢复认识最通俗的概念：认识乃一指导的动能，乃经验的功能的一部分；思想自身没有它的目的；思想是生命之一变象，是生物在一定条件下所产生之一事件；思想出现于行为动机互相冲突的情形之际，存在于我们为适应新的情势而重建我们的活动的努力之时（斯宾塞曾经指出这点）；观念

---

① 参见埃马纽埃尔·勒鲁《英美的实用主义》，一四〇页至一六〇页；《形而上学与伦理学杂志》，一九三一年刊行，一〇七页。

是为行动而立的一种假设，故观念依属于将来，唯真正能引导我们的观念才是真的。自然之合理性（rationality），物理学家所肯定的，并非一理论的准则，但为一种信念，使理智的活动能容新的合理改变之加入而已；"其意义之所指，为人之理智的活动不是自外输入于智慧的事物；这是自然依照某一事件最充分的和最容易的发生，而实现其特具的潜能"。我们的道德行为亦取同一方式，它并不为先定的和造成的善之观念所引导；道德的行为至少有三个来源各异的原理，一为视作目的之善，二为义务的规条，三为他人的衡量；道德的问题则从必须调和这三个原理而来。①

我们在这种思想中，很容易看出杜威先生开始是一个黑格尔派；他主张实现精神的统一，但其方式比黑格尔更加完善；照他看，现代思想的病态则从理想与实际、精神与自然两者的对立而来，例如历史学家与数学家，道德学家与工程师，双方对立，各不相下，而各有其不可减削的权能，此则说明两者对抗之最好的例证。普通的教育学尚保持这种对立，故教育学中有的主张造成行动的人，而牺牲了思想，有的主张教授抽象的思想，而忽略了行动。杜威先生既不将思想归于行动，亦不将思想附属于行为；他表示当思想是复杂的和进步的，则思想是行动之必不可少的变象，所以他的实用主义恢复思想的权能，绝不牺牲思想。但他的思想概念引导他把易晓的程度（degrees of intelligibility）倒转过来，最易晓的不是数学与物理的事物，倒反是历史与人文科学的事件，

---

① 参见《法国哲学学会报告》（*Bulletin de la Société française de philosophie*），一九三〇年十月刊行。

此两者比其他事物更易于了解，易于实现，因为历史显然是社会上和自然中的精神的劳绩。[1]

III 索雷尔（Georges Sorel）

索雷尔（1847—1922）曾受柏格森的影响，区别智人和能人。建立这些假设的科学家，凭理想创造一种机械论，必视为具有实际的机械作用；科学并不如文学家所希望，乃指导思辨的知识，科学倒反是理想的工场的创造，其中所设立的机械遂能正常地动工[2]。那么，一种假定之有其价值，则在其为处置事实的方法：并没有要求它具实际有效的观念价值。实证主义在物理学上排除了假设，然在历史上，则承认一决定继起事件之必然法则。索雷尔以为假设的重要权能必须恢复，在决定将来的社会中，必须留一位置与暗昧者、与无意识者、与不可期者。假设指导我们克服自然的动作，同样道理，信念应决定我们处置将来社会暗昧部分的动作：社会主义实行家之使用总罢工，如同物理学家之使用假设；社会主义实行家知道总罢工是一神话，如同物理学家知道将来科学要视他的假定为老古董——但这是为行动而创造的神话。在社会革命中，必须打倒国家，代之以工团组织；照索雷尔看，社会

---

[1] 参考杜威的著作：《逻辑理论研究》（Studies in Logical Theory），一九〇三年刊行；《创意知识》（Creative Intelligence），一九一七年刊行；《人性与行为》（Human Nature and Conduct），一九二二年刊行；《美国实用主义的发展》（"Développement du pragmatisme américain"），刊载于《形而上学与伦理学杂志》，一九二二年第四期。

[2] 参见《进步的幻象》（Illusions du progrès），二八三页。

革命和反主知主义哲学间有密切之关系，这种反主知主义哲学是劳动者的哲学，不把智慧放在徒然掩饰贪欲的意识形态（ideology）内（如同十八世纪末小资产者的进步哲学那样），而是把智慧用作制服自然的行动大纲。①

---

① 参见《暴力之反省》（*Réflexions sur la violence*），一九〇〇年刊行。

第10章
唯心论

受黑格尔影响的唯心论现在复兴了，在盎格鲁－撒克逊民族里，有布拉德莱和鲍桑葵的唯心论；在意大利，有克罗齐（Benedetto Croce）的唯心论；还必须加上法国阿默兰（Octave Hamelin）的唯心论。阿默兰也影响了十九世纪末叶之消极哲学，但他的态度是与行动哲学不同的。

I 盎格鲁-撒克逊民族的唯心论：布拉德莱、鲍桑葵、罗伊斯

在格林的思想里，康德之统觉的综合统一成为他的形而上学的原理，康德之认识的法则成为存在的法则。布拉德莱生于一八四六年，殁于一九二四年，曾任牛津大学的教授。布拉德莱拒绝名其学说为唯心论，他的学说确实是最复杂的[①]。两种立论支

---

① 布拉德莱的著作：《逻辑原理》(*The Principles of Logic*)，一八八三年刊行；《外观与现实》(*Appearance and Reality*)，一八九三年刊行。研究布拉德莱的著作：罗杰斯(Rogers)《一八〇〇年以来的英美哲学》(*English and American Philosophy since 1800*)，一九二二年刊行，二五〇页至二六三页；迪普拉(Duprat)《布拉德莱的形而上学》("La métaphysique de Bradley")，刊载于《哲学杂志》，一九二六年刊行。

配着他的学说：第一种立论，认为欲界定绝对的实在，所有关系的范畴或概念，如因果的范畴、体用的范畴等皆不足以济事；第二种立论，绝对于与感觉的事物直接接触而达到，这是变化的和不可分的经验，是"一"和一无限具体的资源，甚至人们不能反过来说它是由断片所组成的经验。但这两种立论互相界定，有时显得互相交错、不可究诘。

第一种立论由一概念幻想性（illusory character）而证明。这一种概念，从休谟到康德的批评主义，几乎普遍地接受，这就是外部的关系的概念（external relations）：时间的和空间的关系，如同因与果的关系，或一切其他的关系，好像一种模型（mold）存在于自身，它和名词发生关系是从外部而入的。但照布拉德莱看，唯有内部的关系（inner relations）方得存在，换言之，他回到莱布尼茨的观点，以为任何两名词的关系在名词本身有它们存在的基础和它们存在的联系；如果有人向他提出反驳，说几何的空间概念只是简单的并列的位置，与名词无关，则布氏答辩道，这样理解的空间乃一纯粹抽象作用，达不到实在所构成内部的关系之组织。

外在的关系既然否认了，还留一位置给这样关系的观念吗？当人们看见这第一种立论转变为第二种立论时，不能不抱怀疑的态度：休谟曾经说过，若没有关系，那么，实在将分解为一微尘，变成孤立的状态；布拉德莱说，若没有外在的关系，那么，实在将为一密系的全（a coherent whole），是单一的、个体的，它和施与（法文，donné）同时发生，和表情的和感知的经验同时发生。这样一种经验并非一个自主观到客观的关系，但为一定的客观之呈现于当前，为一个不可描写的和不可解释的事实。

这种直接的施与及直接的经验，或者是排除外在的关系的动机，关于这，开头是很明显的，但当人一方面取黑格尔的辩证法趋赴精神的看法，把这直接的经验置于一趋向自身的辩证发展的终端，另一方面则取某种意义，把它用为一新的辩证发展的出发点，这样去辨认这种直接的经验时，外在的关系就显得非常之少了。我们先从第一点来看——范畴或概念的规定，在某一点说，是实在之虚拟的规定，在另一点说，是一不完全的规定：据布拉德莱看，任何判断都是由概念到实在的规定，是由何（what）到这（that）的规定；然而这种规定常常显现出对付实在之不妥当，且常常要求补充；一判断之能成为真，则在其包括这一判断的真理所依据之全部条件。再进一步观之，则人将见到判断的条件是全体的经验：在全体的经验里，思想所常发现的且不能消灭的虚拟性（法文，altérité）不复存在了；在全体的经验里，虚拟的规定由于一种变质而有其真实性了；那么，在外象与实在（appearance and reality）之间，有片段与全体之分别，唯一的条件，则不把全体当做片段之一集团，但把片段看成是自一"表面上争论的理性"而生的。

但这种判断论明显地深染上黑格尔派的思想；它指引思想朝向精神，朝向一普遍的和具体的实在——由此而来的问题是，布氏曾以个人的具体的经验界定实在，这两种实在岂不互相冲突吗？但因为个人的具体的经验是有限的，故它不能显现如实在的。它的变化就是明证，在变化中我们就见到它继续取得各种殊杂的特性；据布拉德莱说，事实的变化就是不完全的征候，概念的辩证亦然。这总体的实在不是高于各个人的经验所构造的"有限的中心"（finite centers）的吗？但是，如果是如此的，那么布拉德莱的学说是什么呢？是一经验的哲学，界定实在为一确实的施与（法文，un donné authentique；英文，an authentic datum）呢，还是一黑格尔的辩证法，把此一实在放在全部施与之上呢？

布拉德莱是一黑格尔派，也是一注重经验者，故当其为黑格尔派时，觉得需一种神正论（theodicy），依据最老的传说，为邪恶、谬误、罪过作辩护，视罪过等事为"全"之一部分，只需不把罪过等事孤立起来，不抽象地去考察它们，则罪过等事是使"全"的内容丰富的，所谓"江海不择细流，故能成其大"；这意味着黑格尔派的布拉德莱将绝对构成一高于个人、超于道德的总实在。但注重经验的布拉德莱，他视自我及自我的体系，为"我们所具有的最高贵之物"[①]，它是倾向于为各个人特殊的而又不相联属的时间观念呢，抑为倾向于一复合的空间观念？或者依据一些唯心论的传统，如普罗提诺的唯心论、斯宾诺莎的唯心论、黑格尔的唯心论之传统，必须说他之承认"绝对"仅使一切个体的规定丰富起来，且使一切个体转变为永存的样态呢？与布拉德莱同时期的一位英国的黑格尔主义者劳里（Simon Laurie）于一九〇六年发表《综合论》（Synthetica），他认为神的实在来自启示于有限的自我之行动中，而自然则是这种启示的中介。

圣安德鲁斯大学（St. Andrews）教授鲍桑葵，生于一八四八年，殁于一九二三年。一八八八年发表《论理学》（Logic），一九一三年

---

① 参见瓦尔《多元论的哲学》，一三页。

发表《个人之命运与价值》(*The Value and Destiny of the Individual*)，一九二〇年发表《何为宗教》(*What Religion Is*)。鲍桑葵最大的功劳则在显明一切经验均能够拿来验证布拉德莱的唯心论：如政治的与社会的共同生活经验，物理环境之永存的和统一的经验，另一世界的经验如同艺术的世界，其价值足补满我们的世界——所有这些伟大的经验之共同的质素，尤其是美学的和宗教的质素，既满足精神的需要，又使精神避免了矛盾，但避免矛盾，不用一理想的构造，而用一"大全"附在里面的实验的实在。据鲍桑葵看，没有纯粹的思想，没有纯粹的逻辑，没有一普遍的宾词的全称命题：逻辑是事物的结构的知识；逻辑使实物成为可思维者，而全称命题是一杂入细节的体系之可塑的统一(a universal is a plastic unit in a system that includes particulars)。

　　绝对主义的由来，则在个人主义的反动；这种反动，在布拉德莱的思想里，竟至否认个人以及个人暂时的生命与每日的努力之具有任何真正的实在，如同普罗提诺只承认个人的实在唯在永恒的睿智中，实际的努力以求模仿永恒的睿智，终属枉然。绝对主义和诚实地认可个人之行动、之斗争、之苦痛的宇宙观点是不兼容的吗？思辨的思维的要求禁止实际生活的确信吗？此即美国罗伊斯的唯心论试求联合者。罗伊斯，一八五五年生，一九一六年殁，其著作有《现代哲学的精神》(*The Spirit of Modern Philosophy*，一八九二年刊行)、《世界与个人》(*The World and the Individual*，一九〇〇年至一九〇二年刊行)。罗伊斯的主旨是美国的宗教精神之最特出的一个观念："自由人保持着权利和前进的世界是上帝的世界，同时也是他自己的世界。"一观念之有实际的价值，则只当这观念完全是个人化的，且不与其他观念相似时：概括（generality）是"不全"的记号，绝对的"自我"将具有这种不全的概括，如果他不为个人的伟大真理所表出，各个人自由地造成自己的命运。罗伊斯始终是一元论者，因为所有的思想包含一元论：思维一对象，大体上说，就是具有一对象之意象；那么，对象是停留在思想之外的；但是思想不是在意象里，而是在它赋予对象以意义的判断中，尽管这判断是疑惑这对象者；这判断之有价值，则在我们假设一比我们的思想更完全的思想，它拥有对象，且在它里面，不复有问题或可疑了。除非一自我插入任何思想与任何对象，否则就没有真理。这绝对自我的生命就是它实现于各殊异的个人之知识；那么，这种绝对是不完备的。

罗伊斯完成了他的祈望吗？他的祈望或者和他的先驱者及黑格尔的思想不十分相远，他们都欲理解一丰富的宇宙，如果思想不陷于抽象，不陷于偏激，则能在它的具体的实在证实这丰富的宇宙。此一观念在一唯心论者霍尔丹爵士（Lord Haldane）的思想中出现了。霍尔丹是英国著名的政治家，曾著《实在之路》（*The Pathway to Reality*），一九〇三年发表。据他看，认识并非此一实体与另一实体的关系，但为基本的实在，只需不由逻辑的概括的认识去理解，而由我们之所感觉者都给予一种意谓就行了。缪尔黑德（John Henry Muirhead）先生，伯明翰（Birmingham）大学教授，曾著《现代英国的哲学》（*Contemporary British Philosophy*），一九二四年出版。他接受布拉德莱哲学的原则，但认为布氏的哲学，当其否认有限之分离的实在和认为哲学的进步则在探求有限之积极价值的证明时，容易引起批评。培利（J. B. Baillie）

先生于一九〇六年发表《经验之观念论的构造》（*The Idealistic Construction of Experience*），当他承认有许多种不能互相归并的经验时，他的研究是与缪尔黑德的思想相接近的；某几种经验似乎是全部完成的，如感觉的经验；另一部分经验，如科学的经验，其值在增长中，同时，个人亦由科学经验的增长而增长；个人给这些经验以各种不同的价值，视它帮助自己完成程度之高下而定之；那么，趋向统一的努力是造成一伟大的真理之条件。

　　这种个人的具体性的理论终于与普遍的具体性的理论相对立。乔基姆（Harold Joachim）先生于一九〇六年著《真理的性质》（*The Nature of Truth*），辨清该如何了解总体的和密结的"绝对"，为维持本身的存在，竟需要我们这样有限的知识，这是不可能之事，因为我们的知识，是不完全的逻辑的系统化，是由"何"（what）到"这"（that）之不完备的决定，是一旅行者的形容词（migratory adjective）而已。麦克塔格特（J. M. McTaggart）先生著《存在的本性》（*The Nature of Existence*，共两卷，一九二一年至一九二八年刊行）也同样给黑格尔主义一种个人主义的解释：照他看，凡唯一的存在皆是若干自我、自我的若干部分，或自我的若干团集而已；如穆勒和詹姆斯一样，认上帝自身是一有限的存在，其能力亦复有限。麦克塔格特先生之坚持唯心论似乎是方法的意味多于理论的意味：他想从两个经验的前提出发——若干事物存在，而且这若干事物是分殊的，那么由此就能推出实在之一切范畴。豪伊森（George Howison）先生著《进化的限度》（*The Limits of Evolution*，一九〇一年刊行），他之视绝对，与其为一单数的自我，毋宁是自我之一共有性（a community of selves），

尽管他安于唯心论和康德主义，然已公开地走上多元论了：一切
存在归结到精神的存在，自然之存在仅以其为共有的表象，而
自然之为客观者，则因为它是为精神的社会所共有的。精神的社
会是为上帝指导下合理的理想而运动的，上帝的动作不是效果因
（efficient cause）而为目的因（final cause）。这样的观念毅然决然
地离开了绝对主义的唯心论。这种精神的社会又出现于莱德（G.
T. Ladd）先生著的《实在论》（Theory of Reality，一八九九年刊行）
中，而且加洛韦（Galloway）先生著的《宗教哲学》（Philosophy of
Religion，一九一四年刊行）亦认世界为一有统属的单子的次序。
一个类似的哲学和姿态亦出现于美国霍金（W. E. Hocking）先生
的著作中，他于一九一二年刊行《人类经验中上帝的意义》（The
Meaning of God in Human Experience），一九一八年刊行《人性及
其重塑》（Human Nature and Its Remaking）。霍金树立他的社会实
在论（social realism）于必然性上，他给予认识的效能，则从"我
的精神"和"别人的精神"之关系上立论，精神独立于自然之外，
认识一切事物，且仅由精神，我才能与类似我的精神产生关系。
在英国，还有普林格－帕蒂森（Andrew Seth Pringle-Pattison）先生
著《黑格尔主义与人格》（Hegelianism and Personality，一八八七年
刊行）、《上帝之理想》（The Idea of God，一九一七年刊行）二书，
引起他批评黑格尔主义的，则是个人的独立性、认识上的二元论、
暂时过程的实在、上帝亦随时间而演进等，然而他并没有放弃布
拉德莱之经验的观念，详言之，则没有放弃一种经验既包括诸事
物而又足以解决我们经验之矛盾者。

　　所以，在英国和美国，特别在一九〇〇年以后，我们看见唯

心论之绝对主义，本由反抗个人主义而产生，现在已超出界限，而趋于解体了。但必须加上一点，则这种主义的崩溃亦由于别的理论所施之压力，现在新起的学说的中心不复在实在的问题，而趋重人类的价值的问题，总之，哲学的任务已改过来了。

这些新起的学说特重信念，故反对自然主义，同时亦反对绝对主义，在他们的眼光中，这两种主义均不足取，因为两者均否认有限存在的价值。无疑，丁尼生（Alfred Tennyson，1809—1892）的诗歌所传播的精神，助灭科学主义的理论，它以非人格的定律代替宗教的上帝的位置。贝尔福（A. J. Balfour）先生，一知名的政治家，曾著《信仰的基础》（*The Foundations of Belief*，一八九五年刊行），宣告自然主义的哲学怎样无能力，它不仅不能说明人类赋予艺术的、道德的、宗教的价值，甚至真理的自身的价值亦不能说明；因为我们的真理的信念所具有之原因，若如自然主义所给予者（如自然淘汰、观念联合等），则消灭了与自我相联的真理之客观价值。索利（W. R. Sorley）先生于一八八五年刊行《自然主义道德学》（*On the Ethics of Naturalism*），一九一八年刊行《道德的价值与上帝之理想》（*Moral Values and the Idea of God*），索利之所欲者，自然不是绝对，它既构成合理的宇宙的一部分，亦构成我们所具的价值的一部分，甚至可以说，自然乃一种工具，用以发现那些使自我完成的价值。

自然主义使意识与精神从自然界产生出来；这种理论非难者极多，其中最普遍的非难，力反其道而行之，竟从精神的另一端出发，认为自然的力（natural force）即精神或灵魂，此亦大异于批评的唯心论者所主张，这种学说起源于斯多葛派及普罗提诺；在现代英、美二国，支持此说者尚不乏其人。欣顿（James Hinton）于一八六二年发表《自然中的生命》(*The Life in Nature*)，他同普罗提诺一致，主张物质惰性的确信乃从我们的知觉不完备而来；只需在智能（intellect）的境界重新建立精神的认识之机关，即可了解生命充塞于天地之间；惰性的物质观是从恶习（sin）而来；爱（love）若有缺乏之处，即有物质存在。里德（Carveth Read）于一九〇五年刊行他的《自然的形而上学》(*The Metaphysics of Nature*)，一九二〇年刊布他的《人的起源》(*The Origin of Man*)，照他看，连续的原理是泛心论（panpsychism）之真正的论证：如果意识非本来存在于万有之中，则意识绝不能产生出来。沃德（James Ward）先生在《大英百科全书》里发表那篇有名的词条"心理学"，极力主张以唯意志论派的心理学（voluntaristic psychology）代替观念联合论（associationism）。他曾著《自然主义与不可知主义》(*Naturalism and Agnosticism*，一八九九年刊行)和《目的境界》(*The Realm of Ends*，一九一一年刊行)二书。他依据科学之批评的运动，尤其依据杰文斯（William Stanley Jevons）的理论，以攻击自然主义。他宣布机械论的概念是纯粹假定的和方法论性质的：如果我们不接受泛心论，那么灵魂与身体的关系的问题是不能解决的；身体的单子（monads）是附属于中枢的单子，且为中枢的单子所使用，有点像国家的服务被国民使用。这种单子论达到一种有神论，发现上帝是保证单子之沟通及"善"之最后胜利的基石。

II 意大利的唯心论

意大利黑格尔派势力的发展，开始于十九世纪中叶，方此之时，黑格尔派是和意大利之统一与自由的政治运动相联结的：国家为全体及最终的目的，个人应附属于国家。这样的思想显然是黑格尔哲学的中心思想。黑格尔著作的译述和解释充斥于意大利。那不勒斯的斯帕文塔（Bertrando Spaventa, 1817—1883）可说是传播黑格尔思想最得力的一人。时至今日，黑格尔的精神尚为克罗齐先生及秦梯利（Giovanni Gentile）先生所服膺。

"特殊的哲学（Partial Philosophy）是一矛盾的概念，思想之所思者为'全'或'无'，复次，思想若有一限度，则其所有者一限度的思想而已，结果是超出限度。"①这样就是黑格尔的公式了，克罗齐用这公式以肯定绝对的唯心论，以反对康德的批评主义。克罗齐先生曾将《百科全书》译成意大利文，他看出黑格尔学说极端难懂的部分，则在历史哲学和自然哲学中；但他认为矛盾的统一或反对的综合（synthesis）还是黑格尔的发现，他认为这一发现，好像哥伦布（Columbus）击破鸡蛋之一端而竖立，虽人人所能为，然知为之者还是哥伦布，矛盾的统一因甚可靠 ——"矛盾并非一幻想，而统一亦非一幻想。矛盾在本身是彼此互相反对的，但在统一之下则不互相反对了，因为只有矛盾者之统一或反对者之综合才是真的和具体的统一"②。那么，克罗齐的哲学显然是精神

---

① 参见《实践的哲学》（*The Philosophy of the Practical*），一九〇九年法文版，二七四页。

② 参见《黑格尔哲学活的与死的部分》（*What Is Living and What Is Dead of the Philosophy of Hegel*），一九〇七年刊行，一九一〇年法文版，一六页。

哲学，它的发展分作四期或四级而完成，相当于他所著《精神哲学》（*Filosofia dello Spirito*）的四部分：精神开始是个人的直觉或个人的表象，它是美学的对象；其次是普遍的意识及其与个人统一的意识。这两级构成理论的范围，与理论的范围对立者为实践的领域或意欲的领域：意欲开始是特殊的意欲，此即经济的活动，愿欲和实现人所发现的条件以为生活之资者；其次是普遍的意欲，此即伦理的活动，愿欲和实现上述的条件，及超出这些条件的事物。

一九〇三年，克罗齐先生创办的杂志，名为《批评》（*La Critica*），竭尽全力以于现代的意大利传播黑格尔的政治的实在论。在他著的《实践的哲学》第三部第三章里，他宣布法律如何仅是抽象的概括，不能预见具体的事物，且应当视之为实际决意的单纯助手。如同科学理论一样，在其自身和在其解释具体事物的功用之外，仅是一些虚拟的概念（pseudo-concepts）。克罗齐新近发表一篇论文[①]，依据类似的精神，斥责反历史主义（antihistoricism）：这种抽象的唯理主义，"当它剪断人类的生命——历史，以夸耀人类生命的建筑物……且使精神的价值唯物化，当它使精神的价值成为超越的，实使精神的价值成为僵硬的死体"。这种具体的（依黑格尔用这字的意义，具体的即普遍的）倾向，引起克罗齐先生对美学、对文学的批评，对历史编纂学（historiography）作精深而广博的研究。

与克罗齐先生并驾齐驱者为秦梯利先生，他著《纯粹的行为》（*The Theory of Mind as Pure Act*，一九一六年刊行），一九二五年译

---

① 译文刊载于《形而上学与伦理学杂志》，一九三一年第三期。

成法文。他的思想紧附着意大利的传统精神，认"绝对"为精神之创造的行为，它是内在于一切实相的。他是中世纪和文艺复兴的哲学史家，意大利哲学家布鲁诺（Giordano Bruno）著作的刊行者，他依据历史的关系提出特有的学说，认为他的学说是历史的发展。他说："我们的学说使精神超出一切时间与空间的限制，同样超出一切外界的条件；我们的学说之视历史，并不是预定，而是精神活动之具体的和实际的形式，且照这样以建立精神活动之绝对自由。"他的学说可用两原则概括之于下：实在之唯一的概念是它自身的概念；在精神的行为中所有的质料无他，仅活动自身的形式而已。所以哲学并不是沉思默想，而为借政治的和道德的生活，以参与这种创造的活动。

III 阿默兰

阿默兰（1856—1907）的学说陈述在他的《表象之主要的元素》（*The Principal Elements of Representation*，一九〇七年刊行，一九二五年第二版）一书中，他与雷诺维叶的批评主义发生关系，即在他的出发点是与雷诺维叶相同的。实在说，他的学说就是一范畴表（table of categories）的建立，范畴之最重要者即关系的范畴；范畴表如下——数目的范畴、时间的范畴、空间的范畴、运动的范畴、性质的范畴、交替（alteration）的范畴、规范（specification）的范畴、因果的范畴、人格的范畴，尽人皆知这范畴表是由对雷诺维叶的范畴表加以反省而来，他颠倒时间与空间范畴的秩序，颠倒运动（在雷氏范畴表中为化生）与性质范畴的顺序；他于性质的范畴中加上规范的范畴，于运动的范畴中加上交替的范畴；然此种颠倒与增加毫未改变雷氏范畴表的精神，它从以抽象关系的过程决定对象，过渡到以具体的关系决定主体。复次，每一范畴呈现如一正与一反之合（the synthesis of a thesis and an antithesis），例如阿默兰的范畴表和雷诺维叶的范畴表均视数目为"单一"与"殊多"之"综合"，而且大体上说，阿默兰对于这些规定是追随雷诺维叶的。最后，这等范畴，亦同雷诺维叶的一样，是表象的元素，且非如黑格尔的思想，视范畴为绝对之界说。

不过，阿默兰还欲解决雷诺维叶所曾提出的一个问题："建立现象间普遍关系的体系，如同建筑一大厦，此等普遍关系决定此大厦的主要线条，故已知的或属可知的事实在此大厦上全有其显著的或支持的位置，这就是科学的问题。"[①]雷诺维叶把范畴当作经验的与件，用去建筑这科学的大厦，可是没有成功；阿默兰企图运用综合的方法去建筑这个大厦，不让任何观念独立地存在着，换言之，即运用一类似柏拉图和黑格尔的辩证法去建立这大厦。

不过我们知道黑格尔的体系和阿默兰所喜爱的雷诺维叶派的精神间，有一严重的冲突存在着：黑格尔的辩证法完成于"精神"，完成于一普遍的具体，但据阿默兰看，这一普遍的具体非他，乃一亚历山大学派（Alexandrian）之绝对的"一"，任何个体皆沉没于"一"之中；据雷诺维叶的人格主义，最高的范畴是人格的范畴，阿默兰是完全同意的。那么，综合的方法对于这种结

---

① 参见雷诺维叶《批评略论》，第二版，三二三页。

论不一定有连带的关系，实在呢，阿默兰所想建立者：使得阿默兰和黑格尔不同的，则在他对"正"与"反"的关系的看法。据阿默兰的看法，"正"与"反"的关系不是互相排斥之矛盾的名词的关系，而是对立的名词或相关的名词的关系，这种对立的名词互相唤起，而且它们不是伸向于否定的神学之虚无，而是伸向于互相补足的肯定，所谓相反相成，即此理也。

　　站在这种立场上，阿默兰体系最优美的部分即在最后一章里，他怎样说明人格自因果与目的之综合产生，由辩证的运动而完成：人们怎样理解原因之连续，为一目的所指导，形成阿默兰所称为一主动的体系（active system），此一主动的体系在自身有其活动的一切条件，结果取得其独立的条件。但是，此主动的体系显然是我们所号称意识的和自由的人格（毋宁是世界，或是宇宙，或是含生的机体），显然没有十分被证实。这立场肯定后，阿默兰贡献我们一种渊源于人格主义的宇宙观：但这不是由于一新的辩证法的进展，由人类的人格到神的、自由的、创造的、天授的人格；这是由于一完善的要求而已；在这里不复有"必然"了；"实际上人只见思想自行实现，且只能在意志和由意志而自行实现。第一刹那就是精神完成它第一次行为之时；第一原因就是精神第一次造作之因"。我们在表象之低级的和抽象的地方看见"必然"胜利了，但在这里，"必然"不复有位置了，同时我们看见这种"必然"仅为实在之最表面的状貌而已。①

---

① 参见达尔邦（A. Darbon）《阿默兰之综合法》（"La méthode synthétique dans l'«Essai» d'O. Hamelin"），刊载于《形而上学与伦理学杂志》，一九二九年一月刊行；亨利-夏尔·皮埃什（H.-Ch. Puech）《关于阿默兰的笔记》（"Notes sur O. Hamelin"），刊载于《精神杂志》（L'Esprit），一九二七年刊行。

IV 日耳曼的唯心论

倭铿（R. C. Eucken）的唯心论是一改良者的唯心论；一九〇四年，他刊行《当代知识潮流》（*Intellectual Currents of the Present*），这是一精神世界之道德的说教杂志，由行动与沉思启示我们。我们可以说，自一九一八年起，在德国确有黑格尔主义复兴的趋向，一九二八年，国际黑格尔主义协会创立，一九三〇年在荷兰举行第一次大会，此即其明证。马克（Siegfried Marck）著《当代哲学的辩证法》（*The Dialectic in Contemporary Philosophy*，一九二九年至一九三一年刊行）即研究这种运动；特别是克罗纳（R. Kroner）之新黑格尔派的辩证法，表现在他所著的《自康德到黑格尔》（*From Kant to Hegel*，一九二一年至一九二四年刊行），以及《文化哲学概论》（*Prolegomena to the Philosophy of Culture*，一九二八年刊行）。①

V 戈尔捷（Jules de Gaultier）的唯心论

戈尔捷于一九〇〇年著《自康德到尼采》（*From Kant to Nietzsche*），这书名很能表明戈尔捷的唯心论的性质：他的唯心论不似其他唯心论，反对自然主义，企图恢复人生之价值，他欲证明价值的问

---

① 参见海因里希·莱维（Heinrich Levy）《德意志哲学中黑格尔主义的复兴》（*Die Hegel-Renaissance in der deutschen Philosophie*），一九二七年刊行。

题是在纯粹的哲学之外的。道德的感性和形而上学的感性是两种完全不同的宇宙观之出发点；从前者出发，人想象一个宇宙，它有若干势力影响我们的行为，影响我们的命运，影响我们的幸福；世界被一允许行动和认识的目的支配着；几乎所有哲学都由于这种要求而组成，大体上说，哲学附着一种对幸福无疆的弥赛亚式（Messianic）的希望。至于从后者出发，则具有"天地不仁以万物为刍狗"的宇宙观，这种宇宙观认为真正的实在与主体无关，并认为思想为天地间自然涌出的活动而已；任何客体与任何主体只是此无限的实在之表象的方法罢了。包法利主义（Bovarysm）是发现藏在第一种宇宙观下的幻景（illusions）之学说："实在必然被看作异于他所显者，这就是它的原则。"①

---

① 戈尔捷的著作有：《包法利主义》（Le Bovarysme），一九〇二年刊行；《普遍的虚构》（La fiction universelle），一九〇三年刊行；《道德的依赖和道德的独立论》（La dépendance de la morale et l'indépendance des mœurs），一九〇七年刊行；《形而上学的感性》（La sensibilité métaphysique），一九二八年刊行。

第11章

科学的批评

大约在本书划分的现代哲学第二时期开始（一八七〇年）之际，许多卓尔不群的思想家认识到实证科学并没有斯宾塞和泰纳所给予的那些形而上学的效能和意义。从一八七〇年起，拉舍利耶依据康德的《判断力的批评》一书，宣布自然律的研究设立目的之原理，如同其设立因果的原理；布特鲁在其《自然律的偶性》中，由科学知识之内在的分析，说明我们从物质，而生命，而意识，则见实在的形式愈进于高级者，决定论愈形松弛了。

科学的批评运动则从此时开始，但在十九世纪终结之前后那数十年间，尤足表现这种运动的特性：人们探求科学上使用之基本概念的价值与意义。这种运动有两种殊异的特性。第一种特性，是属于专门的范围；几何原理的研究产生了非欧几里得几何学纯粹专门的研究；这派运动的领袖为一般数学家，如庞加莱（Henri Poincaré），稍后者如康托尔（Cantor），如怀特海（Whitehead）及罗素（Russell）先生，以及一般物理学家，如迪昂（Pierre Duhem，1861—1916）。第二种特性，是属于实证科学的本质，它之审证科学原理并不在科学的本身及绝对中去考察，亦不关乎一些最普遍的原理，如同矛盾律或充足理由律，其所欲审证者，则在科学的知识中这等原理所具有之效果的和不可少的作用；人们断定人只能在这些原理所构造的部分中去审察这些原理；一种完全的科学之推证的理想消灭了，这对于经验论并无益，但有益于一更复杂的理想。

I 庞加莱、迪昂、米约（Gaston Milhaud）

庞加莱生于一八五四年，殁于一九一二年，他是微分方程（differential equations）新的解决方法之发明者、天体力学有名的创造者。他研究哲学，则以科学家的态度，探究科学工作实际应用的条件而起。庞加莱最主要的态度，则认为在科学中必须分别何者为实验的真理、何者为定义、何者为理论，然而普通人士没有把这几点分开来。例如，当人说星体遵循牛顿定律而运行，人常把这事实真理的命题混入其他两个命题：其一是定义，那就是万有引力遵循牛顿的定律，这一命题是不变的和不能检查的；另一是我们能够考察的命题，那就是"万有引力是影响于星球之唯一的力"。庞加莱的批评大部分是在作下列的分析："举凡数学的性质——三维（three dimensions）、同质（homogeneity）、各向同性（isotropy），皆是我们预先订定的性质，并不是外界给予我们的；至于机械的力的性质（如作用力与反作用力之永远相等，以及其他等）也是一些简单的定义。"但是，这些肯定和这些定义是从哪里来的呢？这不过是一些简单公约（simple conventions）而已。从理论方面说，这些公约是完全自由地订定的，但从实际方面说，我们选取那些最适宜而方便的公约，换言之，即选取那些允许我们用简单的结构去安排诸现象的公约：庞加莱承认马赫所立思想经济的原则，或思想简易的原则。但是实验的与件终是独立于这公约之外的，这很显然；至于一种事实的机械的解释，那就完全是公约的。同样的道理，我们能证明某一种事实具有无限可能的机械的解释：但事实终属有限度，我们的自由即停留在这限度以内。

依此，庞加莱指陈科学家之创意的部分，但他的约定法成论（conventionalism）并没有判定科学家在这些公约里获得实相，它只留在相对的和关系的境域之内而已。但物理学家迪昂所得的结论恰好与此相异。据他著的《物理学的理论，它的对象和它的构造》（*Physical Theory, Its Object and Structure*，一九〇六年刊行）所说，物理学的理论有两种看法：或者我们将物理学的理论当作说明实在的法则，如同笛卡儿派的机械论自夸能深入实在，我们由是而构成与实在的形而上学概念有关的理论，且将这种理论引入绝对的讨论；或者我们把物理学的理论当作一简单实验的知识之分类的表象和节略的表象，这种表象毫不探索实在，波雅士（Henri Bouasse）先生著《力学的理论》（*Theory of Mechanics*）亦抱这样的思想去认识物理学的理论之本质 —— 力学找出一些方程式，如是而已，绝不允许我们对于找出这些方程式的理论有所选择。这点是必须加上的，即物理的经验在其自身已经包含加在直接的与件上的一理论的说明 ①：物理学家没有证明一煤气占据一定的容积，但能证明仪表里的水银标出一定的度数 —— 我们凭借一种抽象概念和假设，方能由水银所指的度数推得煤气的容积。迪昂曾著《世界的体系：从柏拉图到哥白尼之宇宙学说史》(*The System of World: A History of Cosmological Doctrines from Plato to Copernicus*，共五卷，一九一三年至一九一七年刊行)。他在天文学上，观察到物理学的理论史有两派特殊的概念：一派的概念欲接触实相，把科学固定在旧习上，逐渐与事实远离；另一派的概念反其道而行，无抵抗地服从新的经验。

米约（1858—1918），当他未成为哲学家及科学史家之时，曾教授过数学。他以独特的见解，说明斯宾塞和泰纳的世界观怎样不合法地将科学转变成形而上学："现代科学定律之所包含者，似乎与自由的事实相矛盾。若按其实际，则科学与自由的冲突不在其定律，而在一先验的（priori）观念。根据这先验的观念，世间事物没有能逃避决定论者……科学的进步丝毫没有改变决定论的形式，第一个思想家欲以数量的关系联结人所想象的最简单的两种现象，故以决定论的方式去理解这世界。"②科学绝不是外界关系之单纯的和消极的登记簿，如培根和孔德所相信者，科学是精神的事迹，故在它的创造过程中，包含着一些偶然性。米约的著作尚有：《合理论》(*Le Rationnel*)，一八九八年刊行；《实证主义与精

---

① 在这点，迪昂在一八九四年《科学的问题杂志》(*Revue des Questions scientifiques*)上发表一文，陈述他所创获的观念，后来米约及勒鲁瓦先生复加以发扬而光大。

② 参见《逻辑的确证之界限与条件论》(*Essai sur les conditions et les limites de la certitude logique*)，一八九四年刊行，一四三页。

神的进步；孔德之批评的研究》（*Le positivism et le progrès de l'esprit; Études critiques sur Auguste Comte*），一九〇二年刊行。

维尔布瓦（J. Wilbois）先生在一八九九年至一九〇一年《形而上学与伦理学杂志》上发表的论文，亦以同样的精神，对穆勒的归纳五法作透彻的批评；归纳法的应用仅包含事实的一种单纯的登记而已；譬如勒威耶（Le Verrier）之发现海王星这件事，穆勒认为是由剩余法发现它的，但实际上是理论与计算的结果，完全与剩余法无关。

II 科学的批评与批评主义

如果科学是精神的事业，人就能提议重用康德的方法而扩大之，用精神指导科学。阿内坎（Arthur Hannequin，1856—1905）著《原子假定之试评》（*Critical Essay on the Hypothesis of Atoms*）便是这样做的。如果我们把物质现象一层一层分析下去，那么，最后的结论，即物理学引起我们认识"运动"乃事物的最后论据；然而运动本身包含一完全不能理解的质素 —— 连续，它既设立时间的连续又设立空间的连续；因此，力学不是一纯粹可理解的科学，只有一种科学能达到悟性所要求之完全的理解（perfect intelligibility），那就是数的科学或不连续量（discrete quantities）；在运动的科学中，只有一种方法能达到完全的理解，那就是使数的科学透入运动的科学 —— 这就是原子所造就的。阿内坎宣称力学和化学中必然要有原子论，尤其是在化学中，原子论不能超越经验之生硬的结论，因为人企图从原子论推出的定律，如盖－吕萨克的定律（Gay-Lussac's Law），杜隆和珀替（Dulong and Petit）的定律，只是一些近似的定律。

达尔邦先生著《机械论与唯名论》（*The Mechanical Theory and Nominalism*，一九一〇年刊行）一书亦具同样的精神。我们不能抱笛卡儿的态度，以为机械论表出事物的真相：由是观之，则必须认机械论为一纯粹的虚构（pure fiction），且堕入马赫或迪昂的唯名论吗？概率性和归纳法各种形式的研究，引起我们的相信——"精神有能力自其内部抽出一些指导经验的观念"；但这不关乎一些完全铸造好的观念，但关乎一些时时重铸、时时重估的观念，足以妥善地说明事实，事实之所知者愈多，则构成的观念愈正确而丰富，而其说明事实，亦愈妥善；达尔邦先生断定，某一观念与全部事实之一致，给他以最结实的论证，这就是我们的智慧形式所容纳的论证。

阿内坎在科学理论一题目所说精神的必然，即法伊欣格尔（Hans Vaihinger）先生在他《宛若哲学》（*The Philosophy of As If*，一九一一年刊行，一九二二年第八版）中所说生命的必然。法伊欣格尔的学说似是将尼采和柏格森先生依据达尔文主义以说明智慧功能具生物的目的之说以及庞加莱的约定法成论合而为一，并竭尽其全力以显明这种学说的价值。他所企求者，则证明不存在自有其目的和价值的理论思想；这学说包含两种立论，彼此大相径庭。第一种立论主张思想并没有把握实相的任务，只有便于我们适应环境的作用而已；思想是一种工具，详言之，即一允许我们凭借先见之力，从这一部分的实物向另一部分的实物很安稳地前进的工具。值得注意之点，则这一立论并不与主张思想代表实相之说相反，譬如柏格森先生宣布理智的范畴尽管是源于生物的，然理智的范畴若欲探求生命的真相，则它只有失败，但当理智的范畴自限于惰性的物质之认识时，则能达到物质之实相。第二种立论，法伊欣格尔先生主张，他的学说亦主张思想乃生物的功能，由一些虚构（fiction）所组成；这些虚构允许我们用来适应环境，但它们毫不代表"实相"——唯一的实相即感觉的凝结，而因果律及赋予一定性质的事物只是一些虚构罢了；因为因果律及事物的性质有时是这样的，有时又不是这样的，法伊欣格尔先生即从这种矛盾中，探求其虚构的性质——物理学上的基本概念和数学上的基本概念是互相矛盾的；一个原子，它是广延的，一个无限小，它可被当作零而消去，这就是一些虚构，因为这是一些不相贯串的概念；在数学里，也有一些共认的虚构，如同负的数量，那是不合理的或想象的。政治经济学之研究亦有其虚构，如同经济人（homo œconomicus）只为他的利益而动作，对之外的一切均不敏感；如孔狄亚克所作石像之比喻，费希特所谓商业自给的国家，均是一些虚构。这种虚构的概念大异假定的概念，因为假定可由它自身去考核，或由它的结果去验证，至于虚构则完全与之相反，它没有和事实对质，而且这要求没有一点意义。剩下来的问题，则怎样证明虚构系在我们的适应环境中而完成的；在这一点，法伊欣格尔的思想表现得不十分清楚，虚构的作用类似于纸币的作用；纸币非常便利贸易，故在商场上占很重要的位置[①]；故法伊欣

---

① 参见法伊欣格尔《宛若哲学》，二八八页。

格尔抱这样的态度去认识万有，他视经验"宛若"由事物所组成，视物质"宛若"由原子所组成，视曲线"宛若"由无限小的直线所构成，这样就可在经验中发现最便利的指导。至于实相则为钢铁，在任何情形之下，均不能使之柔软；我们必须服从它。

　　法伊欣格尔先生不愿意人把他的学说和实用主义混在一起；最大的分别则在下列一点——实用主义是一讨论真理的学说，承认我们的行动改变事物；而法伊欣格尔先生不想象不可使之柔软的事物，比如钢铁，但由于虚构之发现而想象思想的可屈性之增长。詹姆斯最后还想有一真实的和经验的宗教；至于法伊欣格尔先生，他乃一"平民"，只探求一宗教的神话之真相，而且他相信他的老师朗格所说的，人不可能非难一信奉宗教超过帕莱斯特里纳的弥撒曲（a mass by Palestrina）的人；实证论的唯心论（positivistic idealism），唯心论的反唯理论（idealistic irrationalism），这就是法伊欣格尔给他的学说的名称。

III 科学的批评及现代科学的发展

　　哲学思想在一九一〇年又开始一个新的时代，和上一时期大不相同：二十世纪开始时，哲学的普遍趋势，则认为理智所创造的建筑物多少有点不结实，遂复归于直接经验；庞加莱之约定法成论和柏格森先生之直觉主义（intuitionism）以及詹姆斯的实用主义相联合，显示智慧或者达不到实相，或者改变了实相。在心理学的演变里，在法律理论的变换里，在生物进化的新观点里，在二十年来物理学所遭遇的大革命里，到处表现同一的精神，虽则这种精神确难于疏解和界定，但它显然以同一的意义背负起我们理智的文化。大体上我们能够说这种精神是显示放弃了哲学上由来已久的旧对立，如间断之与连续对立、外表固定之与演变对立、内省之与客观的观察对立、规条之与事实对立；在间断、固定、内省、规条里，我们认识了人类理智之观点，以及人类理智能够接近实在之条件；在连续、演变、观察、事实里，我们发现不可再简的非理性的名词。但是间断或者是实在的一种最深刻的特性，而连续或者是事物所具的表面状态，浮光掠影的认识；莱布尼茨的名言被现代物理学颠倒过来——"自然由跳跃而开始"。把间断装进事物的基质，绝不是将经验的对象装进精神的范畴，而是抛弃了十九世纪以来任何思想都不免受到影响的康德批评的唯心论；若干年前，我们很难放胆说物理学家或生物学家所主张间断的实相，而不补充说这些间断的实相为精神的建筑物，好像加在事物上的形式；当人们震惊于物质与能量的粒子论之巨大的成就时，人们多以为原子论是精神的本性安放在事物上的一种观点，或者干脆是一方便的虚构在事物上的一种观点。

批评的问题能够这样宣布：每一问题的疏解，则决定精神对于事物之必然的观点。反过来说，每一问题的疏解，不是除去精神对事物的观点吗？所有一切仅是观点而已吗？物理学上，相对论（the theory of relativity）是这种思想运动的一个著名的代表者，因为相对论的问题能解释物理学的定律乃由任何观察者之特殊的观点抽象而成立。

实际上爱因斯坦（Einstein）先生的相对论在其体系里，似乎有朝向实在论派的认识论的意味。自从康德以来，人们老是宣称时间之同质与划一以及欧几里得的空间，物理学家看见事情（event）伸展于时间、看见事情排列于空间，而"时""空"带上精神欲求把握着现象之关系而造成的标记：所以我们的宇宙的表象乃自我的设想的以及自事物而来的两者之混合物；宇宙的表象从属于观察者之观点。我们能够发现一些时间与空间的概念，以描写宇宙的事情，这些事情是独立于一切特殊观点之外，而存在于自身的吗？这就是爱因斯坦先生所提出的问题。他的理论把希腊几何学者所造成的"远"与"近"普通化了，希腊人所发明之几何的空间，一几何图形的性质，是完全独立于偶然的事实之外，与观察者所在之远或近无关的；或者如柏格森先生在《绵延与同时》（*Durée et simultanéité*，一九二二年刊行，二四一页）所说的一样，"将引力简约为惯性，这确是已成的概念的一种淘汰，当已成的概念介在物理学家及其对象，介在精神及事物之构成的关系之间时，在这点是妨碍了物理学成为几何学"；我们以我们的时间之一刹那加入我们的绵延，那种独特的方式，则足说明事情之流（course of events）了。

科学的理论家视决定论或为实相的一种特性，或为一精神虚构，或为一方便的公约。这虚构或公约是有成就，但毫不说明实相的基质；而爱丁顿（Arthur S. Eddington）在他著的《物理世界的本质》（*The Nature of the Physical World*，一九二九年刊行）一书里说："量子论（quantum theory）出现所有的结果，则物理学不再附属于包含着决定论的定律那一种框式了。自从人设立理论物理学新理论后，决定论没落了，且人能追问决定论可否恢复它的老位置。"[1]在这点，哲学主张恢复科学的主观的条件之必要；但科学的批评在这点看见一些框式，且只是一些框式而已；科学之实际发展在这点看见一些成见，自从人停止取用粗略陌生的事物，在科学方法的平均结果里，观察是不足以矫正这些成见的。

IV 认识论与实证主义

实证主义的中心观念则拒绝任何哲学之不具科学的内容者。在雷伊（Abel Rey）先生的思想中尚可发现这中心观念，他视哲学与实证科学之反省为同一东西。雷伊站在科学进步诸条件的立场，反对迪昂与奥斯特瓦尔德之唯能论（energetics），而为机械论作辩护。雷氏于一九〇八年著《当代物理学家之物理的理论》（*Theory of Physics Among Contemporary Physicists*），及《认识条件的观点上之机械论与唯能论》（*Mechanism and Energetics from the Point of View of the Conditions of Knowledge*）：机械论传统的特性明白而易晓，唤起新经验的倾向，凡此皆属机械论的优点。雷氏在《当代物理学家之物理的理论》第二版（一九二三年），以及他最近的著作里，依据一九〇〇年后科学的演进，强调他的思想之实在论的特征。他说："世无事理强使我们把原子当作一形而上学的实在。但一切均强令我们认原子为物理化学上实验给予的关系之紧密的一束。"

---

① 参见《物理世界的本质》，法文版，二九三页。

贝尔（Henri Berr）先生一九一一年开始是历史综合所（Synthesis in History）的理论家，曾创办《历史的综合杂志》（*Revue de synthèse historique*）以宣传他的主张，即将广泛的工作作一全体的综合，由各部门科学家切实合作，以实现这一切科学知识的综合，此则孔德曾梦想网罗一切科学而成的实证哲学。在意大利的思想界，我们亦可发现类似这种综合精神的人，比如里尼亚诺（Rignano），他曾于一九○六年创办《国际科学杂志》（*Scientia*）。

现在尚有一种和上述那些主张十分不同的认识论，这种认识论乃科学知识条件之分析，由此分析，而与一普通的精神哲学相联结，此即梅耶松（Émile Meyerson）的认识论。

梅耶松先生著作等身，一九○八年发表《同一与实相》（*Identity and Reality*），一九二一年发表《科学中的说明》（*On Explanation in the Sciences*），一九二五年发表《相对论演绎》（*Relativistic Deduction*），一九三一年发表《思想的进步与过程》（*The Progress and Processes of Thought*）。他的认识论由实证主义的驳难而开始；然而他认为实证主义就是法规主义，换言之，即科学的哲学注目于说明科学知识的关系；不仅孔德是站在此立场，就是马赫以及唯能论者亦站在此立场，唯能论者反对关于事物的结构的一切理论，他们和二十世纪开始时的科学批评运动有密切的关系。梅耶松以为科学的知识，照它现在已成者而观之，丝毫没有证明：科学家为着给现象作一说明以及达到现象之实在的原因而构成一些理论。极端地说，发现某一结果的原因，这就是把原因与结果同一起来，宣告结果不异于原因；因此之故，一切物理学为守恒与惯性的原理所统率，这等原理删除纷殊与异质以达到统一与同质，几乎无微不至；物理学极欲删除时间，因为时间之一往不复（irreversibility），暗示因果序列之流包含着一种趋向，和物理上因果的同一相反；物理学极欲删除性质和欲达到物质之单一，故极端的理论，竟使物质化为同质的空间而一。这种同一作用的方法（procedure of identification）是为科学所特有的吗？丝毫不是，它是为常识的方法所固有的。梅耶松在他最近发表的著作《思想的进步与过程》中说明自发的思想是接近科学的思想。至于《相对论演绎》一书，其目的则宣述新近出现的相对论亦遵守这种趋势，因为相对论是演绎之真正的体系。

复次，思想亦出现一些抗辩，此即卡诺－克劳修斯定律（Carnot–Clausius Law），宣布自某一能量（energy）至另一能量的变形不能任意可逆；还有一些不合理者（irrationals），如感觉的和不可归纳为运动的性质；属于远距离的动作与冲突，一样是不可解的；在科学里，目的性之所支配者也是不合理的。

这些抗辩似应引起一些形而上学问题之提出：何处是实在呢？实在是在"同一"这边呢，还是在殊异这边呢？抑或如柏格森先生之所主张者，有两种实在，其一是松弛的实在，如空间与物质，另一是性质的实在呢？（必须注意，柏格森的学说包含梅耶松的认识论之一面，因为柏格森先生亦认为物理学的思想之自然的进程，乃将纷殊归纳为同质。）但梅耶松先生是纯粹的认识论者，力戒研究这些形而上学的问题。但我们的物质与能量守恒的原理至少有一部分与实在相一致，由这点所产生的实在论与虚构论、利便论、约定法成论距离得很远，这也是相当真实的。这种实在论就是柏格森先生那种实在论，其发展为实用主义，则不免是错误的解释了；因为据柏格森先生的看法，这确是物质的实在之绝对的特征，精神在物质与能量守恒的原理中达到这种实在。

第12章
哲学的批评

我们已经看到，在行动哲学和唯心论中，发生了有利于精神价值的反应，这精神价值在之前几代人的世界表象中并无立足之地。在这些学说中，特别是在勒鲁瓦先生的学说中，科学批评已发挥了其主导的作用。在这一章中，我们将谈及与科学运动密切相关的学说，尤其是在德国和法国。在德国，我们见证了康德批判的觉醒和价值哲学的诞生。在法国，哲学的批评运动受到了泽维尔·莱昂（Xavier Léon）先生创建的《形而上学与伦理学杂志》（一八九三年创刊）的极大帮助，该杂志汇聚了科学家和哲学家的撰稿；在由莱昂先生发起的国际哲学大会（第一次会议于一九〇〇年在巴黎举行）上，以及法国哲学学会会议（始于一九〇一年）上，讨论的论文经常得到科学家们，如朗之万（Langevin）、佩兰（Perrin）、勒当泰克和爱因斯坦的支持，促成了长期以来一直分离的科学与哲学的密切合作，并使科学与哲学的知识互相接近。

I 马堡学派（Marburg School）的新康德主义

如我们所见，原始康德主义的全部均衡建立在超越的感性和超越的分析之区别上：如果感性不供给悟性以素材，则理智的作用不能发生；引起唯心的现象学以及现象的不可知的基质的物自身（自在物，the thing itself）的概念，此则感性的数据（与件）[①]的要求。对这种二元性的否定构成了"马堡学派"的本质特征。对于赫尔曼·柯亨（Hermann Cohen）[②]而言，思想的活动同时也是它的内容，而生产本身就是产品；柯亨的思想首先反对的是费希特。在费希特看来，每一个产品都是生产的中止，以思想活动为对象是一种无法实现的理想。柯亨一样也不承认"形式逻辑的荒谬概念"，这种概念在亚里士多德的著作中源于不幸的逻辑与一般语法的结合。正如毕达哥拉斯（Pythagoras）和柏拉图所见，作为逻辑自身对象的思想是"主导科学"的思想，其中思想和现实是基于自然的数学科学。这个思想不是综合的，它就像它的条件一样是假设的，是在它之前的给定；它完全是原创的，它的原理是"起源"，通过思想产生对象，正如柯亨认为可以在无穷小中找到它一样，它是自然科学的一个基本构件；在这个推算中我们可以清楚地看到，思想不是对预先给定的数据的简单构成，而是要生产一

---

① 编者注：前文中译者詹剑峰先生使用"与件"翻译 data，后四章中译者詹季虞先生使用"数据"翻译，二者对应的外文实为一词。

② 参见《纯粹认识的逻辑学》（System of Philosophy: Logic of Pure Knowledge），一九〇二年刊行；《纯粹意志的伦理学》（Ethics of Pure Will），一九〇四年刊行；《纯粹感受的美学》（Aesthetics of Pure Feeling），一九一二年刊行。

个对象。无穷小的量确实可以在其精神的现实中掌握运动、加速度和自然规律；它远非一种推算技巧，而是扩展和数字之前的真正单位。从而得出逻辑"概念"的真正含义：将概念与观念混为一谈，即与一种表象的元素混为一谈，由此产生了整个"浪漫颓废"；但在康德看来，概念是构成客体的织物的一根线，而客体本身不过是诸概念的一个织物。哲学的问题是如何把握它，既包括几何和机械的规定，也包括化学和生物学的对象；因此，与自然哲学相反，柯亨哲学的目标是在任何地方驱逐对概念的直接的直觉。

柯亨将这种严谨的主知主义精神带入了道德、美学和宗教之中。将道德与科学对立、将应然与实然对立是错误的：因为道德的对象并非实际存在，而是一种被义务规定的、纯粹的意志的存在。他的美学发现了一种"纯粹"的感觉，独立于任何欲望。他在《宗教原理》（*The Concept of Religion*，一九一五年刊行）一书中，把宗教从宗教历史的神秘感中解放出来，从"宗教哲学"中解脱出来，注定将其全部价值赋予个人和内在生命，通过将个人融入人类，使道德变得完整。这三者的共同概念就是人的概念：道德使人成为人，艺术使人成为爱的对象，宗教使个人自由。

柯亨的主知主义在一八八五年是对保罗·那托尔卜（Paul Natorp）的启示；那托尔卜从中学到了与占主导地位的自然主义和经验主义，尤其是与印象主义作斗争的手段，印象主义无可救药地将理性与经验、自然与人性、普遍与个人分开。那托尔卜在他的著作《柏拉图的观念论——唯心主义导论》（*Plato's Doctrine of Ideas, An Introduction to Idealism*，一九〇三年刊行）中，试图通过历史证明主知主义与柏拉图哲学的亲缘关系：思想和存在的统一是他的本质论点；我们在赫拉克利特的逻各斯里，巴门尼德的太一里，尤其是在柏拉图的理型中可以发现它；这绝不是思想和存在之间的综合；它存在于生命的活动中，自行提出，由研究而获证明，它所论述的不是关于创造而是关于结构，这是确定无疑的。根据这些原则，那托尔卜著《正确科学的逻辑基础》（The Logical Foundations of the Exact Sciences，一九一〇年刊行），以纯粹逻辑的方式建立数学，而不诉诸空间和时间的直觉。他以一种比柯亨更生动、更引人注目的方式理解承认一个事实、一个给定的事实、一个未构建的事实的必要性；但有时他认为事实的概念仅意味着它还有待建立，知识已经有了，但未到尽头；有时，尤其是在心理学中，他承认在柏格森的影响下，这一论点认为知识可以向智力构建的相反方向发展，并从客体返回到纯粹的主体。因此，我们的研究将有两个方向，但永远不会到达终点：一个是朝向客观化的方向，将通过对自然法则的绝对知识来完成；另一个是朝向纯粹主体的方向，对主体的要求是"所有具决定的力量的主体，通过客观化知识实现或将实现自我完成"。在这些条件下，他理所当然地应该考虑反知主义（anti-intellectualistic）哲学提出的反对意见，即认为逻辑派的图形主义（schematism）是肤浅的，且无法触及存在。他回答说，真正的逻辑本身承认对立，因为逻辑是生产和从非存在到存在的过程；柯亨和那托尔卜的共同思想似乎是赋予微积分以新的意义，给数学分析提供了一个例子，且意义更普遍；这就是那托尔卜如何看待抽象过程中的另一个例子，普罗提诺通过这个例子得出他的最高原则 —— "行动优于一切被动者"（德文，Sieg der Tat über alles bloss Getan）。

那托尔卜的主知主义实际上以一种与十八世纪末启蒙运动哲学类似的情况而结束：知识文化传播的重要性优于用纯经济和物质的手段来解决社会问题。这个认知使他在他的《社会唯心主义》（*Socialidealismus*，一九二〇年刊行）一书中，对这个学派的论点表示了支持。

恩斯特·卡西勒（Ernst Cassirer）在《现代科学与哲学上的认识问题》（*The Problem of Knowledge in Modern Philosophy and Science*，一九〇六年刊行）一书中，试图表明自文艺复兴以来哲学的演变趋于始终朝着更清晰地陈述批评问题的方向发展。他还在《实体和功能》（*Substance and Function*，一九一〇年刊行）一书中，提出了一个数学理论，该理论对马堡学派的精神方向有很大的启发：数学不是一门关于量的科学，而是一门普遍的组合学，它在样态关系中发现联结的所有可能样态。最后，他试图将柯亨的建议应用于化学；在他看来，化学现象的能量概念似乎能够将化学转化为自然的数学科学。卡西勒在爱因斯坦的相对论中看到了对他唯心论的证实，这证明物理学并不寻求描绘真实，而是分解它研究的某些数值组合中的事件。

因此，对于马堡学派来说，纯数据的概念是不合理的。正如利伯特（Liebert）在《有效性问题》（*The Problem of Validity*，一九〇六年刊行）一书所指出的：哲学寻求的不是存在，而是它的价值，而这个价值在于不承认任何存在，除非存在作为成员在系统的秩序内。在施塔姆勒（Stammler）倡导的法律社会学中[①]，法

---

① 参见《经济和权利》（*Economy and Right*），一八九六年刊行；《法律理论》（*Theory of Jurisprudence*），一九一一年刊行。

律概念在社会中的一个作用，就像整合所有的事实到一个系统的物理概念一样；法律是管理所有社会关系的形式或规范，在它带来的理想状态下，当每个人被公正对待时，他将自己的目标当作其他人的目标，他和其他人一样都遵守其中的法则。

II 巴登学派的新康德主义

不是将客观知识定义为对外部现实的映象，而是通过知识的普遍性和必然性来定义，这是康德批判的一个特点：在真实的知识中引入适于社会和道德规则的价值元素。正因如此，文德尔班（Wilhelm Windelband）先生接受了康德主义[①]；表象是那种能被思考的表象，正如善的行为是必须做的，美好的事物是必须令人愉悦的。我们看到道德义务的概念如何在他身上形成所有哲学学科的统一：哲学不创造价值，而是在混乱的经验中找出价值，此价值作为体系构成通常的意识并体现在人类文化中。因此，文德尔班反对相对主义（relativism），相信绝对价值；但他没有给出辨别它们的系统方法，而是认为这种通常的意识的存在本身属个人信仰或思想假设的范畴。

海因里希·李凯尔特（Heinrich Rickert）先生忠于文德尔班的精神；他的唯心主义应被称为先验唯心主义，以区别于主观唯心主义，在真理的规定中，他把逻辑的优先权赋予了价值和应然

---

① 参见文德尔班《前奏》（*Preludes*），一八八四年刊行；《哲学导论》（*Introduction to Philosophy*），一九一四年刊行。

（Sollen）。一个价值与事实无关（例如，一幅画的价值与画家使用的绘画颜料无关）；它独立于以它为前提的评估行为；甚至独立于应然，这应然假设了价值和主体的关系，而这主体将价值视为规范——价值因此成为一个独立的超越主体和客体的领域。哲学不仅试图定义价值领域，还试图定义事实领域与价值领域两者之间的关系，也就是说相对一种确定价值而言，物体和事件所具有的含义。李凯尔特和文德尔班都没有给出确定价值的原则，其确定似乎是随心所欲的。①

我们特别感受到，在发扬文德尔班思想的过程中，李凯尔特处理历史哲学的方法是有问题的。由于他定义历史与自然科学完全不同，后者寻求存在的普遍规律，而前者则研究个体事物本身，研究的是只发生一次的事件。这种差异与事实本身无关，而是与人们可以掌握同一事实的各个方面有关；例如，牛顿的天文学和康德的宇宙起源论之间就存在自然科学和历史之间的差异。但从形式上来说，历史研究的是只发生一次的事件，并不能确切定义历史的对象；在事件中，历史学家选择研究的是那些具有价值的事件，更确切地说，选择研究的往往是那些对"文化"具有价值的事件；因此，这种选择借用了文化概念的所有价值观；我们可以看到它的处理是多么随意。②

我们也可以将恩斯特·特洛尔奇（Ernst Troeltsch，1865—1923）

---

① 参见李凯尔特《知识的对象》（*The Object of Knowledge*），一八九二年刊行，一九二八年第六版。
② 参见李凯尔特《文化研究和自然科学》（*Cultural Studies and Natural Science*），一八九九年刊行。

早期的概念与文德尔班的思想联系起来：在他的《基督教的绝对性》[*The Absoluteness of Christianity* ， 一九〇一年刊行于图宾根（Tübingen）] 中，他从先验理性和内在必然性中寻求对宗教的支持，这种必然性标志着宗教在人类意识经济中的必要地位；在上帝的生命过程中，有一种分离，一方面表现在灵魂的自然和自发的生命中，另一方面表现在理性的世界中个性的形成和历史冲突的呈现上。在《历史主义及其问题》（ *Historicism and Its Problems* ，一九二一年刊行）一书中，他在历史相对主义和文化价值的关系中看到了历史哲学的一般性问题；历史是一个"个体的总体"，例如古希腊文化和日耳曼文化，它们是完全自主的，无法通过先行要素的简单组合来解释。历史的意义不在于把握一系列由因果关系联系起来的事件，而是把握使它们充满活力的生成过程的统一性。

正如我们所见，这种"巴登学派"的康德主义已经放弃了任何推论范畴的希望。布鲁诺·鲍赫（Bruno Bauch）先生在《自然法的概念》（ *Concerning the Concept of Natural Law* ，一九一四年刊行）一书中指出，不能认为范畴系统本身是封闭的，因为数量一直在增加的自然法则是与经验相一致的真实范畴。另一方面，随着价值观念的出现，在没有任何先验演绎的情况下，"理论原因"和实践原因被置于同一水平，因而导致"理论原因"和实践原因的观念均受到极大的修改。鲍赫①想通过"文化价值"体系来完善无条件的道德义务，而康德未能理解其重要性；此外，这些与文

---

① 参见《伦理》（ *Ethics* ），一九二一年刊行。

化价值有关的"道德义务"产生的后果是显而易见的；由于文化
价值只能通过权力在历史中实现，因此为它服务的政策可以是且
必须是一种武力政策——这是价值绝对主义最后的一个延续。这
种专制主义在闵斯特贝尔格（Münsterberg）的《价值哲学》（*The
Philosophy of Values*，一九〇八年刊行）中体现得尤为明显，他想
在鲍赫的价值体系中找到原则；他唯一找到的地方，是在"一个
赋予我们存在意义的原初行为中，抱着存在一个这样的世界的愿
望——在这个世界中，印象对于我们的价值不仅仅是印象，还是
独立的印象"。这个说法本身也显得十分武断。

III 齐美尔（Georg Simmel）和伏尔盖特（Johannes Volkelt）的相对主义

与巴登学派的合一的学说截然不同的是格奥尔格·齐美尔
（1858—1918）的有生命力的、包容的相对主义。他最具特色的作
品也许是他关于康德（一九〇三年）、叔本华和尼采（一九〇六
年）、歌德（一九一三年）和伦勃朗（一九一六年）的专著。对
于齐美尔来说，哲学是一种精神的表达；与科学不同，它是一种
对世界的直觉，是哲学家本人和他内在的人性类型的表达。例如，
在康德看来，理性主义类型占主导地位；一切都是注定要被人认
知的；他的问题不在于事物，而在于我们对事物的了解。相反地，
歌德则追求精神与自然的统一；他收录了各种在自然界中与精神、
精神上与自然之间有密切关系的事实。

　　精神的类型在这里表现为选择的积极因素：它是真正的先验，心理的、先天性的；我们的心理物理学组织只允许对其自身的保护有用的表征通过；知识不应该被设想为演绎类型，如同从我们既无法证明，又证明一切的第一原则出发，而是应该被设想为一个完全自由的过程，其元素相互支持，并相互确定元素们的位置。

　　齐美尔的《道德科学导论》(*Introduction to Moral Science*，一八九二年至一八九三年刊行) 显示了纯粹形式原则的空泛，从纯粹的道德义务形式中不能推导出任何东西，正如形而上学中的纯粹存在形式一样：道德义务是对与现实相对的某种行为理想的感觉。什么理想呢？只有经验才能回答，而且，通过观察道德史给我们的各种回答，我们将看到，除了通常的形式之外，在对理想的确定过程中出现了不同的心理倾向。这些不同的心理倾向都以各自的方式选择道德义务：持久的约束产生的道德义务；一种仪式或全部仪式，其目的被遗忘，仪式本身就成为义务；有些人认为要同与当前的事态相违背的义务作斗争，而另一些人则认为有责任保护它。齐美尔感兴趣的是这些道德类型的确定，胜于了解道德类型的事实、细节。

　　齐美尔的思想总是在空泛的先验和不确定的事实碎片之间游移。正如他的《道德科学导论》可以看作是对某种先验论的批判，他的《历史哲学问题》(*Problems of the Philosophy of History*，一八九二年刊行，一九二一年第四版) 证明在历史中寻求纯粹的事实是徒劳的，因此，在历史中寻求原因和规律也是徒劳的。唯一的历史事实是思想和感觉；物理原因，气候或土壤，以及经济原因只能通过改变心理状态来起作用。这些感觉过于多样和复杂，使我们难以触及。如何从细节上呈现造就了历史上马拉松战役胜利的精神力量？这些原因只能通过历史学家的思想和感觉才能被触及：历史学家的思想形式是真正先验的，他为我们描绘的图画与其说是事实的形象，不如说是他的脑子对事实的创造；事实材料只有通过它们接受的信息才能转化为历史。

同样，齐美尔的《社会学》（*Sociology*，一九〇八年刊行）也未研究社会结构本身，即迷失在无数的社会类型中；他所研究的是一些中间类型，其中每一种都像是极其不同的社会的组织核心——社会优越感从何而来？什么是竞争？秘密社团的基本特征是什么？他认为这些是社会学可以解决的问题。

齐美尔总是谨防怀疑的主观主义将其形式或类型与个人气质相混淆。在其最后的著作中，他坚持理想内容或价值的客观特征，如逻辑规范或自然规律。但除了价值逻辑规范对被给予物的判断之外，还有"理想的要求"，它们不仅是气质的要求，而且构成了一种非个人的秩序：它们不仅是指导着我们的行动的先验形式；它们想从我们身上得到的也不仅仅是服从，更是我们生命的内在转变。对于齐美尔来说，善行不是一个行动，而是*存在本身*。他在《人生哲学》（*Philosophy of Life*，一九一八年刊行）中宣告的神秘主义（mysticism）得到了发展——否定神学吸引着他；同样，他试图展示灵魂的不朽，却不接受它的实体性；他认为灵魂只是一个功能法则，在变化不定的完全不同的实在界条件下将保持不变。①

---

① 参见扬克列维奇（V. Jankélévitch）《生命哲学家齐美尔》（"Georg Simmel, philosophe de la vie"），刊载于《形而上学与伦理学杂志》，一九二五年刊行。

　　然而，约翰内斯·伏尔盖特[①]指出这种相对主义不是主观主义。一切真理只以确定性的形式出现，这也正是批判主义的要旨。确定性有几个：纯粹经验的确定性，即形成一种如乱麻般缠结的意识现象的确定性；在经验领域没有被给定的思想必然性的确定性，如因果关系或合法性的确定性；还有超主观现实的直觉确定性，它由以下确定性而来——存在着异于我们意识的陌生意识，它们是持续的、永恒的事物，被规律所联结，为相同的人形成一个相同的世界。在这种"超主观主义"中，没有理由不引入其他的确定性。以"人生哲学"的名义，伏尔盖特承认存在一种形而上学和宗教意义上具有直觉特征的确定性：但这难道不是为了逃避主观主义的随意性吗？直接的数据无法超越主观；但是，一旦我们想要思考，就会将一个超主观的最低限度引入认知行动中，而这确实借力于信念。后来，伏尔盖特试图为这种信念提供更精确的解释：他必须在经验中引入连接或内聚（德文，Zusammenhang）概念，不同于单纯的逻辑一致性。

　　总之，对于齐美尔来说，哲学是对文化的反思。对欧洲文化价值观的可靠性产生的怀疑，在世界大战后，尤其是在德国引发了一场悲观主义运动，奥斯瓦尔德·斯宾格勒（Oswald Spengler）在他的《西方的没落》（*The Decline of the West*，共两卷，一九二〇年至一九二二年刊行）中对此有描述。赫尔曼·凯泽林（Hermann Keyserling）看到了西方文化的局限性，他说："西方着迷于精确，

---

① 参见《经验与思考》（*Experience and Thinking*），一八八六年刊行；《人类确定性的来源》（*The Sources of Human Certainty*），一九〇〇年刊行；《确定性和真理》（*Certainty and Truth*），一九一八年刊行。

却几乎完全忽略了意义。假使它理解了事物的意义，就会帮助意义找出其完美表达，并在事物的本质和现象之间建立完全的和谐。"①这样的陈述被正确地解释为浪漫主义新的汇聚，将所有事物转化为象征②。

路德维希·克拉格斯（Ludwig Klages）③在分离灵魂和精神时，也有着同样的主张。精神（Geist）在世界和意识之外，是外部的绝对，是邪恶的魔鬼；它进入灵魂的生命，试图遏制自我统一的进化过程，通过诉诸逻辑将其法则强加给世界。通过这种"寄生的智力生活"，原本存在于人类灵魂和意象世界之间的联系被断开，这联系原本是我们已经失去其意义的神话所解释的。这些对西方文化的反思与深层次的二元论信仰有关，从文化的角度来看，这二元论是借由西方与东方的对立而表达的，同时这二元论也在弗洛伊德的精神分析中找到它的心理学表达：潜意识变成了一种独立的存在，由一种被压抑的基本欲望组成，除了在梦境或神话里，不再出现在意识中，而所谓的梦境或神话一直都是深刻却被无视的生命力的象征。

---

① 参见《哲学家的旅行日记》（*Travel Journal of a Philosopher*），第二卷，一九一九年法文版，三七四页。

② 参见欧内斯特·塞利埃（Ernest Seillière）《德国的新浪漫主义》（*Le néoromantisme en Allemagne*），共三卷，一九二八年至一九三一年刊行。

③ 参见《意识的本质》（德文，*Vom Wesen des Bewusstseins*；英文，*The Being of Consciousness*），一九二一年刊行；《性格学原理》（*Principles of Characterology*），一九三〇年法文版。

IV 意大利的新康德主义

在意大利，一八八〇年左右开始得到发展的康德主义是对决定论（determinism）的一种反对。坎托尼（Cantoni，1840—1906）研究康德并撰写了长篇巨著《康德》（*E. Kant*，共三卷，一八七九年至一八八四年刊行），他在康德主义中看到了将精神现实还原到物质世界的答案，而这也正是从进化论所作的一种尝试解释。早在一八七八年，巴尔泽洛蒂（Barzellotti，1844—1917）就已经在《新康德学派》（*The New School of Kant*）一书中，让他的同胞们意识到新康德运动的深远影响。基亚佩利（A. Chiappelli）认为康德的批判是新唯心主义和精神论一元论的起点。由于哲学是"现实的整体成为一个理想的整体，即一个从属于认识主体和心灵的概念"，应由反自然主义来恢复古典遗产，并为理想目标而保护艺术和宗教，并拯救纯机会主义（opportunism）的道德。[①]

V 霍夫丁（Harald Höffding）的相对主义

丹麦哥本哈根大学教授霍夫丁（1843—1931），在他的所有著作中都支持实证主义和批判主义学说。其所著《心理学纲要》（*Outline of a Psychology*，一八八二年刊行，一九〇八年译为法文）

---

① 参见《哲学杂志》，一九〇九年第一期，二三三页。

认为，在"无灵魂的心理学"和心理物理学的平行论中，存在着科学必需的、有条不紊的预设。其在《道德》（*Ethics*，一八八七年刊行）一书中显示了与休谟的道德观非常接近的思想，但他区分了道德行为的动机即同情，以及道德判断中包含的客观内容或价值。在《宗教哲学》（*The Philosophy of Religion*，一九〇一年刊行）中，他完全区分了作为对世界进行全面解释的宗教和作为对价值体系存在予以肯定的宗教。在第一种意义上，宗教只会带来负面结果；在第二种意义上，宗教必须经受批评的检验，这检验只认为不与现代意识冲突的表达才是令人满意的。他写道："一个哲学家应该时刻注意不要使用神学的表达方式。哲学里，神学教义对价值等问题作出了解释。"① 因此，霍夫丁最担心的是只带着批评式谨慎去解释实相；他不相信形而上学中的直觉，并认为柏格森主义开启的是一条通往某种艺术感知（没有任何现实价值）而不是通往高级科学的道路②。他在《哲学相对论》（*Philosophical Relativity*，一九二四年法文版）中发展了相对主义，将价值与各种形而上学的对立的观点区别开来，因此，在各类元素构成的整体中，人们或关注元素，或关注它们的内部关系，该关系使得整体具备了单个元素所没有的特性③。这就是两种倾向之间的对立，它们可以分别被称作机械论和活力论、观念联合论（associationism）和精神论（spiritualism）、个人主义和社会主义。

---

① 参见《柏格森的哲学》（*The Bergson's Philosophy*），一九一六年法文版，一五一页。
② 同上，二〇页。
③ 参见《哲学相对论》，四二页。

VI 法国的精神论（Spiritualism）

力的概念以及力的守恒定律是斯宾塞推导出进化论的中心思想：行动就是事物的本质。但是，阿尔弗雷德·富耶（Alfred Fouillée，1838—1912）指出，定义为具有行动倾向的力被直接理解为意识事实的普遍特征：没有独立于意志的智慧，没有一个简单的已知的观念，只有一种自发的或反射的、根据这个观念进行的行动；每一个观念都已经是一种力量，一种行动的趋势，如果它没有找到另一个与之抗争的观念，它就会通过行动自己实现。

因此，力的概念可以同时诠释精神和自然。同时，它允许（这是富耶大量工作的目标）在不脱离实证精神强加的条件的情况下，拯救精神价值的实在，而这精神价值因斯宾塞不合理地应用实证主义而无可挽回地受到损害。以斯宾塞的《自由意志和决定论》（*Liberty and Determinism*，一八七二年刊行）中讨论的自由意志问题为例：一旦我们承认所有观念都是一种力，我们也必须承认自由的观念也是一种力；相信自己是自由的人，与相信自己是被决定的人的行为是不同的。自由的人认为自己可以用替代方案来改变自己：因此他无限期地对自己做出改变，这是一切参与精神生活的事物的特征。他的《思想力的心理学》（*The Psychology of Ideas as Effective Causes*，一八九三年刊行）展示了完整的精神生活，尤其是精神的智力生活是如何由意识—行动发展而来的。唯有活跃的意识才将自身假定为存在，并作用于或与之一起作用于其他存在，以及由意识行使的条件中推导出智力范畴（例如因果关系）。富耶的《思想力的伦理学》（*The Ethics of Ideas as Effective Causes*，一九〇八年刊行）展示了该学说的实际应用，即一个理念的内在力，是具有吸引力和说服力的。因此，在力的概念中，自然和精神是一致的；它成为绝对现实的标志，并非是斯宾塞想要的根本不可知，而是相对不可知，这足以证明意识不是一种附带现象。

起源于拉维松的精神论实证主义，本质上是一次通过思考其产生而理解精神活动的努力。从一八八〇年至今，法国的许多哲学著作都试图引导对这种精神生产力的反思。

加布里埃尔·塞亚伊的《艺术天才》（*Genius in Art*，一八八三年刊行）在天才的艺术家身上看到了精神的本质。精神比只能感受结果的意识更广阔：晦涩的作品和灵感的自发性，不仅在艺术作品的创作中或科学假设的创立中起作用，而且在最常见的感知行为中亦起作用（因为我们对世界的感知是灵感的运作），这就是精神或生活；但它不是无序和混乱的生活，而是趋于和谐、智慧和有序的生活；天才的自由在于他所遵循的有活力的法则。精神，就像法兰西共和国之善一样，既包含爱的温暖，也包含清晰的理性。

生活和精神的结合也为夏尔·迪南（Charles Dunan）所接受。[①]"我们所有的偏好，"他写道，"都是为了一种实验性的唯心主义……形而上学的目的是在具体现实中思考我们和其他自然界的存在……形而上学是一种具体的体验，因为它是一种亲身体

---

① 参见《普通哲学论文》（*Essays in General Philosophy*），一八九八年刊行；《两种唯心主义》（*Two Idealisms*），一九一一年刊行。

验……在思想和行动中感受到它所创造的每一个生命中充满活力和激动人心的自然界本性……没有身体或精神的眼睛，仅仅因为我们的存在是事物的存在，值得高兴地对自己说——在这一点上，我知道我们能知道的一切，我肯定知道吗？"[①] "一种无法分析的知识，一次神圣的陶醉"[②]，这就是精神生活。

　　保罗·苏里奥（Paul Souriau）在《理性之美》（*Rational Beauty*，一九〇四年刊行）中认为美存在于生命的精神化、表达和生活中（没有什么比惰性物质更违背精神了）；这种表现主义美学，属普罗提诺和拉维松的传统，将艺术解释为一种追求精神的方法。

　　儒勒·拉尼奥（Jules Lagneau, 1851—1894）在《摘录》（"Fragments"，刊载于《形而上学与伦理学杂志》，一八九八年刊行）、《追随者们整理的著作》（*Written Together by the Care of His Disciples*，一九二四年刊行）、《上帝的存在》（*The Existence of God*，一九二三年刊行）等著述中进行了反思分析，其模型来自他的老师拉舍利耶，很大程度上也归功于斯宾塞的反思（法文，méditation）。在我们前面已提到的作者中，精神论如果不完全成功，就会趋向于一种活力论，它在晦涩的和自发的生活形式中看到精神的实在。通过拉尼奥，我们回到一种精神方法和一种分析的概念，在固定对象中发现产生它们的精神活动。哲学就是这样在外部感知中发现精神成就的。这种分析并没有停留在有限的自我和自我心智上，它到达了普遍的精神；对个体自我的追寻是徒劳的，因为"思考的主体不是一个存在，而是一套原则，即将经验思维与精神、经验思维与绝对

---

①　参见《两种唯心主义》，四三页。
②　同上。

统一连接到一起的联系"。因此，拉尼奥的反思不是自私地退缩到自己的内心深处，其达到的理性不仅是一个独立的原则，更是一个秩序、团结、牺牲的原则。理性是走出自我的力量。这种反思承认"自身的不足以及来自内在绝对行动的必要性"。正是在这一行动中，人们才能与上帝同在。上帝不是外在的力量，而是一种内在的力量，是我们心中的道德良善准则。因此，拉尼奥并没有将自己局限于纯粹的反思，他与保罗·德雅尔丹（Paul Desjardins）一起创立了道德行动联盟。埃米尔·夏提埃（阿兰）[Émile Chartier（Alain）]写了《拉尼奥的回忆》（*Souvenirs concernant Lagneau*，一九二五年刊行），在他的《阿兰语录》（*Propos d'Alain*，一九二〇年刊行）和许多文章中汲取了拉尼奥的灵感。他的研究指出了这种主知主义，它肯定真理的合理性，并在美丽中看到了智慧的光芒，它认为人们可以在正在制作的作品中，例如在艺术技巧中，更好地领悟思想。

VII 莱昂·布兰斯维克（Léon Brunschvicg）

上面讨论的哲学家们的精神论对于那个时期的科学发展而言，是毫不相干的。布兰斯维克，从其第一部作品《判断方式》（*The Modality of Judgment*，一八九四年刊行）开始，就支持拉尼奥和拉舍利耶的反思方法。他写道："精神不再给自己一个一直放在它面前的固定对象；它试图在它的运动中、活动中抓住自己，实现生气勃勃的生产，而不是随后可以单独分离出去的抽象的产品。"①
但从积极的方面来看，他主要是在自古希腊人以来在西方形成的
科学中寻找这种精神活动。② 在数学家或哲学家对数学工作的反
思中，他发现了两种截然不同的理智概念："第一种是亚里士多德
和经院意义上的观念，精神本质的角色是掌握最一般的术语，即
使这意味着要竭尽全力把它们圈定在初始定义中。第二种是柏拉
图主义和笛卡儿的主知主义学说，在这种学说中，观念是精神的
一种行为，转化为联系来表达理解的事实，这就是 τό 理智（τό
intelligere）。"③——一方面它是逻辑推理的观念，智力作用可以
被计算机器这种物质机制所取代；另一方面，它并不是一种起
源于现成的观念的活动，而是"以内在的真理构成的观念"，例
如数字观念的发展，那是利用它而进行的操作的产物。在《人类
经验和物理因果关系》（Human Experience and Physical Causality，
一九二一年刊行）中，布兰斯维克用现成的框架和被动的事实记
录，展示了发现定律和归纳机制的无效性，正如穆勒所理解的那
样。相比之下，相对论中纯物理学向几何学的转变显示了精神的
作用，利用其自身的资源发明了旨在解释自然的概念。但更广
泛地说，布兰斯维克在《西方哲学意识的进步》（The Progress of
Consciousness in Western Philosophy，一九二七年刊行）中展示了这
种精神活动：它是哲学中自苏格拉底以来，要么与将概念视为固
定事物的哲学作斗争，要么与将精神与生命活动混淆的活力论作斗

---

① 参见《判断方式》，四页。
② 参见《数学哲学的阶段》（The Stages of Mathematical Philosophy），一九一三年刊行。
③ 同上，五三七页。

争的有关精神活动——道德意识、审美意识与产生科学的智力意识相同，它们与人本主义有关，人本主义不认为精神是所有科学得以永恒实现的超验现实，而最重要的是人类生产中的活动。如此构想的反思性分析，与人们所理解的内在经验相去甚远：《人类经验和物理因果关系》开篇即提及比朗的错觉，他相信只要简单地退缩回自我就可以掌握因果关系。事实上，自我认识是大量行动中对精神的认识，包括能人的生产活动、科学和道德：这就是《自我认识》（*Knowledge of Self*，一九三一年刊行）这本书的主题。简而言之，布兰斯维克的精神论意味着与仍然存在于拉维松和拉舍利耶思想中的活力论的决定性决裂，它将精神与理智等同起来。

VIII 安德烈·拉朗德（André Lalande）和唯理主义

斯宾塞的进化论在一八九〇年左右广泛传播，是最与精神论对立的学说之一，因其提出了社会机械化概念，作为进化规律的必然结果，其完美性使任何精神活动都变得无用或不可能。拉朗德先生在《物理和道德科学方法中与进化论对立的分解思想》［*The Idea of Dissolution Contrasted with That of Evolution in the Method of the Physical and Moral Sciences*，一八九九年刊行，一九三〇年第二版书名《进化论幻象》（*Evolutionary Illusions*）］中首先研究了斯宾塞的进化论法则的有效性。进化是从同质到异质、从无差别到有差别的转变。不仅卡诺－克劳修斯定律表明能量的转换总是趋向于更加同质的方向，更重要的是，所有形式的精神活动，包括科学、道德和艺术，都在发展的过程中变成与生活的无序变化相左的同化活动：实证科学使精神相互同化（这就是它的客观性），使事物彼此趋于同化（这是梅耶松先生的解释），还使事物与思想趋于同化，使之易于理解。我们看到随着文明的进步，习俗和律法的多样性正在消失；而艺术本身则似乎更倾向于个体差异的论点，它只有通过精神交流才能存在，这种交流将它逐渐扩展到全人类。

这种趋于同化尤其适用于标志社会发展的真实方向：平等趋势、种姓制度和阶级的解体、家庭作为独立社会单位的退化、男女在法律上和道德上日益平等，最后是国与国的关系的改善。趋于同化不应被视为一种与斯宾塞的进化论的命运（fatum）相反的命运，它实则是自愿活动的原则，是衡量理性价值的度量单位；它非但没有削弱和消灭个体，反而加强了个体的本质。毫无疑问，它反对马克斯·施蒂纳（Max Stirner，1806—1856）的个人无政府主义，但是它赞同捍卫所有理性人的共同权利不受团体侵犯的个人主义。拉朗德在《归纳与实验理论》（*Theories of Induction and Experimentation*，一九二九年刊行）中也指出精神普遍性的基本倾向是归纳的真正保证。这些书的结论都是劝说大家朝着精神同化的方向行动。《哲学的技术和批判词汇》（*Technical and Critical Vocabulary of Philosophy*，一九二六年刊行），包括拉朗德写给哲学学会成员的文章，是统一主知问题的又一尝试。

在穆勒时代，在实证科学和唯理主义（rationalism）之间、已被论证的经验主义和专断的先验主义之间存在着某种冲突。埃德蒙·戈布洛（Edmond Goblot）的所有著作[1]都旨在证明，随着科学的进步，实证和经验是如何吸收理性的。目前可理解和可演绎的科学，例如数学，只有在积累了经验法则和归纳真理之后，才能达到这样的状态。经验科学向主知科学转变是一个普遍规律；通过主知同化实相，这是科学的根本，也是逻辑的根本。这就是为什么原地踏步的三段论推理没有给出真正推理的概念；演绎是一种从简单到复杂的建设性操作，任何数学论证都是由这样的操作组成的。正如西格瓦特（Christoph von Sigwart，1830—1904）教授所定义，逻辑是心理学的一部分；通过研究逻辑，我们研究精神（spirit），认为它仅涉及知性而不带任何感情色彩。如果我们为精神重建感知，它就会判断事物是好的还是坏的，是否与自己的目的相吻合或相对立，并对事物进行价值判断。这些价值判断反过来又可以成为逻辑的对象，戈布洛最新的作品《障碍和水平》（Barrier and Level，一九二五年刊行）研究了这类价值判断。该书里的一个谬误推论是，精神活动的价值依赖于肯定灵魂实体有别于肉体的形而上学[2]。

　　保罗·拉皮（Paul Lapie）在《意志的逻辑》（The Logic of the Will，一九〇二年刊行）中揭示了唯理主义实用性和道德性的一面。在他看来，意志行为（voluntary acts）取决于对目的和手段的判断。所有行为都涉及"意志力理性"，它将目的置于大前提里，

---

① 参见《论科学分类》（Essay on the Classification of the Sciences），一八九八年刊行；《逻辑专论》（Treatise on Logic），一九一八年刊行；《科学体系》（The System of the Sciences），一九二二年刊行；《价值判断逻辑》（The Logic of Value Judgments），一九二七年刊行。

② 参见《价值判断逻辑》（The Logic of Value Judgments），一九二七年刊行，七一节。

手段放在小前提中，将行动放在结论里。意志的缺点表现为对未充分了解目的和手段的思想所产生的怀疑，或是表现为正误差（positive error）。由此可见，道德是一门科学，它终将能够衡量人的道德价值，并根据价值水平对人进行分类。

帕罗迪（Dominique Parodi）先生在《道德问题和当代思想》（*The Moral Problem and Contemporary Thought*，一九〇九年刊行，一九二一年第二版）一书中，认为人们公认的道德活动的特征就是理性活动的特征，并捍卫道德中的唯理主义。首先，只有当产生一个行动的冲动被"属另一种秩序的事物和被人们不加区别地称为意识或理性的事物"接受和承认时，这种行动才是道德的。其次，只有当我们在行动完成的过程中确定，公正的旁观者不会以不同于我们的方式评判它，且其客观性属理性的特征时，这种行动才是道德的。英勇的牺牲似乎超越了理性，但只有当它达到理性认为具有普世性和道义性的目的时，它才是道德的。道德行为最后需要对我们的动机进行直率的审视，如果没有非常理性的抽象行为，这种审视是不可能的。[①]

勒内·勒塞纳（René Le Senne）先生是《哲学导论》（*Introduction to Philosophy*，一九二五年刊行）的作者，受到阿默兰思想的影响，在另外两部著作［《责任》（*Duty*，一九三〇年刊行）和《谎言与性格》（*Falsehood and Character*，一九三〇年刊行）］中阐述了一种道德唯理主义，其中阿默兰综合方法式的理性观念发挥了最大的作用。矛盾是道德生活的根源：对于矛盾，自我可以以怀疑的

---

① 参见帕罗迪《问题》（*The Problem*），二八八页起。

态度回应；但是道德活动则会凭勇气作答，这"意味着任何可能的未来都不能隐藏一个不可还原的核心，在其面前，精神只会感到羞耻"。积极思考开始于"将矛盾化解为同一"被设定为公理，这种化解是道德意识应该赋予一个具体内容的目标或理想。

IX 弗雷德里克·劳（Frédéric Rauh）

弗雷德里克·劳（1861—1909）先生的学说①为相互对立的科学与意识提供了一种完全不同的解决方案。该学说指出：道德真理确立和获得我们赞同的方法，与科学真理确立并获得赞同的方法没有差别；从其本性及其要求的思想态度而言，道德确定性和科学确定性没有什么不同。在科学上，除了观念（ideas）与经验的联系证据之外，并无其他证据：这个证据只是相对证据，因为经验本身总是在增长的。在道德上，表面上看是另一种情景：道德意识赋予我们具有绝对的和确定的特征的普遍原则，它们在特定情况下的应用只是简单的逻辑问题。但这只是表面现象，而道德现实则大不相同：每个人都发现自己处于不断变化和不可预见的境遇之中，这些境遇是由个人和社会的变化造成的，致使每个时刻都无法与其他时刻相比。一般性地概括这些境遇对我们没有多大帮助，我们必须摆脱所有理论，在面对事物每一个境遇时采取科学家的客观态度，在接触经验和其他思想后，评判式地检验

---

① 参见《情感心理学方法论》（*On Method in the Psychology of Feelings*），一八九九年刊行；《道德经验》（*Moral Experience*），一九〇三年刊行。

自愿为我们所用的各种方法。"从对实相的实时适应中寻找确定性，而不是从抽象的意识形态中推断它；并且将所有成为观念原则的事物作为检验观念的手段；将永恒或客观的真理当作活生生的当代观念，而不是试图从真理中获得行动的规则。对于被经院教条扭曲或限制的人来说，这将是一场革命，一场复兴。"①

---

① 参见莱昂·布兰斯维克《弗雷德里克·劳的道德经验》（"L'expérience morale chez Rauh"），刊载于《哲学杂志》，一九二八年第一期，二三五页。

第13章
实在论

I 盎格鲁-撒克逊（Anglo-Saxon）实在论

威尔顿·卡尔（Wildon Carr，1857—1931）试图对唯心论进行最广义的定义，并给出了"知识不是一种外部关系"的原则①。这是广义相对论原理的一种形式：物理现实很难完全独立于经验条件之外。基于该原则，在英国以乔治·弗雷德里克·斯托特（George Frederick Stout）②为代表的批判唯心主义者，认同黑格尔的唯心主义和实用主义（pragmatism）。

此外，实用主义和英美黑格尔主义之间的龃龉只是朋友之间的争吵，并没有阻止它们形成深刻的思想共同体。它们表现出的对具体事物的偏爱、抽象事物的非真实性、在事实中实现自我的努力，这些既是英美黑格尔主义的又是实用主义的，指向的不仅仅是真正意义上的科学经验，更是对内在生命发展的一种直觉。

① 参见《单子理论：相对性原理的哲学概述》（*A Theory of Monads: Outlines of the Philosophy of the Principle of Relativity*），一九二二年刊行于伦敦。
② 参见《思想与物质》（*Mind and Matter*），一九三一年刊行，三〇八页至三〇九页。

226

狄金森（Dickinson）写道："人是一种未完成的、充满各种变化可能性的、正在自我创造的生物……他喜欢以神圣的真实事物抗拒恶魔般的真实事物。"① 我们将看到，实在论者对两者都怀有敌意。

黑格尔唯心主义者和实用主义者之间纯哲学性质的辩论可以归结为这样一个问题："关系是内部的还是外部的？"如果它们是内部的，也就是说，如果一个术语不能独立于它与其他事物的关系而在其自身中被把握，那么宇宙就形成了一个单一的、永恒的、不变的整体；这是绝对主义者所支持的。如果它们是外部的，宇宙就只是各个独立部分的总和，这就是实用主义的多元论（pragmatistic pluralism）理论。当一个术语进入一种关系而不会改变这个术语的性质，该关系是外部的，例如，一个术语到接近、分离或相似的关系中去。然而，在实用主义中，有一种关系隐约地是这一规则的例外，那就是认知关系，即主客体之间的关系，因为他们学说的要点是：知识是对客体的一种修改行为。新实在论可以定义为严格接受外部关系理论并将其扩展到认知关系的学说，从而回归到一种常识性的学说，即被认识这个事实是丝毫不能改变被认识的客体的。根据这一学说，知识的客体可以是非精神的，这不是一种意识状态；在认知的主体和客体之间，没有必要假设任何本质上的共同，也不存在任何东西，比如一个观念或中间的精神状态，来连接主体和客体：这实则是对直接感知学说的回归。

但是，由于对外部关系的排他性存在，一些新实在论者得出

---

① 参见瓦尔《多元论的哲学》，一七一页。

了与实用主义观点相似的其他结论。第一种是对一个客体的断言本身可能是真实的，有别于关于该客体与其他客体之间关系的所有断言。这就像是反对黑格尔主义的原子论的复兴，它认为复杂的存在取决于简单的存在。第二种是柏拉图主义的，认为关系是独立于条件的；此外，由于认知关系的外在性，关系作为本质独立于被了解的事实而存在。[①]

总的来说，这些都是摩尔（Moore）在《伦理学原理》（*Ethical Principles*，一九○三年刊行）和《判断的本质》（"The Nature of Judgment"，刊载于《精神杂志》，一九○一年刊行），以及罗素在《数学原理》（*Principles of Mathematics*，一九○三年刊行）等著作中阐述的思想。在道德领域，摩尔想要证明善是一个客观存在的终极实体，是可以被感知的，但却不能被分析；真理也是如此，它是某些判断的不可定义的属性。新实在论与实用主义的最大区别就在于它无法定义真理，只有实在论才认为知识是客体对直觉的直接呈现。因此，判断的真实性并不在于它与实相的对应关系中，说一个判断是正确的，就是说在现有的概念之间存在着某种联系，这种联系无法被定义，但必须立即被识别。这也意味着实相是由相互关联的概念组成的。所以，实在论的世界是一个由逻辑实体构成的世界，但这些逻辑实体并不会构成一个系统性的统一体。

罗素先生说："逻辑已经成为伟大的解放者。"逻辑这个词可

[①] 关于实在论和逻辑之间的联系，参考布兰斯维克《数学哲学的阶段》，三七○页至四一一页；库蒂拉（Couturat）《数学的无穷大》（*L'Infini mathématique*），一八九六年刊行，支持同一种类型的实在论。

以作为他的作品的一个铭文。他厌恶地拒绝了让哲学服务于人类利益的想法；哲学需要一种只有通过逻辑论证才能满足的超然精神。逻辑在某种意义上"解放"了我们，因为它研究着所有可能的领域里存在的关系：自由的逻辑结构，其中起决定作用的是经验。罗素方法的一个典型例子是他的外部客体感知理论：他提出，从经验中不可否认的数据开始，这些数据不是事物，而是不断变化的感质（qualia），运用逻辑定律来建立永久客体的概念。大众相信客体存在于一个共同的空间里，而感质在我们看来是这些客体呈现出来的外观或外表，它们会随着我们的看法而改变。但是，对于罗素来说，实相就是这些外表本身，它们不在公共空间里，而是在我们的私人空间里构成了我们的私人世界。客体是一个纯粹的逻辑结构，它不依赖于感质以外的实体，也不依赖于对任意实相的任何推断，它是所有可能外表构成的完整体系。罗素想证明这个体系完全具有常识赋予客体的各种属性，公共空间是在每个观察者的私人空间基础上以逻辑的方式构建而成的。我们可以看到罗素如何用自由的逻辑结构取代了自发的信念，这就是为什么罗素为共产主义所吸引——从纯粹的私人利益出发，在没有任何共同本能的情况下对社会进行逻辑重建的学说。[①]

　　依照严格意义上的实在论，我们必须消除一切精神客体：客体始终是非精神的实相。曼彻斯特大学教授塞缪尔·亚历山大

---

① 参见《数学原理》（*Mathematical Principles*），与怀特海合著，一九一〇年至一九一三年刊行；《哲学中的科学方法》（*Scientific Method in Philosophy*），一九一四年刊行，一九二九年法文版；《心灵分析》（*An Analysis of Mind*），一九二一年刊行；《哲学问题》（*The Problems of Philosophy*），一九一二年刊行，一九二三年法文版。

（Samuel Alexander）①得出了这一结论，他将精神生活简化为纯粹的意志行为，所有可认识的事物都在客体的一边。不过，除了作为客体意识（awareness）的沉思知识之外，亚历山大接受这种对实相直接的占有，其中主体和客体的二元性消失了，他称之为享受。因此，记忆不过是对过去事件的沉思，会将一个对象引入精神，重温过去的经历。亚历山大将心智活动的方向视为内在体验的基本数据，该方向根据客体的内容而变化，就像一束光瞄准要看见的东西。

亚历山大先生的实在论与罗素先生的实在论有很大的不同，对宇宙的看法与实用主义和绝对主义的相似；然而，与新实在论一样，它被剥夺了情感和内在性。他将时空的复合实相作为万物矩阵，由其确定中推导出各种类别，例如：存在，是对一部分时空的占领；实体，是一个受轮廓限制的空间，事件在其中接连发生；事物，由运动组合而构成；关系，是事物的时空联系；因果关系，是从一个连续事件到另一个连续事件的过渡。所有这些类别，在康德唯心主义者看来，意味着统一空间和时间多样性的精神行为，对他来说是客观的确定。更重要的是：在对精神的描述中，他尽可能地将它与神经系统联系起来，而神经系统正是确定时空的。我们上面谈到的心智活动的方向，对他而言可能只是神经系统作用过程的方向，这方向只能被作为一种全新性质的意识（awareness）行为所阻止。一般来说，质量的顺序似乎不可能还原为时空，它们引入了实相层次和进步的概念。宇宙中没有神，但有神性，有产生更高形式的趋势，每个更高形式都有较低形式的

---

① 参见《空间、时间和神》（*Space, Time and Deity*），一九二〇年刊行。

支持，就像我们的精神由身体支持一样。[1]

我们还必须区分亚历山大先生的实在论和沙德沃思·霍奇森（Shadworth H. Hodgson）先生[2]及亚当森（R. Adamson）先生[3]的实在论。根据霍奇森的说法，意识不是一种活动，它本身不能产生外部世界的表象，这些表象只能在物质中找到它们的存在条件。亚当森反对康德的理论，认为自我意识是精神进化的产物，完全不能作为对客体实相的支持。另外值得注意的是摩尔的文章《驳斥唯心主义》（"The Refutation of Idealism"，刊载于《精神杂志》，一九〇三年刊行），与亚历山大一样，他假设了一个仅属意识范畴的表现行为与被表现的事物之间的区别。

如果可知事物完全属客体，那么意识就是不可知的。我们刚刚看到亚历山大是如何避开困难的。美国新实在论者的看法则完全不同：如果有心理科学，它只能是身体态度或行为的科学；因此产生了一种既没有灵魂也没有意识的心理学，这就是行为主义（behaviorism），正如没有认识论的形而上学。一九一二年，六位作家合作出版了《新实在论》（New Realism），从而使新实在论运动得到公认。其中詹姆斯的前弟子拉尔夫·巴顿·培理（Ralph Barton Perry）[4]，从本质上证明意识的无用，存在的只有人类的有机

---

[1] 参见菲利普·德沃（Philippe Devaux）《亚历山大的学术体系》（Le système d'Alexander），一九二九年刊行。

[2] 参见《经验形而上学》（The Metaphysics of Experience），共四卷，一八九八年刊行。

[3] 参见《现代哲学的发展》（The Development of Modern Philosophy），共两卷，一九〇三年刊行。

[4] 参见《当前哲学的倾向》（Present Philosophical Tendencies），一九一二年刊行；《理想的当前冲突》（The Present Conflict of Ideals），一九一八年刊行。

体和它的环境。这些相同的客体是物理事实，并且只在一种条件下可以变成意识事实，就是它们与反应体有着特殊的联系时。在特殊的关系中，精神事实只是身体事实而已。

因此，新实在论作为一个整体，尤其是在罗素先生和他的美国门徒眼中，与浪漫主义（romanticism）、生活哲学和连续性哲学完全相反。然而，罗素本人就有逻辑法则和经验数据的二元论观点。该观点被马文（Walter Taylor Marvin）先生强化[1]，成为一种反唯理主义，它在单一经验中发现了一个数据，它反对所有将其置于任何数量可确定的定律之下的努力，结果是任何特定事件都成为最终的逻辑术语。正如瓦尔所指出的，在许多方面，这种无法分析的实相难道不是与新实在论的主知论（intellectualistic）分析类型相反吗？[2]

除了上述的新实在论之外，美国也出现了类似的学说，它有实在论的元素，但在赋予精神的角色上有所不同。桑塔亚纳（George Santayana）[3]认为机械论是对事物的唯一理性解释，物质是唯一的因果因素，而意识只是有机体中正在发生的事情的简单关系，如同身体的内在回声；但另一方面，他认为意识是价值的唯一来源；理性的任务不仅在于对事物进行机械论的解释，还在于建立一种理想价值观的统治，使生活的需要与理想相适应，使理想与自然条件相适应。同样的意识观念也存在于完全不同的怀

---

[1] 参见《形而上学的第一本书》（*A First Book in Metaphysics*），一九一二年刊行。

[2] 参见瓦尔《多元论的哲学》，二三一页。

[3] 参见《实在论的三个证明》（*Three Proofs of Realism*），一九二○年刊行；《理性的生活》（*The Life of Reason*），一九○五年至一九○六年刊行。

特海①学派的思想中。怀特海认为，感知和情感之间的分离，心理事实和有效因果关系之间的分离，有效因果关系和智能计划之间的分离，对任何令人满意的宇宙学来说都是致命的。然而，自笛卡儿以来，几乎所有的欧洲哲学都存在于这种分离中：笛卡儿发明了思考实体和延展实体分离的概念，其中每一种实体存在都只需要自己，"这就使得不一致成为一种美德"。基于一些确定的原则，这种方法允许使用被错误地视为是哲学方法的演绎法。上帝被认为是一个杰出的实相，是一切事物的出处。受印度和中国文化影响的怀特海先生对这种观点持相反的看法，他试图把握通往正发生的实在的方向，而不是用现成的实在作为演绎的出发点。"我采用的原则是，意识以经验为前提，而不是相反"；事实上，实体作为主观性，"只不过是宇宙对它的意义，和它自己对宇宙的反应"。他在这一点上与柏格森的观点有些类似，认为一个有机体应该完全面向这个主体的建构，并从宇宙中选择要整合到其中的元素。怀特海从詹姆斯一九〇四年在文章中阐述的思想②出发，认为物质的东西和精神的东西没有实质性的区别：它们之间只有公共和私人的区别。在创造过程中有一种节奏：从一个由多种事物组成的"公共"宇宙，跳跃到"私人"的个性，这是导向点，理想的中心，事物为此而协作的目标；然后，又从"私人"个体跳

---

① 参见《自然的概念》（*The Concept of Nature*），一九二〇年刊行；《过程与实在》（*Process and Reality*），一九二九年刊行；《科学与现代世界》（*Science and the Modern World*），一九二五年刊行，一九三〇年法文版。

② 参见《"意识"存在吗？》（"Does 'Consciousness' Exist?"），刊载于《哲学、心理学和科学方法杂志》（*The Journal of Philosophy, Psychology and Scientific Methods*），一九〇四年刊行，四七七页至四九一页。

到"客观化个体的公共性"，在宇宙中作为一个有效的动机发挥作用。怀特海认为，宇宙的进步，就像有机物和环境的作用理想化的描述，有机物因环境作用而得到加强，并向环境反馈自己得到的。虽然与怀特海定义的不同——因为他把它与唯物主义等同起来——但由于该思想试图研究在物质与精神之间的概念结构之下的事物，它无疑是一种实在论。①

与自布拉德莱以来的所有英国学说一样，它基本上是对宇宙的描述。这些学说都是"斯芬克司之谜"的解决方案，不是依照在可知宇宙中寻求对于我们认知条件的表达法，并由此引入现象论的关键标准，而是凭借直达事物的大胆视角，无视认识论的想象力去尝试解释事物。

II 德国的实在论：胡塞尔（Edmund Husserl）和雷姆克（Johannes Rehmke）

逻辑独立于心理学吗？时至今日，对这个问题的讨论仍在很大程度上影响着德国哲学的发展。"心理学家"通常反对康德主义；在这一节里，我们将看到反心理学家们是通过何种具有转折意义的运动，使自己进一步成为前者"心理学家"的死敌的。

我们已经知道弗里兹（Jakob Friedrich Fries，1773—1843）学

---

① 参见瓦尔《怀特海思辨学说》（"La doctrine spéculative de Whitehead"），刊载于《哲学杂志》（Revue philosophique），一九三一年第五期。

派对心理学的作用。同样，卡尔·施图普夫（Carl Stumpf）[1]从知识论和心理学的孤立中看到康德主义缺陷的根源：如果知识论原本的任务是确定最普遍的知识，那么根据施图普夫的说法，了解普遍的真理如何成为可能就是心理学的问题。

在具有心理学背景的逻辑学家的著作中，西格瓦特的《逻辑学》（Logic，一八七三年至一八七八年刊行）值得一提。西格瓦特坚持认为逻辑学仅限于研究某些思想行为。对他而言，逻辑学与心理学的不同首先表现在意图上，逻辑学寻求真实思想和普遍判断的条件；其次表现在内容上，因为它只考虑其中存在真假的思想领域，即判断。但西格瓦特对否定判断的性质的观点，清楚地表明了他在逻辑上对心理态度的重视。他说："否定判断既不具有原创性，也不像肯定判断那样具有独立性；它仅在积极肯定的尝试失败时才有意义，并且其主观特征表现在人们无法详尽无遗地去描述一个主体要被否定的方法。亚里士多德之所以能将肯定和否定对立起来，就像谓语和主语的结合及分离，是因为他含蓄地接受了柏拉图思想的命题，即认为谓语是一个独立的存在。"同样，耶路撒冷（Wilhelm Jerusalem，1854—1923）先生[2]也只在逻辑中发现一种真实思想的理论，像研究判断一样来研究思想行为。当判断的传统形式与实际影响的行为不符时，这行为本质上是在分离中，在一个单一的表征里，将作为主语的"着力点"和

---

[1] 参见《心理学和知识论》（Psychology and the Theory of Knowledge），一八九一年刊行。

[2] 参见《判断函数》（The Function of Judgment），一八九三年刊行；《批判唯心主义和纯逻辑》（Critical Idealism and Pure Logic），一九〇五年刊行。

表述它的事件区分开来（例如玫瑰散香）。本诺·埃德曼（Benno Erdmann，1851—1921）在他的《逻辑学》（*Logic*，一八九二年刊行）一书中研究逻辑学与心理学的关系时，将语言所表达的思想视为逻辑学的对象，因此也是心理学研究对象的一部分。但是，逻辑学不是心理学的一部分，因为它是一门形式的和规范的科学。反心理学家们从完全不同的角度解释了逻辑学的独立性。

反心理学家们的解释与弗朗茨·布伦塔诺（Franz Brentano，1838—1917）有关。他是符兹堡（Würzburg）大学的教授，曾是天主教的神学家，力推将思想的逻辑有效性与其心理起源区分开来。他从逻辑中划分出一种心理认知，旨在发现构成所有心理现象的最终心理要素，就像莱布尼茨所梦想的那样，使为我们提供现象产生和消失所依据的规律的普遍特征成为可能。[①] 亚历克修斯·迈农（Alexius Meinong，1853—1920）的思想朝着类似的方向发展，在《关于更高阶的对象》（*Concerning Objects of Higher Classification*，一八九九年刊行）中，他认为任何对象（例如一个圆的方），即使它不存在，即使它不可能成为对象，都可以成为科学知识的对象。他的"客体理论"以最大的普遍性来定义自由存在（德文，daseinsfreie）的客体，不管它是否被我们理解，也不管它是否对我们有价值。在对象中，我们可以发现高阶对象（例如关系），并由它们来假设低阶对象（德文，relata）。

胡塞尔曾任哥廷根大学和弗赖堡（Freiburg）大学的教授，也

---

① 克劳斯（O. Kraus）为布伦塔诺《经验论角度下的心理学》（*Psychologie vom empirischen Standpunkt*）所作引言，"哲学图书馆"丛书（Philosophische Bibliothek）版，一九二四年刊行，引言一七页至九三页。

是布伦塔诺的学生。他是《算术哲学》(*Philosophy of Arithmetic*，一八九一年刊行)的作者，该书仅出版了第一卷。书中要点是数字符号的发明及运用，认为它是为了弥补人类思维的直觉缺陷。另一部作品《逻辑研究》(*Logical Investigations*，一九〇〇年刊行，一九一三年至一九二一年第二版)，其中第一卷《纯逻辑的导论》(*Prolegomena to Pure Logic*)的内容，除了对心理学的冗长批判之外，还有对逻辑领域的界定；而第二卷《现象学与知识论研究》(*Investigations of Phenomenology and Theory of Knowledge*)仅包含构建纯粹的逻辑系统的初步成果。

对心理主义(psychologism)的批判建立在心理规律和逻辑规律对立的基础上，前者是经验性的、模糊的，仅限于可能性和对事实的观察，后者则是精确的、确定的和规范的。胡塞尔从未停止对这种对立关系的思考，并且一直以其作为自己著作的中心。《形式与先验逻辑》(*Formal and Transcendental Logic*，一九二九年刊行)一书表现了他思想的最后状态：要将逻辑形式从与其密不可分的心理事件中抽离出来并不容易。[1] 概念、判断、推理被看作心理事件，逻辑是心理学的一个分支：但心理主义的根基是感性自然主义(sensualistic naturalism)，是洛克和休谟的反柏拉图主义。我们只能在感性的印象中看到直接数据，而唯一能够解释逻辑形式的只有遵循心理规律的因果关系，例如习惯性的联想。言下之意是，唯一的给定是可感知的(sensible)事物，理想或不真实的事物则是无法给定的。作为对象(德文，Gegenstand)的独立

———————

[1] 参见《形式与先验逻辑》，一三七页。

性标准是什么？是在意识中的多重显现时保持数字上的同一性[①]：例如，这个数字上的同一性可被用来证明毕达哥拉斯定理的全部逻辑关系像可感知的事物一样。胡塞尔先生的思想，既反对康德，也反对经验主义者，从其本质来讲就是客体的概念，涵盖的范围比单纯的可感知的客体要广阔得多。

胡塞尔在这里使用了布伦塔诺已经提出过的意向性（intentionality）概念。认知中有什么是主观的，有什么是真正的心理的？方向指向客体，应用也落在客体身上，布伦塔诺用经院哲学词汇称之为意向（intention）：所有意向指向的事物就是对象。在这个问题上，导致错误的是对证据的误解和狭隘：它被认为是真理的标准，给了我们绝对不犯错误的保证；事实上，它指的是"对某种事物的意向性或意识的一般形式，在这种意向性或形式中，被意识到的对象是有意识的，即被自己理解并被自己看到"。有多少种类的事物，就有多少种类的经验和证据。外部经验就是一种具体的证据，因为这是自然对象被自己拥有的唯一方式。还有一种经验，或者说是理想或不真实的对象的证据，其中每一个对象无论经历了多少次试验都在数字同一性上保持不变：对象的超验性只不过是这种同一性。对马赫或法伊欣格尔的哲学来说，这种同一性只是一种虚构，只是心理学的一种形式，荒谬的是他们看不到这"虚构"的同一性有自己的证据。

这种反心理主义代表了一种将哲学思想带回到休谟哲学和批评主义的极端努力：这种尝试虽然与朴素的实在论有关，但又因

---

① 参见《形式与先验逻辑》，一三八页。

其非现实客观性理论而与前者有着深刻的不同。

胡塞尔所理解的纯逻辑界定与传统的形式逻辑大不相同，他称其为科学学说（德文，Wissenschaftslehre），是理论的理论，最后称其为普世数学（mathesis universalis）：其目的是确定在所有理论科学中均存在的本质；而其必要性，根据胡塞尔在《算术哲学》一书中已做的评述（很可能是他所有哲学思想背后的推动力），则立足于精神的缺陷。头脑只在极少数情况下表现出对事实的立即了解，因此只能被用作循环论证。该学说研究所有用于证明的元素：新命题中命题的析取、联系，或假设的关系；描述对象的范畴——客观性、统一性、多元性、数量、关系等；基于这些范畴的法则研究，例如三段论；纯数论；最后是包括数学群论在内的各种理论。粗略地说，胡塞尔的学说在传统逻辑学基础上，接纳了莱布尼茨主义里的精神。

但在着手构建这一逻辑之前，胡塞尔认为，定义他所谓的现象学（phenomenology）至关重要。这个词，在传统词汇中，指的是哲学的初级部分，是在研究现实本身之前，寻求了解现实在意识中的表现方式：黑格尔的"精神现象学"概括了人了解精神所经过的不同阶段。在胡塞尔的《逻辑研究》中，现象学是对使我们了解逻辑对象的思想行为的纯粹心理学描述（不试图解释或说明起源）；我们了解逻辑对象的思想行为后用有意义的词语来表述这些对象。什么是表述？什么是有意义？这就是现象学问题。遗传心理学极大地借助联想（associations）来解决这些问题。对胡塞尔来说，表述是一个词语固有的特质，这就解释了人为什么用词语来思考事物。它不用依赖于任意和可变的联想，含义或意义是相当固定的，例如数字 1 的意义；因此它就是一个真实的对象，而这个对象正是纯逻辑的思考对象。纯逻辑研究种类和关系，在它看来，"普遍意义"（如动物的或红色的普遍意义）与个体意义（如恺撒的个体意义）同等存在。

胡塞尔定义的现象学的另一个问题是：思考的行为（德文，Denken）是什么？我们已经看到，思想是一种意向性的（intentional）行为，是一种朝着某物的指向。但是，即便某物是同一个，"意向"却可以不同，它可以被纯粹的思想所思考，可以被代表、被肯定，因而呈现诸多意向的"特质"。此外，即使只用纯粹的思想，一个相同的对象也可以用不同思想的组合来描述；例如，同一个对象可以解释为等角或等边的。认知必须与思想区分开来，胡塞尔将其描述为"意向的实现（德文，Erfüllung）"。当思想的对象就是它本身在意识中的那样时，认知可以是完美的，比如数字；而外在感知中的认知是不完美的，因为对象只能从某种感知被理解。

以这种方式解释的现象学呈现出一种既是哲学家同时又是数学家者所具有的特点，笛卡儿就是这样的哲学家和数学家：这是一种对原理的分块处理，以作为理想数据的方式使其相互补充，其间数学家从不寻求这些原理的统一，而是首先列出进行推理所需要的所有必要和充分的原理。但胡塞尔的逻辑中从未说这样的研究是先决条件。在一九一三年刊行的《哲学与现象学研究年鉴》（*Jahrbuch für Philosophie und phänomenologische Forschung*）第一卷的文章《思想：纯粹现象学概论》（"Ideas: General Introduction to Pure Phenomenology"）中，他把现象学作为基础的哲学科学，使哲学跻身于像数学一样的精确科学之列，这就意味着，人们不必像在十七或十八世纪理解的那样采取从单一原理出发的演绎形式，而是以数学家的方法研究其原理，如同研究理想的和固定的、并置的、独立于经验的东西一样，而无须忧虑其起源。现象学，也被称为本质科学或本相（eidetic）科学，旨在提供发现这些东西的方法；其原理是简单地找出最初提供和被给予直觉的事物。世界上最朴素和最习惯性的直觉，以混合的形式，送给我们大量的事件及固定的东西，它们时隐时现，但始终保持不变：例如蓝色、红色、声音、判断行为等。这不同于通过组合和联合形成的一般或抽象观念，而是柏拉图观念中不变的本质，它们是一种特殊的直觉，即本质直觉（德文，Wesensschau）。这种直觉是先验的和独立于经验的，唯有通过现象学分析才能把直觉和经验分离。在胡塞尔的思想中，现象学分析几乎处于柏拉图辩证法的地位，其基本过程包括排除在外（德文，Ausschaltung）和置放于括号中。一个典型的例子是思想或意向性的本质，它是通过将对象排除在认知之外，而只保留朝向对象的方向而获得的；但是，被排除在外和要"置放于括号中"的东西，反过来叫以通过相反方向的排除法从现象学进行分析。很明显，我们开始进行现象学分析时所使用的数据是具体的，但并不一定是真实的；具体的虚构可以识别出与现实相同的本质。哲学——这是胡塞尔先生在他的《笛卡儿式的沉思》（Cartesian Meditations，一九二九年刊行）中阐述的、与笛卡儿思想相似的思想——必须暂时将所有给出的事物"置放于括号中"，不仅是物理现实，还有数学本质，以形成对意识本质及其不同模式的直觉（明意识和暗意识，通过符号、图像或纯思想等进行）。①

《思想：纯粹现象学概论》一文也是他尚未写成的"哲学"的前言。胡塞尔的最后一本书《形式逻辑和先验逻辑》（*Formal and Transcendental Logic*，一九二九年刊行）回到他《逻辑研究》中讨论的逻辑划界问题，但运用了一种全新的观点，并在其中恢复了康德主义所摒弃的形式本体论。这种观点的要点如下：传统数学分析也好，引入集合、排列和组合概念的现代数学也好，都与一般意义上的对象或客体有关，它们教会了我们使用所有可以想象的演绎形式（群、组合、级数、整数和分数），使我们能够发现新的属性。因此，数学是一种形式本体论。另一方面，亚里士多德的逻辑学看起来像是一门论证科学，唯一的主题判断是主语和谓语；它不是关于对象的理论，而是简明的命题理论。毫无疑问，我们可以将形式逻辑视为一种代数演算，并且可以像布尔一样，将算术演算当作逻辑演算的一个特例，而这并不妨碍逻辑仍然是关于事物的命题或陈述的理论。在胡塞尔看来，必须减少这种对立，所有客体的形式，如联系、关系、集合等，都以判断的形式出现，例如，逻辑之中把复数多主词判断（其主语是复数形式）转变为谓语表现一系列动作的判断，这种操作导出了与数学一样的客体概念。因此，形式逻辑就像数学一样，是一种对象理论。与康德的观念相反，胡塞尔认为形式逻辑已经是先验的，所以像先验逻辑一样需要批判，即基于逻辑本质认知主观条件的现象学分析的批判。

---

① 参见列维纳斯（E. Lévinas）《论胡塞尔的思想》（"Sur les Ideen de Husserl"），刊载于《哲学杂志》，一九二九年第三期。

胡塞尔先生首先是一位数学家和逻辑学家，但其学说精神却能够渗透，并且事实上已经渗透到哲学思想的每一个领域。心理学、伦理学、宗教哲学，这些学科几乎在整个十九世纪里支配着思想的起源、缓慢形成、从复杂转为简单等观念，似乎都特别不利于胡塞尔学说的发展。然而，科隆（Cologne）大学教授马克斯·舍勒（Max Scheler，1874—1928）受到了现象学的启发，对胡塞尔学说做出了独创性的贡献。道德和宗教价值似乎更依赖于情感或历史进程，它们非常好地包含了不同的判断方法，从人的观点出发可能有其必要性，但与存在无关。舍勒通过表现形式的多样化，在价值中发现了数字身份的这种表现形式，这对胡塞尔而言是客体和本质的标记。愉悦、神圣是跟声音、颜色一样的属性，无论它们所依附的主题如何不同，它们都将呈现出完全一样的样子。因此，价值是一种独立于精神主体和欲望的存在，它完全不受起源的影响；只有感知价值的能力是唯一能够变化的。舍勒的价值观念更接近文德尔班的新康德主义而不是自然主义。在这种条件下，舍勒提出的价值分类，表现出了胡塞尔的本质直觉的那种划定特征。感官的价值（愉悦与不悦）、生命价值（高贵和庸俗）、精神价值（知识、艺术、法律）、宗教或神圣价值，他所区分的这四种价值之间既无联系也无共同原则。①

根据康德的说法，道德先验论要求形式主义，因为如果道德依赖于对善的认知，则意志的自由就得不到保证。舍勒以其先验

---

① 参见《形式主义伦理学和物质价值伦理学》（*Formalism in Ethics and Ethics of Material Values*），一九一三年至一九一六年刊行；《价值的革命》（*Revolution of Values*），一九一九年刊行。

的价值理论，相信自己可以创建一种质料道德先验论。人们会记得，康德的形式主义以公设的名义要求宗教依赖道德。但是，舍勒的质料道德先验论并不要求宗教依赖道德。一般来说，现象学对宗教有利。自文艺复兴以来哲学反对宗教的主要论点是它打破了精神和知识的统一，只有当其保持理性或自然时，宗教才能在知识体系中找到自己的位置；但作为一种积极的宗教，要么依赖于传统，要么依赖于神秘的直觉，所以它仍然处于知识体系的边缘。毫无疑问，就人们所能判断的时代而言，二十世纪将使我们看到笛卡儿通过科学统一性思想所表达的对知识的热爱在减弱。减弱的结果是崩溃的开始，它摆脱了对被谴责为肤浅的一元论的、对统一性的理性需求。现象学中对本质的分离就是一个例子，它的出发点是对数学方法的要求（进行证明必不可少的各出发点的独立性），但它很快就离开自己出生的数学领域，成为另一种给予各学科平等权利的学说的基础，例如伦理学、美学和宗教哲学，它们各自都依赖于一种清晰且不能还原的本质直觉。

对于信奉天主教的舍勒而言，宗教哲学不是分析和还原的心理学，而是对某些表现在原始的、不可还原的宗教体验中的本质的直觉。根据舍勒的说法，没有真正的宗教进化，因为宗教从直觉得到的基本本质是神圣的本质，这神圣的本质无论应用于有限的存在还是无限的存在，都保持不变。基于直觉的信仰是唯一的信仰；例如，基督教信仰是从上帝通过基督的直觉开始的。我们通过对宗教的分析发现的本质，如同它被给定的样子，是神圣的本质，即在神圣中具有绝对价值的存在；神圣的启示的形式，宗教行为，是人通过启示得到绝对价值的主观准备。这些价值不能被还原为其他东西，也不可还原为道德价值，尽管舍勒承认并不可能将道德态度与宗教态度分开。舍勒对世界的看法被他的宗教信仰所支配；世界，从最初的堕落开始，自然而然地朝着逐渐衰落的方向发展；在这个物理学相对论已经证明是有限的世界中，能量退化定律向我们展示了能量在质量上的衰减；历史的演进呈现于仅仅服从经济需要的社会趋向中；世上实实在在存在着一种与上帝对抗的撒旦力量。[1]

舍勒的倾向被鲜明的线条所分割、分裂，如同印象主义画派一样。这种倾向也体现在他的心理学中，他接受五个截然不同的领域作为直接和直观的数据：外部世界、内心世界、身体、他人的意识、神性。我们只能通过"感官"的媒介来感知现实，而"感官"只会让目前对生活有用的东西进入意识。从这个角度来看，内在的感觉与外在的感觉处境相同，与外在的感觉一样有自己的幻象，因为它只能了解内心状态的一部分。

弗赖堡大学教授马丁·海德格尔（Martin Heidegger）先生，他最初的作品都与经院哲学有关，直到一九二九年都发表在胡塞尔自一九一九年起编辑的《哲学与现象学研究年鉴》上[2]。他思考的基础是某些基本情感，这些情感不依附于这个或那个特定对象，而依附于普遍存在及其形式：不安、焦虑、痛苦、亲近、无聊、孤独、惊讶、尴尬。正是这样的感觉揭示了世界的本质。如果简要阐述他的观点，可以从他的反笛卡儿主义开始：笛卡儿通过有条不紊

---

[1]　参见《人的永恒》（*The Eternal in Man*），一九二一年刊行。

[2]　参见《存在与时间》（*Being and Time*），一九二七年刊行；《存在的基础》（*The Ground of Being*），一九二九年刊行。

的怀疑否定世界的存在，从而确定了世界的本质（由被思考的事物抽象而来）以及被思考事物的本质。这种实体的二元论使他完全远离了经院本体论。然而，他的没有世界的主题是虚构的；给定的东西，即存在，就是在世存有（德文，Sein-in-der Welt）。这不仅是一个处理我们周围的外部事物的问题，而且是一个存在于存在的整体中的感觉的问题："我们即使真的从来没有从自身并以绝对的方式掌握存在的整体，也至少可以肯定我们发现自己处于这个存在中间，其整体性正以某种方式向我们展示……可能看起来在我们一致的行动中，我们专心于这个或那个存在；此外，日常生活看似零碎，但它在整体中保持了存在的凝聚力，虽然隐藏在黑暗中，但它是真实的。这种情况下，我们并没有特别专注于整体性向我们显露的事物或我们自己；例如，当无聊普遍而深切时……极度的无聊，像悄无声息的迷雾一样延伸到存在的深渊，在普遍未区分状态下奇怪地混淆了事物，混淆了人和我们自己。这种无聊揭示了存在的整体。"[1]焦虑（Angst）是同样的情况，这种感觉与恐惧非常不同，因为它没有具体的对象，并且它的对象是作为一个整体来感受的，它向我们揭示了存在的虚无。在焦虑中使我们烦恼的是熟悉感和陌生感的消失，以及随之而来的事物的消散。

　　根本的哲学问题，是作为存在或存在者的存在，只能通过摆脱了存在整体感的文化，来摆脱我们为避免偶像而为自己塑造的偶像。"每个人都习惯于卑躬屈膝地拯救自己的偶像"；例如，我

---

① 参见海德格尔《什么是形而上学？》（"Qu'est-ce que la métaphysique?"），法文译本，刊载于《比菲尔杂志》（Bifur），一九三一年六月刊，一五页。

们保证神圣的绝对存在，或者更简单地说，我们联系熟悉的感觉
到我们参与的事物。[1]

尼古拉·哈特曼（Nicolai Hartmann）的著作 [2] 与先前的趋势相
同。事实上，他认为知识的问题包含了存在的问题，不处理存在的
问题就处理不了知识的问题，但是二者并不会产生混淆。客体的存
在不会归结为主体的客体；被称为知识的关系是独立于这种关系而
存在的存在者之间的关系；知识论必然从存在论开始；甚至当它纯
粹是批判的时候，它也含蓄地断言，存在与知识有关。在这里他
没有解决方案，但在对问题的立场中，我们看到了他对实在论的
肯定。

约翰内斯·雷姆克的学说 [3] 与现象学截然不同，尽管它认为
意识以外的实在论的想法毫无意义，但是它依然带有一些实在论
的色彩。雷姆克认为自己已经证明，一方面的泛神论，另一方面
的心理学和现象学，都是错误的。与其他事物发生作用的事物才
是真实的；作用和反作用都只在个体与个体之间发生，没有任何
事物对自己起作用；为一个个体行动，就是为另一个个体改变的
条件。因此，普遍的现实，例如泛神论的神，是一种难以理解的
表达。另一方面，意识和身体是完全不同的个体，身体—意识

---

① 参见古尔维奇（G. Gurvitch）《德国哲学的当前趋势》（*Les tendances actuelles de
la philosophie allemande*），一九三〇年刊行；列维纳斯（E. Lévinas）《胡塞尔现象
学中的直觉理论》（*La théorie de l'intuition dans la phénoménologie de Husserl*），
一九三一年刊行。

② 《知识形而上学的基本特征》（*Basic Features of a Metaphysic of Knowledge*），
一九二一年刊行，一九二五年第二版。

③ 参见《哲学——基本的科学》（*Philosophy as the Primary Science*），一九一〇年刊行。

的统一永远不会形成一个个体；因此，人不是一个个体，而是两个个体行动的统一体。由此我们看到他回避了将一切都归结为意识的现象主义。他的整个学说看起来是对柏拉图《卡尔米德篇》（*Charmides*）中古老的绝境（aporia）概念的发展：没有个体对自己起作用。这是对所有内在行动的否定。

III 新托马斯主义（Neo-Thomism）的实在论

托马斯主义自教皇一八七九年通谕《永生之父》（*Aeterni Patris*）以来已成为天主教会的官方哲学，现象学家通常被它的实在论和它反对笛卡儿和康德哲学的思想而吸引，而他们之中许多人也是天主教出身。耶稣会教团（Society of Jesus）的神甫埃里希·普日瓦拉（Erich Przywara）在《康德研究》（*Kantstudien*）哲学杂志的第三十三卷七三页中，概括了天主教哲学运动的历史，列出了三种流派：多明我会（Dominican）的纯托马斯主义；对中世纪托马斯主义哲学作为独立哲学的诞生所做的研究［继承了弗朗茨·埃尔勒（Franz Ehrle）、马丁·格拉布曼（Martin Grabmann）、威廉·博伊姆克（Wilhelm Bäumker）和艾蒂安·亨利·吉尔松（Étienne Henri Gilson）等人的历史研究结果］；最后是创造性的新经院哲学（neo-Scholasticism），它追随了几种不同的流派。普日瓦拉将其划分为两种：基督教形而上学和新托马斯主义。基督教形而上学研究神学认为可以解决的哲学问题：真理、外部世界的存在、灵魂的本质，以康斯坦丁·古特贝勒特（Constantin

Gutberlet）、梅尔西埃红衣主教（Désiré-Joseph Mercier）、约瑟夫·盖泽尔（Joseph Geyser）和阿戈斯蒂诺·杰梅利（Agostino Gemelli）为代表。普日瓦拉认为基督教形而上学与新托马斯主义完全不同，可以称之为新莫利纳主义（Neo-Molinism），因为它的两个基本命题是：一、"对单一事物的理解先于对普遍事物的理解"，这是"批判实在论"的基础，与相信在单一的事物中理解本质的托马斯主义的"朴素实在论"相反；二、"个体注重形式的理性"，这导致了形而上学建立在具体事物之上而非第一原则之上。

对于这种带有亚里士多德派色彩的新莫利纳主义，普日瓦拉希望把它和法国的新托马斯主义区分开来。法国新托马斯主义的代表人物是安托南·塞蒂扬热（Antonin Sertillanges）神甫和雷吉纳尔德·加里古 – 拉格朗日（Réginald Garrigou-Lagrange）神甫，他们受了柏格森思想的影响。一方面，法国的新托马斯主义承认理解存在的形而上学优先于科学，即一般理解（拉丁文，intellectus universalium）和深入理解（拉丁文，intellectus quidditatum）优先于个体理解（拉丁文，intellectus singularium）和分解式、组件式理解（拉丁文，intellectus dividens et componens）；另一方面，它认为自然是一个动态的存在，一个从不会实现本质的变化过程。这种本质与存在的区别与新莫利纳主义的理性区分正相反。约瑟夫·马雷夏尔（Joseph Maréchal）神甫的《形而上学起点》（*The Point of Departure of Metaphysics*）修改了康德的观点，使新托马斯主义变得更加完整，他还试图革新康德的批判主义而不陷入不可知论之中。

以下是对在当代思想中占有重要地位的新托马斯主义运动的

最新观点之一：我们看到它的多样化和多样性，但它的实在论与我们在本章中讨论的各种学说相类似。

新托马斯主义的主知实在论既反对康德的唯心主义，亦反对现象主义，也反对柏格森的活力论实在论。对于活力论实在论，雅克·马里坦（Jacques Maritain）在《柏格森哲学》（*Bergsonian Philosophy*，一九一四年刊行）里写道："柏格森先生，用直觉代替知性，用持续时间、变化或纯粹的变化代替存在，消灭了事物的存在，并破坏了同一性原则。"[①]一个实相的行动，不断随着它的演变而成长并在演变的过程中进行自我创造，它遵循的是与矛盾原则直接相对立的规律。如果相同的事物可以孕育其他的事物，如果一个生命体可以给予比它拥有的更多的东西，如果运动不需要移动物体或移动力，那是因为充分理由和实质的原则不准确。总体而言，反对者认为柏格森主义的论点与托马斯主义采用的亚里士多德伟大原则相反，该原则构成了其主知主义的基础，即实际存在先于潜在存在。

马雷夏尔神甫明确定义了托马斯实在论相对于康德唯心主义的立场。[②]在对从古代到康德的知识批判学说进行详细的历史研究后，马雷夏尔神甫从两个论点的互相依存中看到了康德主义的本质：对知识直觉的否定，对本体知识的否定，如果这种知识完全取决于智力直觉。马雷夏尔神甫并没有用证明知识直觉的存在来反对康德，但他不相信对康德的否定会导致对本体知识的否定。

---

① 参见《柏格森哲学》，一四九页。
② 参见《形而上学起点》（*The Point of Departure of Metaphysics*），共五册，一九二三年至一九二六年刊行于鲁汶。

在《实践理性批判》中，康德本人指出，本体（物自体）、上帝、自由生命体都获得了客体价值，成为运用实践理性的条件。"假设人们可以证明实践理性的公设……至少是神圣的绝对存在，……也是认识能力得到最基本运用的可能性的条件，……那么，这些公设的客体实相将建立在属思辨领域的必要性基础之上，但不会使用智力直觉。"① 只要我们不再承认康德对现象和本体（物自体）的割裂，这就是有可能的，我们可以做到这一点，而不必为此去赞同声称可以直接掌握可理解事物的柏拉图主义，因为托马斯主义给了我们一条中间道路：我们的概念不会超出感性的实质，但它们有一个"意指元素"，其客体可间接表示，并包含了与绝对存在的本体论关系。这意味着，通过这个元素，给予我们的受制约的实相成为绝对的实相。"康德的批判只能证明在内在客体只是一个综合的和形式化的现象单位的情况下，人们希望通过分析推导出形而上学是徒劳的。"但实际上，在人类智慧的适度水平上，还有一丝神圣知识的痕迹；它出现在对我们行动成果的预知中，出现在激活我们理解性智能的先验性中。有一种动力将智慧带向绝对，这就是智慧的存在。现代唯心主义的全部错误来自中世纪末期知识在生命力或活力方面与意识方面之间的"不幸分离"。

由此而知，新托马斯主义与现代哲学的关系是一种"必要的不容忍"关系，因为新托马斯主义是试金石。② 然而，经院哲学并没有忽视人类对真理表达的无限可完善性，保持"慷慨地欢迎对

---

① 参见《形而上学起点》，第三册，二三七页。
② 同上，第四册，四六二页。

人类思想的不断丰富"，确切地说，它只采用它可以同化的外来元素。

　　新托马斯主义包含了探讨哲学历史的精确论点，因此，它对中世纪哲学史的研究相当重要，本章中，我们已按照时间顺序指出了其中的主要部分。

第14章

法国的社会学和哲学

在一本最近出版的著作《昨天和今天的社会学家》（*Sociologists of Yesterday and Today*，一九三一年刊行）中，乔治·达维（Georges Davy）指出大约从一八五〇年到现在，法国社会学呈现出四个方向：其一，从圣西门和孔德到涂尔干所研究的方向；其二，以社会改革，尤其是以社会科学的名义，由弗雷德里克·勒普累（Frédéric Le Play）和保罗·比罗（Paul Bureau）作为代表人物的方向，其中还有亨利·德·图维尔（Henri de Tourville）和埃德蒙·德摩林（Edmond Demolins）；其三，阿尔弗雷德·埃斯皮纳斯（Alfred Espinas）的源自斯宾塞的有机论；最后是加布里埃尔·塔尔德（Gabriel Tarde）代表的研究方向。[①]在此，我们将提供有关以上不同社会学方向的纲要，这将足以表明它们可以影响哲学思想史。

由弗雷德里克·勒普累撰写的《法国的社会改革》（*Social Reform in France*，一八六四年刊行），旨在通过使用新的社会学观察的方法（method of observation of Le Play），结束法国大革命所

---

① 参见《昨天和今天的社会学家》，一九三一年刊行，三四页。

导致的社会不稳定。与现存的社会学原理相反，勒普累观察各种经验，包括大工业家的经验，观察外国人所获得的经验，其制度（如英国的制度）来自远古习俗的国家的经验。由此 ①，以使文明与宗教信仰的弱化并行的哲学理性主义为对象，他选择了进步最明显且信仰最坚定的俄国、英国和美国的经验来进行对比。这正是保罗·比罗在《新时代的道德危机》（*Moral Crisis of the New Age*，一九〇八年第十版）中提出的论点。宗教情感的社会正当性构成了这本书的基础："将我们与一个卓越而无限的存在联系起来的亲密、深刻和真实的关系感……，可以单独对我们施加必要的压力，以建立一种真正对团体利益有益的内在纪律。"在这里，经验是第一个也是最后一个词；因此，这个支持盎格鲁－撒克逊人优越性（德摩林的书的标题）的学派，是有点实用主义的。

加布里埃尔·塔尔德的所有作品 ② 旨在将所有社会事实简化为模仿现象，其中一个行为、一种想法或一种感觉往往会从一个人传递给另一个人。模仿的出发点是发明，它本质上是个人的而非社会性的事实：这些发明是在宗教和语言的社会现象中的个人行动，通常模糊地归因于某些定义不清的集体力量，从根本上来说是非常新的原则。按照这个原则，出于习惯，人们很难从仅有协调而无模仿的相互关联（比如经济关联）中看到基本社会事实。建立在最完美的相互依赖关系上的社会不就是动物群落，即劣等

---

① 参见《法国的社会改革》，八九页。

② 《模仿法则》（*The Laws of Imitation*），一八九〇年刊行；《社会逻辑》（*Social Logic*），一八九三年刊行；《普遍的反对》（*Universal Opposition*），一八九七年刊行；《社会法》（*Social Laws*），一八九八年刊行。

社会吗？法律形式建立了一种优越的社会纽带，因为它的基础是习俗和法律领域的模仿。找出在所有真实情况下模仿是如何自我表现和自我修正的，这正是社会学家的工作目标。社会模仿本身可能只是全部实相基本特征的一个方面；重复现象实际上是物理学和生物学研究的基本现象，例如连续而重复的振动、遗传行为。循环重复成为一个普遍的范畴。

埃斯皮纳斯（1844—1922）在以下段落中清晰地表达了有机论："对于我们和所有进化自然主义者来说，器官和个体属同一系列，它们之间的差异仅仅是纯粹偶然的程度差异……否则我们将无法理解所有器官如何趋于统一、如何个体化，而由于它们所属的有机体的复杂性和相互依赖性，器官们无法试图与整体分离。"[1]正是对动物社会，特别是对动物群落的研究，导致埃斯皮纳斯得出以下结论[2]：有机体中的器官就是人在社会中的位置；人、动物社会、人类社会都是同一个属的物种，即有机体；一个人，如同细胞的集合体，就是一个社会。动物群落和动物社会的形成是为了满足简单的基本生命需求，而人类社会的基础是良知和同情，埃斯皮纳斯的目标就是研究不同时期的各种组织形式。

埃米尔·涂尔干（1858—1917）的目标首先是建立一种实证社会学，他将孔德力图发现人类进化的一般规律的梦想搁置一旁，摒弃一切历史哲学和关于社会本质的一般理论，试图通过一般的观察和归纳方法，发现将某些社会现象与其他社会现象联系起来

---

① 参见《哲学杂志》，一八八二年第一期，五九九页，引用乔治·达维《昨天和今天的社会学家》，三三页。

② 参见《动物社会》（*Animal Societies*），一八七七年刊行。

的规律，例如自杀、分工和人口增长。涂尔干理所应当地抱怨说，他被批评像其他科学家一样，将临时定义或研究准则当作社会学的一般理论；例如，如果他用对违反规则进行的制裁来定义道德行为，那么这并不是说他发现了道德的解释或道德的本质，而仅仅是一种认识道德的手段。

　　然而，涂尔干的社会学走上了提出和解决哲学问题的道路，而令我们感兴趣的正是研究他如何将哲学问题转化为社会学问题。涂尔干对"当前道德观念的混乱"和"我们正经历的危机"非常敏感，寻找补救措施也许一直是主导他研究的动机。一八八〇年左右，这场危机的表现形式之一是科学与意识、经验主义与相对主义之间的敌意，这似乎一方面导致了功利主义道德和个人幻想的产生，另一方面也导致了源自非个人的和绝对的正义的理性和道德要求的出现。涂尔干学说的目标是完全满足科学方法要求的，同时确保理性和先验方法带来的所有好处。理性主义的"先验"在每一个地方都被涂尔干的"社会"所取代。事实上，相对于个体而言，社会具有的属性与哲学赋予理性的属性非常相似：它相对永久，而个体则会消逝；一方面它对个体来说是超然的，因为社会规则或意见是强加给他们的，而不是他们创造的；另一方面它又是内在的，因为它只能存在于我们之中并通过我们而存在，只有它才能使我们成为真正的人类、文明的存在，它是所有高级心理功能的基础。不过，这个对我们来说就像理性对个人一样存在，同时也是经验和科学的对象；有条不紊的经验使我们能够在其他社会现象中找出某些社会现象的原因并得出实证规律。对社会中的个人来说，这是绝对的和先验的社会规则，在社会学家眼里是相对于某种社会结构的结果；对这个社会规则的尊重并不妨碍它成为科学的对象。例如，涂尔干认为参照原始社会情况，已经证明禁止乱伦由异族通婚规则派生而来，即禁止与任何本氏族女性结婚的规则；此外，他将这一禁令与某些关于血缘的信仰联系起来。这样，该道德规则就与其原始社会基础相关联，同时也解释了围绕这一规则而产生的众多情感，特别是将我们与家庭联系在一起的情感的规律性和坚固性，与不受这些规则约束、完全属个人和个人之间的爱与激情之间的对比。在这些规则产生的诸多原因中，所谓的"道德意识"还没显现出来，个人对乱伦的反感既神圣又不可理解。

要使这种态度成为可能，我们必须承认"一旦融入道德习俗，规则就会持续存在，比其原因还要长久"。我们的行为源于社会偏见，今天觉得这些偏见很荒谬，但在消失之前，是它们产生了约束我们的行为方式。难道我们不能像反对休谟、反对所有寻求主知或道德先天论的自然起源的人那样来反对涂尔干吗？赋予他们动机，难道不是在消除他们的神圣性的同时打碎他们、亵渎他们吗？难道天平不是向相对主义倾斜的吗？涂尔干为什么做出了一个难以与前面的各种主张相调和的回答？他说："社会学的一个基本假设是人类制度不能建立在错误和谎言的基础之上，否则它就不可能持续下去。如果它不是建立在事物的本质上，它就无法克服在事物中遇到的阻力。"因此，规则的永久性不像休谟或斯宾塞认为的那样是个人或遗传习惯的结果，而是对其进行真理的检验，这是博纳尔德（Louis de Bonald）的原则。奇怪的是，涂尔干从这个原则得出的结论是，并不存在"因与其他虚假的宗教相对立而真实的"宗教,"一切宗教都以自己的方式而成为真实"。因此,过去人们曾在所有宗教中发现一种独一无二的原始宗教的形式或变形。

通过这个回答,我们可以看出涂尔干在多大程度上远离了孔德,后者将社会统一归结于形式错误,而这些错误随着知识进步而逐渐消除。涂尔干热衷于特殊问题的解决方法,不知道有这种知识进步,也没有将实证科学体系作为社会学的基础。社会对他来说至少在形式上是一个不变的因素,始终是法律、道德、宗教、知识规则的源泉,这些规则在任何时候都是正确的,因为它们有社会作为它们的本原,作为它们的对象。每一个个体意识所能达到的社会意识的"集体表征"都是非常不完美的,这些"集体表征"从来不仅仅涉及产生它们的社会。宗教里的众神是具有神圣性质的社会本身;载有各种特点(左和右,幸运和不幸的日子,等等)的集体表征,其内核是信仰和积极的社会活动,真理即由此而来。

在社会上,事实与理想是混淆的;由于有了社会学,理想似乎具有了事实的价值。但理想有时与事实相分离,存在社会偏差、社会不正常现象,比如自杀,因此,人们可以设想有从不正常的道德良心到矫正的道德良心的诉求。真正的集体表征不一定是共同表征;像苏格拉底这样的天才个体,可能是他那个时代唯一具有真正道德的人。社会和个人意识之间存在差距,这种差距可以增加到从个人意识中抹去真正的集体表征的程度。由此衍生出社会学的实践和改革,它以某种方式使坏的构成的社会走向好的构成的社会,其最终目标是加强个人的社会意识。这就是为什么涂尔干以合乎逻辑的方式提出在适合现代生活的条件下恢复合作社群（Communion）。个人与社会的交流不能由国家建立，因为国家太宏大太遥远，也不能由我们这个时代的一夫一妻制小家庭建立，因为家庭太狭隘了；但是合作社群可以形成一个与个人意识相称的社会主体，比如像圣言会（Society of the Divine Word）一样的组织。①

　　一八九六年，涂尔干创办了《社会学年刊》（*L'Année sociologique*，一八九六年到一九一三年刊行，一九二五年新系列），把按他的方法研究社会学各个专业领域的论文集中在一起发表。宗教社会学是以亨利·于贝尔（Henri Hubert）和马塞尔·莫斯（Marcel Mauss）②为代表的。保罗·福科内（Paul Fauconnet）③和乔治·达维④则研究法律社会学。莫里斯·哈布瓦赫（Maurice Halbwachs）⑤处理一般性质的社会事实。所有这些研究都较多地受到与涂尔干相同的方法而不相同的学说的启发。

---

① 涂尔干的主要著作有：《社会分工论》（*The Division of Labor in Society*），一八九三年刊行；《社会学方法的规则》（*The Rules of Sociological Method*），一八九五年刊行；《自杀论》（*Suicide*），一八九七年刊行；《宗教生活的基本形式》（*The Elementary Forms of Religious Life*），一九一二年刊行；《德育》（*Moral Education*），一九二五年刊行。

② 参见《关于牺牲的性质和功能的论文》（*Essay on the Nature and Function of Sacrifice*），一八九七年至一八九八年刊行；《魔法通论纲要》（*Outline of a General Theory of Magic*），一九〇二年至一九〇三年刊行。

③ 参见《责任》（*Responsibility*），一九二〇年刊行。

④ 参见《宣誓证词》（*Sworn Testimony*），一九二二年刊行；《法律、唯心论和经验》（*Law, Idealism and Experience*），一九二三年刊行；《社会学要素》（*Elements of Sociology*），第一卷，一九二四年刊行。

⑤ 参见《工人阶级和生活标准》（*Working Class and Living Standards*），一九一二年刊行；《记忆的社会框架》（*Social Frameworks of Memory*），一九二五年刊行；《自杀的原因》（*The Causes of Suicide*），一九三〇年刊行。

夏尔·拉洛（Charles Lalo）的美学研究基于涂尔干社会学解释的方法。[1] 他想将从社会学的角度进行解释的这种方法扩展到艺术领域，但直到现在，除了从民族学的发现解释原始艺术之外，几乎并未得到应用。

加斯东·里夏尔（Gaston Richard）[2] 反而对涂尔干方法持一种批判的态度。他试图建立一种一般的社会学，以区别于涂尔干将该方法浓缩成为一个简单的社会科学词典的想法。他在源自费希特的社会形式理论中找到了统一性，这个理论阐述了由人与人之间自然关系产生的社会事实如何从属于代表了理想的目的、法律、宗教等的共同体。

塞莱斯坦·布格莱（Célestin Bouglé）[3] 在涂尔干认可的社会学解释中只观察到一个全面解释的时机；平等主义思想的发展与人口密度的增加有关，这是社会学规律；这种关系产生的原因，我们可以从因社会集中而出现的心理变化中找到；因此，我们看到的是从简单的同时发生的现象过渡到可理解的关系。在《价值观进化的社会学课程》（*Teachings of Sociology Concerning the Evolution of Values*，一九二二年刊行）中，布格莱主张从集体表征来解释知

---

[1] 参见《当代实验美学》（*Contemporary Experimental Aesthetics*），一九〇八年刊行；《美学情感》（*Aesthetic Feelings*），一九一〇年刊行；《社会中的艺术和生活》（*Art and Life in Society*），一九二〇年刊行。

[2] 参见《法律理念的起源》（*The Origin of the Idea of Law*），一八九二年刊行；《自然和历史中的进化理念》（*The Idea of Evolution in Nature and History*），一九〇二年刊行；《普通社会学和社会学定律》（*General Sociology and Sociological Laws*），一九一二年刊行。

[3] 参见《平等主义思想》（*Egalitarian Ideas*），一八九九年刊行；《关于种姓制度的论文》（*Essays on the Caste System*），一九〇八年刊行。

识、道德或美学价值观的起源；他力图证明，这些价值观理想的和精神层面的特征与这种起源并不矛盾。

在《伦理与道德科学》（*Ethics and Moral Science*，一九〇三年刊行）一书中，吕西安·列维-布留尔（Lucien Lévy-Bruhl）从社会学的角度出发，否认有任何类似于哲学家所理解的理论道德，即基于相同人性而形成的一个和谐的整体的行为规则的科学；相反，有一种已定的道德准则可以被科学作为事实加以研究。这门科学即伦理科学，如果足够先进，可以与一门理性的艺术联系起来，艺术对伦理科学的作用就如同医学对生物学的作用一样。阿尔贝·巴耶（Albert Bayet）的著作《自杀与伦理》（*Suicide and Ethics*，一九二二年刊行）和《高卢人的伦理》（*The Ethics of the Gauls*，一九二七年至一九三一年刊行）就专门研究了这门伦理科学。

如果行为标准或道德规则与社会的确定状态有关，那么在评述普遍的心态，特别是知识的指导原则时，是否就不能说经验主义的或唯心主义的哲学都认为它们不随时间而变化，且对普遍的人类理性具有建设性意义呢？这就是列维-布留尔通过对原始心态知识原理的研究来寻求解决方案的问题，也正如民族学所知道的那样。[1]大多数民族学家接受原始人和文明人的心理功能完全相同的观点，认为这些功能在我们的时代产生了科学，在他们的时代产生了神话。然而，通过研究，我们发现这些功能设定了定义

---

[1] 参见列维-布留尔《下层社会的心理功能》（*Mental Functions of Lower Societies*），一九一〇年刊行；《原始心态》（*Primitive Mentality*），一九二二年刊行；《原始灵魂》（*The Primitive Soul*），一九二七年刊行；《原始心态中的超自然与自然》（*The Supernatural and Nature in the Primitive Mentality*），一九三一年刊行。

明确，精确而有序的概念，要混同两者是不可能的。原始人基本不会依靠定义明确的概念（在逻辑上被包含或排除在外的）进行思考，而是以对我们来说最奇怪的方式，借助相互融合的图像来思考，因为他们不知道我们的矛盾原则；在他们宣称相似的存在之间，经验往往无法揭示两者之间的任何相似之处；从某种参与的意义上讲它们是相似的，但这是一个没有任何逻辑分析的最终事实。这种前逻辑分析的思想是对超自然信仰的唯一解释，这种信仰认为物体具有能够产生幸福或不幸以及宗教恐惧的神秘力量，人类如果不恪守针对神秘力量的传统行为规则，就可能面临社会秩序的混乱。

涂尔干的社会学首创了关于整个社会的知识、法律和道德标准。此外，尽管存在许多差异，它与莱昂·狄骥（Léon Duguit）等法学家的法律客观理论并非没有联系。① 狄骥将社会比作一个巨大的协作车间，在这里每个人都有自己的工作要完成，由这个协作车间的社会构成本身发展出社会的法律规范。②

古斯塔夫·贝洛（Gustave Belot）在他的《积极道德研究》（*Studies in Positive Ethics*，一九二一年第二版）中，认为这样一种道德必须兼具合理性和现实性，并通过其现实性与社会学密切相关。"从现实来看，道德应该是……每个团体强加给其成员的一套规则。"贝洛向社会学要求问题的所有资料，但他认为社会学不

---

① 参见狄骥《公共法的变革》（*Transformations of Public Law*），一九二七年第二版。
② 参见乔治·达维从涂尔干角度对这个概念和相关概念的阐述和批判：《法律思想的演变》（"The evolution of contemporary legal thought"），刊载于《形而上学与伦理学杂志》，一九二一年刊行；《法律、唯心论和经验》，一九二三年刊行。

能满足理性的要求（对主体的审慎接受），因为理性完全是另一个范畴的东西。

　　社会学提出的哲学问题其实是要了解心理功能在多大程度上成为社会功能或一组集体表征。对此，达尼埃尔·埃塞捷（Daniel Essertier）在《较低形式的解释》（*The Inferior Forms of Explanation*，一九二七年刊行）一书中，通过将心理进化从社会进化抽离出来，提出了与理性的种族起源论相对应的论点；尽管有集体意识，理性的诞生似乎已经发生，并且是反对总是处于较低阶段的集体意识的。

第15章

心理学与哲学

心理学在早期被普遍认为是一门独立于哲学之外的科学。《哲学杂志》（一八七六年创刊）的创始人泰奥迪勒·里博（Théodule Ribot，1830—1916），在《当代英国心理学》（*Contemporary English Psychology*，一八七〇年刊行）中确认了这种独立性。但最近心理学经历了相当大的转变，在某些方面更接近哲学。在这里，我们只能简短地描述其变化的历史，而一些主要的学术思想亦会被提及。

总体而言，心理学倾向于强调心理生活的一般方面，如思想、行为、行为举止和控制现象等。它不是将意识分解成原子、感觉、图像，然后将它们组合在一起，而是研究未分割的总体。

弗雷德里克·波扬（Frédéric Paulhan）在其众多著作中（其中最后的作品更像出自伦理学家而不是心理学家之手）都强调了精神生活的普遍特征：系统联想和将精神元素集结在一起的内在目的性。[①] 皮埃尔·让内（Pierre Janet）先生在《心理自动论》

[①] 参见《心理活动和精神元素》（*Mental Activity and the Elements*），一八八九年刊行；《性格的错觉》（*Illusions of Character*），一九〇五年刊行；《世界的错觉》（*The Illusion of the World*），一九二一年刊行。

（*Psychological Automatism*，一八八九年刊行）中使用了精神综合的概念来解释精神的高级现象，认为"心理学必须变得更加客观"，这是他对乔治·杜马（Georges Dumas）在《心理学论文》（*Treatise on Psychology*，一九二三年刊行）一书中得出的结论[①]所做的总结。心理学研究人的行为、局部动作、个体对周围物体动作的反应的一般态度。心理学观察行为的一般特征，这些特征是一直都存在的，仅仅在程度上有所不同：例如人的心理状态紧张度有高低还有起伏值，起伏值即从一个动作被构思和想象的较低程度到执行动作的较高程度的变化程度。在这里，我们发现了一种与行为主义（behaviorism）并行的运动，我们在前面介绍美国实在论时提到过它。亨利·皮隆（Henri Piéron）也有同样的看法，他将心理学视为生物学的一部分[②]，因为对他来说，心理学总是在生理条件下研究个体的反应模式或行为方式，因此心理学家必须忽略意识。

现在所有的心理学方法都禁止将心理事实与它的心理生理学背景分离；例如，情绪在这个整体之外什么也不是。杜马在《喜悦和悲伤》（*Joy and Sadness*，一九○○年刊行）一书中，把研究一个人的不同情感状态、情感变化作为研究情感事实的规则，而不是研究不同人的相同情感状态。这种被称为个性的特征整体如此深刻地决定着每个现象，以至于同一种现象，例如快乐或悲伤，在一个人和另一个人身上从来都不会完全一样，因此看起来会让我们失去触及意识"元素"的希望。

早先受到广泛关注的起源问题（genesis）通常会被忽略，因

---

① 参见《心理学论文》，第一卷，九二九页。
② 参见《大脑和思想》（*The Brain and Thought*），一九二三年刊行。

为人们要研究的是所谓的结构问题。源于浪漫主义的思想进化正逐渐消失，这种思想运动在心理学与社会学以及哲学中都是一样的。以下是几个佐证：

美国人詹姆斯·马克·鲍德温（James Mark Baldwin）将心理学视为一门遗传科学，像柏格森先生一样，他认为不可用机械科学来解释精神进化。这不是要复兴斯宾塞式的进化思想，相反地，他认为精神现象以及所有其他现象［因为他的"唯美主义（pancalism）"是一种普遍的哲学］，只有在精神涉及自身的整体和直接体验时才能被自己理解。他将唯美主义的全部知识置于审美沉思中，在他看来，运用美学类别一样的构成规则，可以对经验的所有层面进行分类。①

在著作《病理性意识》（*The Morbid Conscience*，一九一三年刊行）中，夏尔·布隆代尔（Charles Blondel）认为病理性心理状态的主要原因在于"纯粹的心理"，即大量的同质有机印象。这些印象是一种顽强个性的基础，这种个性不会受到构成我们理性和正常意识的社会影响的干扰。在正常意识中会出现大量印象被压抑至潜意识中的状况，如果这种压抑没有发生，就会出现精神疾病：这里的研究对象正是这种心理态度。

亨利·德拉克洛瓦（Henri Delacroix）的所有作品都旨在证明，如果不将精神生活的一部分与整体联系起来，就不可能对其进行

① 参见拉朗德（A. Lalande）《唯美主义》（"Le pancalisme"），刊载于《哲学杂志》，一九一五年刊行。尤其推荐参阅鲍德温的著作：《遗传逻辑》（*Genetic Logic*），一九〇六年至一九〇八年刊行；《现实的遗传理论》（*Genetic Theory of Reality*），一九一五年刊行。

解释。[①]"要使语言成为可能，需要一个精神，而且必须建立一个按关系排序的概念体系。"同样，宗教不是纯粹的感觉："只有在寻求自我满足的趋势时放弃直接和自然的手段，依照神奇的宗教实践形成迂回手段，设想出一套支配生命和概念的实现系统时，宗教才会存在……宗教里有一种沉默的思想，它拥有自己的语言和图像表达方法，或者其表达方法超出了宗教限度。""艺术旨在将和谐的众多感官材料整理成一个清晰的系统……一方面假设理性、智慧、知识，另一方面却屈服于一种超理智的直觉，这种做法是错误的。无论是在艺术中还是在科学中，都是智力起到了创造、修剪和度量的作用。"保罗·瓦莱里先生在他的每部作品中都观察到精神的整体性，在谈到艺术创造时，他说"混合了形而上学和技巧的复杂的理论冥想"，伴随着每一件艺术品的诞生[②]。

早期的心理学认为图像是一种心理因素。阿尔弗雷德·比内（Alfred Binet）在法国发展起来的思维心理学[③]，在德国成为符兹堡研究所（Würzburg Institute）的研究对象。[④]思维心理学证明，认为图像是一种心理因素的分析方法是不可能的。格式塔理论（德文，Gestalttheorie）注意现象，例如只注意三个光点的顺序或排

[①] 参见《宗教和信仰》（*Religion and Faith*），一九二二年刊行；《语言与思想》（*Language and Thought*），一九二四年刊行；《艺术的心理学》（*Psychology of Art*），一九二九年刊行。

[②] 参见《法国哲学学会报告》（*Bulletin de la Société française de philosophie*），一九二八年一月刊行，五页。

[③] 参见《智力实验研究》（*Experimental Study of Intelligence*），一九〇三年刊行。

[④] 参见阿尔贝·比尔卢（Albert Burloud）《瓦特、梅塞尔和比勒实验研究后的思考》（*La Pensée d'après les recherches expérimentales de Watt, Messer et Buhler*），一九二七年刊行。

列，而在观察过程中不以任何方式提及每个光点的光强。① 内省证明了纯粹思想的存在，既没有图像，也没有文字。我们不会在没有任务、没有将自己置于某种立场、没有某种意图的情况下进行思考，但是没有图像时，我们是能够思考的。我们理解一个句子的含义，即使没有任何图像呈现给我们的意识。人们赋予自己思想能动性去研究思想不可分解的整体性，这与联想主义理论的精神正好相反。

如果说在哪项研究中起源问题发挥了重要作用，那就是儿童心理学。然而，在让·皮亚杰（Jean Piaget）先生的系列作品② 中，婴儿的心态表现为一种不可还原的障碍，并不为进入成人心态做好准备，相反将其排除在外，它只可描述而不可分析。在列维－布留尔看来，婴儿心态之于成人思想，有点像原始人心态与文明人心态的关系。

总体而言，无论我们刚刚提到的学术思想有多少种，它们都认同心理学分析中所谓"新的分离方案"的必要性。我们不应轻率地分离只在联合时才有意义的元素。弗洛伊德的病态心理学或精神分析学可能是对此的最终证明，它赋予失误动作、失言、梦境以含义，即赋予一切乍看上去像是心理生活中的意外事件的现象以意义，对全面而不可分割的观点展现出同样的趋势，就像了

---

① 参见马克斯·韦特海默（Max Wertheimer）《关于格式塔理论的三篇论文》（*Drei Abhandlunben zur Gestalttheorie*），一九二五年刊行于埃朗根（Erlangen）。

② 《儿童的语言和思想》（*Language and Thought in the Child*），一九二四年刊行；《儿童的判断和推理》（*Judgment and Reason in the Child*），一九二四年刊行；《儿童世界的表征》（*Representation of the World in the Child*），一九二六年刊行。

解内心生活的条件一样。[①]弗洛伊德的精神分析学为它们创造出一种象征，一方面表达，一方面又隐藏由于"审查"而受到压抑的欲望（libido）的秘密心理生活。

---

① 参见《精神分析试验》（*Essais de psychanalyse*），一九二二年法文版；《梦的科学》（*La science des rêves*），一九二六年法文版。

后　记

先父詹剑峰先生所译其恩师法国著名哲学家布雷伊耶先生的著作《欧洲近百年哲学史（1850—1930）》[①]，即将由香港三联书店出版。《欧洲近百年哲学史（1850—1930）》研究了欧洲 1850 至 1930 年间几十位哲学家的思想及其演变，对于汉语学界学习和研究西方哲学和思想史具有重要的价值。

此部《欧洲近百年哲学史（1850—1930）》译稿可谓历尽沧桑，它历经了战乱及浩劫，终被先父保存下来存于武汉华中师大的故居。上世纪末，故居拆迁，幸得先姐詹孟萱从拆迁工人手中将译稿挽救了下来，2015 年由我从北京带到了美国。从 2019 年父亲节起，我开始整理译稿，反复校对原手稿与打字稿，核对了书中的法文、英文和少量的希腊文、拉丁文及德文文献，耗时一年，译稿终于整理完毕，于 2020 年父亲节前夕交香港三联书店出版。

本书第一章到第十一章由先父翻译，第十二章到第十五章由我代先父完成翻译。为了方便读者阅读，书中的词组和短语与英

---

① 编者注：《欧洲近百年哲学史（1850—1930）》是香港三联书店出版的本书原书的书名，引进内地后更名为《欧洲哲学史（1850—1930）》。

文解释意思相符时，附英文注释，不写语言种类，比如，选择的必然性（inexorable alternative）；如果不符，保留原来的外文并注明语种，比如，公善（法文，un bien commun）。为了更清楚地表述原著，有的词组和短语后面有两种语言的解释并注明语种，比如，基质（法文，fond；英文，substratum）。书中所提及书目的外文书名，如果原稿中文译名和英文意思相符合，用翻译的英文书名；如果不符，保持原来的外文书名，比如法文或德文书名。

先父对中国哲学研究颇深，著作颇丰，有《墨家的形式逻辑》《墨子的哲学与科学》和《老子其人其书及其道论》等。其治学严谨，著述立论有据，学人皆知；其批判精神和学术创见更为学界称道。先父这些成就的取得，与他在法国巴黎大学学习（1928—1932）所奠定的哲学基础有关，亦从一个侧面印证，中国传统文化与西方文化是完全可以相通汇流的。

先父对西方哲学及社会、政治、文化也研究颇深，其所著《哲学概论》由安徽大学于1934年出版。之后因教学等需要，该著作又先后在福建师专、暨南大学、江苏学院重印。所著《逻辑》一书，由安徽大学于1934年出版，亦在福建师专、暨南大学、江苏学院重印。1934—1936年在安徽大学出版的著作还有《伦理学》《西洋哲学史》《西洋古代哲学史》《西洋近代哲学史》《西洋政治思想史》《西洋文化史》。先父的另外两本著作《逻辑与科学方法》和《社会学》由苏皖政治学院于1941年出版。但十分可惜的是，先父这么多著作中，目前仅《西洋哲学史》的部分章节由我保存，其余都在战乱和动乱中遗失了。在此，真切希望尚拥有这些著作或者曾经见到过这些著作的人士，能与北京大学王立刚先生联系，他的电子邮箱是 1294335443@qq.com；或者与我联系，我的电子邮箱是 zhan_it1@hotmail.com。

特别感谢先父的老同事 —— 中山大学夏书章先生，在他 101 岁高龄时为此书写《序》。

特别感谢毕业于法国巴黎大学哲学研究所的中国台湾学者黄国象先生为此书写《代译序》，并根据法文原书校对父亲与我的译稿。

感谢香港三联书店李斌先生和刘韵扬女士为此书出版所做辛勤工作。

感谢父亲的学生、华南师范大学哲学教授王宏维女士校对本书。

感谢北京第二外国语学院法语专业毕业的李焰女士，根据法文原书校对我的译稿。

感谢下列亲友（以姓氏汉语拼音为序）对此书出版所做贡献：陈峰、刘晓芳、吕骢玉、王秋余、谢录新、杨再隋。

感谢犬子詹天遇（Tim Tianyu Zhan）整理此书参考书目。

此书是父亲在暨南大学任教时所译，感谢暨大的知遇之恩。

詹季虞（Jiyu Zhan）
物理学博士（Ph.D in Physics）
2020 庚子年夏于美国华盛顿郊区家中